中国经济发展的逻辑

文 扬　高艳平 ◎ 著

中央党校出版集团
国家行政学院出版社
NATIONAL ACADEMY OF GOVERNANCE PRESS

图书在版编目（CIP）数据

中国经济发展的逻辑 / 文扬, 高艳平著. -- 北京：国家行政学院出版社, 2025.5. -- ISBN 978-7-5150-2973-3

I.F124

中国国家版本馆CIP数据核字第2024L00V93号

书　　名	中国经济发展的逻辑
	ZHONGGUO JINGJI FAZHAN DE LUOJI
作　　者	文　扬　高艳平　著
统筹策划	陈　科
责任编辑	宋颖倩
责任校对	许海利
责任印制	吴　霞
出版发行	国家行政学院出版社
	（北京市海淀区长春桥路6号　100089）
综 合 办	（010）68928887
发 行 部	（010）68928866
经　　销	新华书店
印　　刷	中煤（北京）印务有限公司
版　　次	2025年5月北京第1版
印　　次	2025年5月北京第1次印刷
开　　本	170毫米×240毫米　16开
印　　张	17.25
字　　数	228千字
定　　价	68.00元

本书如有印装质量问题，可随时调换，联系电话：（010）68929022

序 言
PREFACE

本书尝试将中国经济发展放在中国特有的历史和现实基本逻辑中作深入解读。

本书截稿时，正值党的二十届三中全会通过的《中共中央关于进一步全面深化改革、推进中国式现代化的决定》发布。该决定共60条，涉及中国式现代化这个宏大事业的方方面面，为今后一段时期全国各行各业都规定了具体任务。

在《中共中央关于进一步全面深化改革、推进中国式现代化的决定》中，中国当前和今后一个时期，被确定为"以中国式现代化全面推进强国建设、民族复兴伟业的关键时期"。这是一种关于当下中国的概括表达——中国正在克服艰难险阻，大踏步前进。时不我待，形格势禁，正如《中共中央关于进一步全面深化改革、推进中国式现代化的决定》所说，"面对纷繁复杂的国际国内形势，面对新一轮科技革命和产业变革，面对人民群众新期待，必须继续把改革推向前进"。

在新中国历史上，关键时期有过多次，类似的表达也出现过多次。虽然"中国式现代化"这个提法是在党的二十大报告中作为理论归纳首次出现的，但"中国的现代化"却是一个既包括现在和将来，也包括过去很长时间的一个持续的过程。可以说，将推进中国的现代化进程作为中心工作，各项改革都围绕着这个中心，是新中国几十年历史中不变的主题。

中国经济发展的逻辑

从1954年毛泽东在一届全国人大一次会议上明确提出"建设一个伟大的社会主义国家"的目标，到1956年毛泽东发表《论十大关系》作为党独立探索中国式现代化道路的开端，从1978年党的十一届三中全会"把全党工作的着重点转移到社会主义现代化建设上来"，到2024年党的二十届三中全会"紧紧围绕推进中国式现代化进一步全面深化改革"，现代化道路和方向从没有改变。

这就意味着，在中国的现代化这个跨越了很多历史关键时期的持续过程中，历史和现实之间有着很强的一致性，其中包含着中国经济发展的深层逻辑。

根据最新的定义，中国式现代化是人口规模巨大的现代化，是全体人民共同富裕的现代化，是物质文明和精神文明相协调的现代化，是人与自然和谐共生的现代化，是走和平发展道路的现代化。

与这五个方面相对应的一种潜台词就是，中国式现代化不是小国寡民的，不是贫富悬殊的，不是物欲横流的，不是生态失衡的，不是穷兵黩武的。另一种潜台词是，中国式现代化是中国式的，而不是西方式的；中国式现代化的推进，是和强国建设、民族复兴伟大事业相联系的，是"五位一体"总体布局和"四个全面"战略布局，而不是只限于中国经济发展、GDP增长这一个方面；中国式现代化的实现，是纷繁复杂的国际国内形势的需要，是新一轮科技革命和产业变革的需要，是人民群众新期待的需要。

自党的二十大召开以来，这些含义都已经非常明确，现在如此，将来也如此。而从中国的现代化进程这个长时段上看，其实过去也同样是如此。这就是中国经济发展在历史和现实基本逻辑上的一致性。

曾经有流行观点认为，要想经济繁荣就难免会富者愈富、贫者愈贫，难免会金钱至上、消费主义，难免会以牺牲生态环境为代价，难免会依靠海外战争和殖民攫取暴利。那么，中国式现代化的正式提出，也宣告了这种观点的终结。无论是在说明当下、预测未来方面，还是在说明过去、解释历史方面，都终结了。

曾经有流行观点认为，现代化等于西方化，现代化进程等于经济增长进程，现代化道路等于遵照西方的理论、追随西方的步伐。那么，中国式现代化的正式提出，也宣告了这种观点的终结。无论是在说明当下、预测未来方面，还是在说明过去、解释历史方面，都终结了。

这样的经济如果要给一个确切的名字，其实就是中国式经济，而不是西方特色的中国经济。

中国式经济当然也是经济，而且是更均衡、更健康、更可持续的经济，而既然是经济，当然也同样有经济理论，而且应该是更匹配、更适用、更深刻的理论。之所以此前并不如此理解，是因为"西方主流经济学"曾长期垄断了关于中国经济的理论解释权，"经济学原理"曾长期自称为科学真理，没有给其他的说明方式留下空间。虽然"西方主流经济学"这套表面上十分华丽的理论在中国的记录一直非常糟糕，既没有很好地解释过中国经济，更没有很好地预测过中国经济，但由于种种原因，其垄断性的解释权力从来没有放弃。那些不接受其基本假设、不使用其基本概念、不符合其基本原理的理论模型，无论多么契合中国的经济现实，都会遭到排斥。这种状况，实际上一直持续到党的二十大对中国式现代化进行全面系统阐释。那么，如果完全排除掉"西方主流经济学"学术霸权的压制和干扰，关于中国经济发展的本土观察和归纳、本土的理论创新，能不能自然发生呢？既然中国式现代化已经有了完整定义，而中国式经济也自然而然成了题中之义，那么，中国式经济的最主要特征是什么呢？

这就涉及中国经济发展是否具有自身独特的基本逻辑的问题。本书正是要尝试回答这个问题。

首先，不妨在此回顾一下自党的十一届三中全会以来历次三中全会所反映出的中国经济发展基本特征。

1978年12月召开的党的十一届三中全会，提出"把全党工作的着重点转移到社会主义现代化建设上来"。一般认为，这一转向开启了改革开放和社会主义现代化建设新时期。但是，这个转向以及转向之后的一系列关键的"闯关""过河""攀登"，可以理解为"纯经济"活动吗，可以单纯用"经济学原理"来解释吗？显然不行。回溯那段历史不难看出，真正具有重大意义的突破，包括人的观念上的、基本制度上的、社会文化上的、技术能力上的，当然也包括经济发展上的，都是集中了当时所能调动的各方面能量而一举实现的，其方式是"超经济"的，其结果也是"超经济"的。

1984年10月召开的党的十二届三中全会，通过了《中共中央关于经济体制改革的决定》，规定以城市为重点的经济体制改革的任务、性质和各项方针政策，提出社会主义经济是公有制基础上的有计划的商品经济。

1988年9月召开的党的十三届三中全会，提出了治理经济环境、整顿经济秩序、全面深化改革的方针。

1993年11月召开的党的十四届三中全会，通过了《中共中央关于建立社会主义市场经济体制若干问题的决定》，勾画出社会主义市场经济体制的基本框架。

1998年10月召开的党的十五届三中全会，通过了《中共中央关于农业和农村工作若干重大问题的决定》，提出到2010年建设有中国特色社会主义新农村的奋斗目标。

2003年10月召开的党的十六届三中全会，通过了《中共中央关于完善社会主义市场经济体制若干问题的决定》，明确完善社会主义市场经济体制的目标和任务，提出坚持以人为本，树立全面、协调、可持续的发展观，促进经济社会和人的全面发展。

2008年10月召开党的十七届三中全会，通过了《中共中央关于推进农村改革发展若干重大问题的决定》，赋予农民更加充分而有保障的土地承包经营权，现有土地承包关系要保持稳定并长久不变。

在这30年里，中国经济实现了高速增长，每年发布的GDP增长等经济统计数据，令国人深受鼓舞，令世界深感震惊。但是，即使如此，这真的只是一种"纯经济"的发展吗？是区区几条"经济学原理"所能覆盖的吗？显然不是。从这30年里共召开的六次党的三中全会通过的决定的内容即可看出，其中真正重大的问题，涉及巨大人口，涉及共同富裕，涉及协调和可持续，涉及人的全面发展，也正是今天所说的中国式现代化的几个方面，并不仅仅关于经济增长。

党的十八大以来，形势更加明朗。2013年11月召开的党的十八届三中全会，通过了《中共中央关于全面深化改革若干重大问题的决定》，提出了全面深化改革的总目标是完善和发展中国特色社会主义制度，推进国家治理体系和治理能力现代化。2018年2月召开的党的十九届三中全会，通过《中共中央关于深化党和国家机构改革的决定》和《深化党和国家机构改革方案》，以国家治理体系和治理能力现代化为导向，改革党和国家的机构设置。而2024年7月召开的党的二十届三中全会，则通过了《中共中央关于进一步全面深化改革、推进中国式现代化的决定》，提出"到二〇二九年中华人民共和国成立八十周年时，完成本决定提出的改革任务"。

并不需要将40多年来历届中央全会通过的决定全部列出，党的历届三中全会的决议内容即可说明，中国式经济发展从来不是"纯经济"的，也不是"经济学原理"所能覆盖的。

可以认为，自新中国成立以来，包括各个时期，都存在这样一种宏观社会现象——各项现代化发展目标都是通过突破的方式达成的。突破的结果虽然可以通过一些经济指标得到反映，但突破的实现并不是单纯的经济活动的结果，而是一种集合了政治、经济、社会、科技和文化等多种力量在内的综合性的、战略性的突破。从经济的角度看，这种突破不是"纯经济"的，而是一种"超经济突破"。正如《中共中央关于进一步全面深化改革、推进中国式现代化的决定》中使用的描述："敢于突进深水区，敢于啃硬骨头，敢于涉险滩……"。

由于"超经济突破"不是一种在成熟理论指导下的、按计划实施的行动，因此它在新中国成立70多年历史上更多的是一种带有"试错"性质和开创性质的实践；但无论如何，在中国发生的这种实践的的确确取得了巨大的成功，因此它又对于外部世界自然而然地显示出一种模式上的意义。更进一步讲，由于"超经济突破"是通过多种手段在多个领域内同时实现的，属于一个高速发展的国家总体发展战略选择的问题，因此更多地属于一种事业，具有很强的政治性，无法在只关注经济问题的"西方主流经济学"理论范式之内建立理解。反过来说，"西方主流经济学"理论由于不能脱离其狭隘的认知框架，无法将超越经济层面的因素和超越经济层面的"突破"纳入其理论体系，所以才看不懂中国经济真正的成功之道。党的二十届三中全会再次提出了新的发展目标，明确了推进中国式现代化的具体任务。毫无疑问，这些目标和任务必定会如期实现和完成，其方式当然不会是"纯经济"的，而必定是被新中国历史一再证明了的成功之道——作为一个事业的、宏伟目标导向的、连续不断的"超经济突破"。

"超经济"指的是多领域，与单一领域的"纯经济"相对，是一种现实逻辑；"突破"指的是连续的、动态的、质变的过程，与不变的、

序 言

静态的、量变的"原理"相对,是一种历史逻辑。本书作者认为,由于"超经济突破"这个概念正是相对于"西方主流经济学"所迷信的"纯经济"的"经济学原理"提出的,由于这个概念本身就包含了不相信有"纯经济"这回事,也不相信有什么永恒不变的、被当作教条来信奉的"原理",当然也就完全切断了与"经济学原理"的各种理论联系,也就不再寻求在"西方主流经济学"中得到任何理论说明、取得任何位置。但是作者毫不怀疑这个概念作为一个理论工具在解释中国式经济中的有效性。这种有效性,是通过将这个概念应用到新中国成立70多年来的经济发展进程中对其中的重大问题加以解释而获得检验的。

回顾过去几十年来舆论场上公开争论的重大问题——中国经济发展应该坚持服务业优先还是坚持制造业优先?中国社会一部分人先富起来的目标初步实现之后如何带动后富?中国社会中资本力量聚集起来之后资本与政治的关系究竟应该如何?中国发展战略应该侧重发展外向型经济还是双循环经济?尽管这些争论没有理论上的定论,但最后的路径选择仍然深刻地影响着中国的发展走向。而这些争论本身,在很大程度上也凸显出中国基于自主经验的发展道路中贯穿始终的真实逻辑。

这就促使人们展开更深的思考:那些意义重大的路径选择背后的决策机制是什么?中国为什么最终选择建设制造业强国,而没有去追随西方的"去工业化",大搞金融等虚拟经济?中国为什么会动用举国之力打赢脱贫攻坚战,消灭绝对贫困,并坚定地追求共同富裕?中国为什么采取比西方国家严格得多的措施对资本进行规制?中国为什么对外向型经济踩刹车,转而推进双循环?……所有这些方面,都不太可能在一个"纯经济"的认知框架中通过应用"经济学原理"获得解答。

本书作者对这些问题的深层次思考构成了一个更好地理解新时代和中国式现代化的学术方向。这个新的学术方向,是通过将"超经济突破"作为一个核心概念并与"经济学原理"中的"纯经济"概念相对立而展开的。虽然"超经济突破"这个单一概念暂时还不足以支持一个理论框架的建立，却引导人们进入了中国经济发展最真实的历史和现实逻辑。

认清中国经济发展的真实逻辑，人们会明白，中国的现代化进程，正是一系列我们所定义的"超经济突破"的过程，一种"敢于突进深水区，敢于啃硬骨头，敢于涉险滩"的战略性突破。历史见证，从早期学习苏联到改革开放之后学习西方，从避开各种发展中国家的陷阱到选择适合自己的发展之路、崛起之路，每次突破都惊心动魄。

认清中国经济发展的真实逻辑，人们会明白，新中国成立70多年来每一个反映在经济指标上的增长奇迹，其实都是整合了众多超越经济层面的因素并在超越经济层面上实现了"突破"的结果。而这种"超经济突破"由于是在多个重要领域内同时实现的，属于一个发展中国家的发展战略选择问题，因此更多地属于一种事业，无法在只关注经济问题的主流经济学理论范式内找到解释。

本书题为《中国经济发展的逻辑》，开篇的实践编通过回顾新中国成立70多年来在多个超越经济层面的重大领域相继实现的"超经济突破"，包括坚持制造业立国、走向共同富裕、节制资本和构建国内国际双循环新发展格局以推动高水平对外开放等，梳理出那些逐渐与西方式现代化渐行渐远，或成功避开发展中国家陷阱的某些特征，以及推动中国经济实现高速发展，推动中国式现代化不断深入的独特动力，并透视出其中的历史和现实逻辑。理论编和思辨编则通过与主流经济学理论的对照，引入"天下型经济体""事业型经济体""突破型经济体"等新的理论框架，进一步解释中国这种独特的"天下型经济体"在经济发展中特有的深层逻辑，回答为什么中国能够在经济发展中不断实现"超经济突破"、摆脱西方经济学的理论陷阱、构建新发展格局并迈上中国式现代化光明之路的问题。

身处世界百年未有之大变局,中国的社会科学正在快速摆脱陈旧过时理论框架的束缚,中国成功的发展实践也正在为本土的理论创新提供越来越丰厚的沃土,而这本著作正是新形势下的新尝试。不图自成一家之言,但求汇入百家之争。

是为序。

目录
CONTENTS

引　言 ·· 1

01 实　践　编
中国式现代化如何实现"超经济突破"

第一章　以实业立国，避开去工业化陷阱 ·························· 17
第一节　中国制造成为抵御危机的中流砥柱 ························· 18
第二节　第一次突破：重工业优先 ······································ 20
第三节　第二次突破：与国际接轨 ······································ 29
第四节　第三次突破：加快建设制造强国 ···························· 39

第二章　共同富裕，避开不平等陷阱 ································ 48
第一节　减少贫困的实践：从未停歇 ··································· 49
第二节　第一次突破：奠定社会主义基业 ···························· 50
第三节　第二次突破：不平衡的繁荣 ··································· 61
第四节　第三次突破：走向共同富裕 ··································· 70

第三章　规制资本，避开资本至上陷阱 ···························· 75
第一节　社会主义新型政商关系浮出水面 ···························· 76

1

第二节	第一次突破：改造资本主义工商业	78
第三节	第二次突破：从"资本原罪"到社会主义建设者	86
第四节	第三次突破：让资本为民造福	93

第四章　双循环，避开依附陷阱　100

第一节	以双循环成功应对危机	101
第二节	第一次突破：内循环与去依附	105
第三节	第二次突破：融入外循环	110
第四节	第三次突破：摆脱世界体系依附陷阱	120

02 理论编
"超经济突破"如何超越西方经济学

第五章　新古典经济学构成的陷阱　132

第一节	作为一种"小理论"	134
第二节	作为一种"坏主意"	139
第三节	作为一种"反政府理论"	144

第六章　发展经济学构成的陷阱　153

第一节	虚假的标准	156
第二节	不可能达到的标准	161
第三节	与中国无关的标准	168

第七章　诺贝尔奖获得者：迷惑与清醒　176

思辨编
"超经济突破"背后的文明因素

第八章　天下与天下事业 ·········187
第一节　认识天下 ·········190
第二节　既是天下，又是国家 ·········195
第三节　以天下为己任 ·········201

第九章　"超经济突破"作为一个事业 ·········214
第一节　作为事业的工业化 ·········214
第二节　作为事业的商业化 ·········217

第十章　中国经济：一种特殊类型 ·········221
第一节　天下型经济体：历史与现实的一致 ·········221
第二节　事业型经济体：政府与市场的一致 ·········228
第三节　突破型经济体：经济与社会的一致 ·········242

后　记 ·········256

引 言

就过往世界历史进程而言,现代化在很长时间里等同于西方化,除了西方式的现代化,并没有其他的现代化。

20世纪90年代,对于作为一个整体的西方来说是一个黄金年代。苏联解体、东欧剧变,标志着冷战的结束,同时也标志着西方在二战后最大的一次地缘政治竞争中取得了历史性胜利。根据西方的历史观,这也是自由资本主义、国家社会主义和共产主义这三大主义之间百年竞争的终结,这个终结直接导致当时在西方国家中方兴未艾的"新自由主义革命"突然成了一个席卷世界的浪潮。借助这场革命掀起的新思潮、新政策和新市场,西方发达国家对全球财富的掠夺再一次狂飙突进,全球财富分配的不平等进一步拉大。

百年前的帝国主义主要是赤裸裸的掠夺形式,几乎不需要作任何装饰。到1913年,11个西方帝国控制了全球近3/5的领土和人口以及3/4以上的全球经济产出,[1]绝大多数的攫取都是直接或间接通过战争实现的,虽然有一些价值观上的口号,但在现实中只有血与火。正如一位历史学家所说,法国大革命的理想主义号召——自由、平等、博爱,在实践中却表现为完全不同的东西——步兵、骑兵、炮兵。[2]但是20世纪末这一次以

---

[1] Niall Ferguson, *Civilization: The West and the Rest* (London: Penguin Books Ltd, 2011), p.36.
[2] Gabor Steingart, *The War for Wealth: The True Story of Globalization, or Why the Flat World Is Broken* (New York: McGraw-Hill, 2008), p.26.

"新自由主义革命"形式展开的全球征服,情况完全不同。人们被告知,帝国主义时代过去了,今天的世界处在一种被经济全球化进程推动的新秩序当中。美国前总统"老布什"在1990年爆发的海湾战争期间向全世界宣布:美国将领导一个世界新秩序,"让不同的国家为共同的事业团结在一起,以实现人类的普遍愿望:和平与安全、自由和法治"[①]。《纽约时报》专栏作家托马斯·弗里德曼进一步解释道:美国在冷战中的胜利是……一系列政治和经济原则的胜利,即民主和自由市场。最终,全世界都开始认识到,自由市场是未来的潮流——美国既是未来的守护者,也是未来的榜样。

帝国主义变好了吗?西方要做慈善家了吗?毫无疑问,当时的美国很希望世界这样相信——新的世界秩序必须由美国来领导,不是因为美国曾是帝国主义国家,而是因为美国是世界上最富裕的国家;美国领导的世界新秩序对所有国家都有利,不是因为美国将要从新秩序当中获利,而是因为美国可以成为所有国家的榜样。

西方成功学?

世界真的会相信吗?如何让全世界心悦诚服地接受西方的领导?这成了后冷战时代西方的一个新的任务。如果说百年前的帝国主义是靠强权使全世界接受西方的统治,那么今天这个新帝国主义准备要玩弄说服这个手段达到同样的目的了。正是在这样一个时代背景下,以美国为中心的西方学术界密集地出现了一类理论著作,主题专门围绕着解释说明为什么西方国家富裕而其他国家贫穷、为什么西方成了世界的主宰者等问题。

1998年美国哈佛大学教授戴维·S.兰德斯出版的被赞誉为"新国富论"

---

① Noam Chomsky, *World Orders Old and New*(London: Pluto Press, 1997), p.19.

的《国富国穷》一书，成为这类书籍的一个代表。该书的核心思想是：西方国家的成功主要是通过自身开放社会中的相互作用而实现的。作者断言，这些开放社会聚焦于工作和知识，这导致了生产力的提高、新技术的创造以及对变革的追求，并通过将新的发明和技术应用在战争、运输、能源利用和金属加工方面形成了竞争优势。该书旁征博引，信息量很大，出版后成了全球畅销书，影响巨大。

为什么是英国而不是某个别的国家完成了工业革命？答案是英国具有一系列其他国家没有的"价值观和体制"。在这位作者看来，英国很早开始就"具备了作为一个国家的优越条件"，这"并非只是指一个政府或政治实体，而是指一个自觉的、自知的、具有共同的认同和忠诚以及公民身份平等为特征的单位。这样的国家能够使社会目标与个人的欲望和积极性相调和，使集体的协同作用能增强行动的实绩。其整体大于各个局部的总和。这样一个国家的公民会较好地响应国家的鼓励和倡议；反过来，国家也同积极的社会势力一致，知道做什么和怎样做更好"。为什么印度没有发生工业革命？答案是印度社会缺乏"超出印度文化和学术经验以外的想象力"，在发展工具方面毫无作为，缺乏"用机器生产的构想"。为什么在历史上一直领先的中国后来"失败"了呢？答案是"它自己早已滑入技术和科学的蛰伏状态，只靠往昔的成就慢慢行进，而且随着才华屈从于身份地位，越走越慢"。为什么南美洲的国家没有像北美洲和欧洲地区的一些国家一样富裕？答案是南美洲的"模拟伊比利亚社会"环境缺乏"北美式的技术、好奇心首创精神以及公民利益"。为什么中东阿拉伯国家靠石油聚集了大量财富，却并不真的富强？答案是它自身文化传统方面存在"病症"：第一，它不能产生有知识和训练有素的劳动力；第二，仍旧不信任或拒绝从西方敌国（基督教世界）传播过来的新的技术与思想；第三，无论是留学在外的还是留在国内拥有万贯家产的人，都没把这种知识看作自己所要追求的目标。为什么二战后大多数殖民地国家并未走上发展经济的正轨，甚至有些国家还全面倒退？答案是"新独立的前殖民国家对于他们所拥有的物质遗产的忽视和破坏能力简直令人瞠目结舌……完全摧毁了殖民者所遗留的一切，同时又没有学会何以代替之"。富国和穷国各自的未来将会怎样？答案是"富国、工业国可以保护自己，其办法是保护科研领先地位，转入新的、正在增长中的产业……（穷国）最有效的治贫疗法只能来自自身。外援可以有帮助，但它像意外之财一样，也会有害处"。

考虑到此书出版时的特殊时代背景，以及出版之后的影响力，很难相信它只是一本纯学术著作。无论如何，在此书的论述中，帝国主义的身影消失不见了，精神、思想和文化上的对立卷土重来；而这一思想恰恰与当时的西方借"新自由主义革命"名义大力推进的新一轮帝国主义扩张如影随形，也恰恰起到了说服非西方国家心甘情愿接受西方全球统治的作用。

戴维·S.兰德斯于2013年去世，继承他这项解释工作的是比他小40岁的美国历史学教授尼尔·弗格森。尼尔·弗格森在其2011年出版的《文明》一书中指出，让源自欧亚大陆西部边缘的少数人类在500年的大部分时间里主宰了世界的，是六个"杀手级应用"：一是竞争，即政治和经济生活的分散化，它为民族国家和资本主义创造了启动平台；二是科学——一种研究、理解并最终改变自然世界的方式，它使西方对其他国家具有重大的军事优势；三是产权，作为保护私人业主并和平解决他们之间争端的手段的法治，构成了最稳定的代议制政府形式的基础；四是医学，它是科学的一个分支，使人的健康和预期寿命得到重大改善，首先是在西方社会，然后也在其殖民地；五是消费社会，这是一种物质生活模式，其中服装和其他消费品的生产和购买起着核心的经济作用，如果没有这种模式，工业革命是不可持续的；六是工作伦理，这是一种源自基督教新教的道德框架和活动模式，它为应用一至五所创造的动态和潜在的不稳定社会提供了黏合剂。①

从说服的角度看，尼尔·弗格森比戴维·S.兰德斯走得更远。两人的共同之处在于都引用了大量引人入胜的历史材料，令普通读者入迷，令知识分子折服，但是，与此同时也都悄悄地完成了一项不易察觉的重要工作——将事情发生的结果和原因颠倒过来。在尼尔·弗格森的书里，当竞争、科学、产权、医学、消费社会和工作伦理这些原本是野蛮的帝国主义扩张运动所催生的东西，被强行解释为西方文明中独有的"杀手级应用"时，真正的那个原因——"军事革命"和侵略战争，也就完全不需要了。

这两本书都是全球畅销书，影响了很多人，特别是发展中国家那些想让自己的国家尽快富强起来的知识分子和政策制定者，他们是那么热切地希望从这些论述西方如何富强的书籍中找到"真经"。

有种流行的说法，现代社会有三大病症：性解放、消费狂、成功学。前两者涉及人之大欲，总有一定的发生理由；而成功学的兴起，不过是欺骗者和受骗者共同制造的一个泡沫，尽管风行一时，但终归是个假象。事实上，从西方学术界里生产出来的这类解释说明西方之所以如此富裕、之所以可以被称为其他国家的榜样、之所以必然要统治世界的学术著作，不过就是一种大号的成功学，与市场上贩卖个人或企业"成功秘籍"的五花八门的畅销书没有本质区别，它们有个重要的共同点："成功秘籍"由"成功者"本人亲口说出来，那就一定不是真的，而且一定是继续服务于"成功者"当前和未来个人私利的。

全世界的财富是个大蛋糕，虽然随着全球经济增长，蛋糕在以一定的速度变大，但远远赶不上蛋糕分配不公平程度不断恶化的速度。由于历

---

① Nial. Ferguson, *Civilization: The West and the Rest* (London: Penguin Books Ltd, 2011), p.45.

史上的原因，西方富国已经占有了很大的份额，如何继续扩大份额，至少守住现有份额不变，就成了西方的头等大事和共同目标，西方各种形式的"硬实力"和"软实力"也无不服务于这一目标。既然如此，它当然会有十足的动力通过宣扬一种"西方成功学"让其他国家相信它的这块份额是"应得的"，是理所当然乃至天经地义的。它绝不会愚蠢到把它如何占有并长期保持其份额的真实历史及真实手段告诉其他国家，并鼓励其他国家学习和复制。

戴维·S.兰德斯和尼尔·弗格森的著作代表了"西方成功学"中以欺骗为主的一种解释，也就是尽可能淡化西方历史上的帝国主义这个根本动力，将当前的财富和地位归因于东拼西凑的西方文化独特性。与之相对，还有另外一批西方学者，或者出于更严肃或更有良知，或者出于对撒谎和欺骗的抵制等原因，他们一直致力于把西方崛起过程中那些被有意或无意掩盖的真实历史再现出来。历史并不如烟，资料到处都是。他们很容易就发现了大量血腥和黑暗的事实，于是一些新的概念被创造出来了，例如"战争资本主义"[1]"奴隶资本主义"[2]等，用来强调这样一个基本事实：若没有"依靠暴力攫取土地和劳动力"[3]这一最根本的能力，西方将什么都没有。

在尼尔·弗格森的《文明》一书出版的那一年，美国斯坦福大学考古学教授伊恩·莫里斯出版了《西方将主宰多久：东方为什么会落后，西方为什么能崛起》一书，该书保持了与大多数"西方成功学"书籍同样的学术立场，即从"西方统治了世界"这一既成事实出发回溯历史中寻找其原因。该书评论了戴维·S.兰德斯的《国富国穷》和贾雷德·戴蒙德的《枪

---

[1] Sven Beckert, *Empire of Cotton: A Global History* (New York: Alfred A. Knopf, 2014), p.51.
[2] Sven Beckert, Seth Rockman, *Slavery's Capitalism: A New History of American Economic Development* (Philadelphia: University of Pennsylvania Press, 2016), p.1.
[3] Sven Beckert, *Empire of Cotton: A Global History* (New York: Alfred A. Knopf, 2014), p.79.

炮、病菌与钢铁：人类社会的命运》等书的观点，但明智地放弃了对"奥秘""绝招""杀手级应用"等故弄玄虚的贩卖，而是将西方文明置于考古学视野中的人类文明史长度上考察并确定了其地理、气候、人种等方面的特殊因素，据此形成了一种将所谓"长期注定理论"与"短期偶然理论"融合起来的解释框架，即地理因素决定了人类社会的发展，而人类社会的发展又反过来影响了地理因素。对他来说，解释西方成功的任务反而简单了——既然决定今日西方主宰地位的最主要因素早在数万年前就已经存在了，那么再过多强调近代以来的所谓西方特色也就没必要了。于是他很直截了当地将西方崛起的主要原因重新归结为战争因素。他在书中提到英国对中国发动的战争时写道：

> 我们可以听参加过鸦片战争的罗伯特·乔斯林勋爵（Lord Robert Jocelyn）说说，西方的统治是怎么通过那场战争传播出去的。1840年7月，一个炎热的星期天下午，他看着不列颠舰队缓缓靠近定海，那里有一道坚固的堡垒，阻挡了他们进入长江道路。"船队对着小镇舷炮齐射"，乔斯林写道，"随后，木料的碰撞声、房屋的倒塌声、人们的哭喊声在岸边回响。我方首先开火，持续了9分钟……我们登陆时，海岸上已经毫气全无，只剩下几具尸体、弓箭、断裂的长矛和枪支"。这里就体现了西方统治世界的直接原因：1840年，欧洲舰队和枪支可以突破任何东方国家的防御。

实际上，在服务于"新世界秩序"的"西方成功学"突然兴起之前，西方能够统治世界的直接原因是战争，这一点在学术界已经成为共识。美国历史学家威廉·麦克尼尔的《竞逐富强：公元1000年以来的技术、军事与社会》一书出版于1982年，书中详尽描述了近1000年来欧洲如何在每一次社会转型中无一例外地发展出更致命的杀人武器和更剧烈的军事活动，最终，"由于有了通常由普通商船负载的重炮，欧洲人能够以令人惊讶的速度在美洲和亚洲水域扩展其控制范围"①。英国历史学家杰弗里·帕克的《军事革命：1500—1800年的军事创新与西方崛起》一书出版于1988年。书中指出，西方的崛起，不像宣传的那样凭借其思想、文化、价值观或宗教等方面的优越性，而是依赖于下述事实：欧洲人与其海外对手之间的军事力量对比稳定地有利于前者……西方人在1500—1750年成功地创造出第一批全球帝国的要诀恰恰在于改善了发动战争的能力，它一直被称为"军事革命"。将西方的成功归因于"杀手级武器"而不是什么"杀手级应用"，对于非西方世界来说，虽然直面了赤裸裸的历史真相，不再倒果为因地胡扯清教徒的工作伦理、个人自由的传统、好奇心和科学精神等，但是如此一来，也失去了任何借鉴意义。毫无疑问，"依靠暴力攫取土地和劳动力的能力"，不过是自史前野蛮时代人类游团狩猎活动继承而来的一种能力，除了技术上的不断改进，与任何精神和文化上的进步都没有关系。

当然，对于非西方世界来说，这种坦白承认的解释也是一种"西方成功学"，而且也并非不可以学习借鉴，即所谓"以暴制暴""以其人之道还治其人之身"。当年在世界各地风起云涌的反帝反殖民运动和民族解放运动，就可以被视为前殖民地国家对"西方成功学"的照搬。而照搬的结果是，虽然暂时还无法在军事上打败西方、将西方的土地和劳动力变成自己的财富之源，但至少赶走了西方帝国主义，守住了原本就属于自己的土地和劳动力。

---

① Geoffrey Parker, *The Military Revolution: Military Innovation and the Rise of the West, 1500-1800* (London: Cambridge University Press, 1988), p.4.

引 言

中国成功学？

对于两种形式的"西方成功学"在非西方国家中引起的反应，西方是心知肚明的。

在1990—1991年那个历史转折点，美国向全世界推出的以"民主和自由市场"为核心的新世界秩序，不过是西方进一步主宰世界的方案之一。这种方案的核心是将"民主"当作在他国进行"政权更替"的手段，将"自由市场"当作在他国进行资源和利益获取的途径，所以本质上就是一种改头换面的、用"软实力"代替"硬实力"的新帝国主义。这就意味着，西方向全世界大力兜售第一种"西方成功学"，配合以一整套的新自由主义理论，目的就是希望非西方国家都接受这种新帝国主义，都承认本国不具备成为发达国家的基本条件，特别是在精神、思想、观念、制度、文化等"软实力"方面的诸多条件，最终只能接受西方国家通过这些"独有"的优势制定出的"基本规则"，成为以西方霸权为支柱的"国际秩序"中的一个组成部分，并心甘情愿接受西方的政治统治与经济剥削。

如果各国不接受，或者新世界秩序在各国遭遇到抵制、新帝国主义无法推行"软实力"，那么当然还有另外一种方案，就是重新回到"硬实力"的老帝国主义道路上去。对于拥有绝对军事优势并刚刚击垮了最大竞争对手的西方集团来说，实施这个方案其实也没有太大问题。就在1990—1991年海湾战争期间，虽然美国已经宣布要建立"和平与安全"的新世界秩序，但在仍然沉浸在帝国主义往事中的英国，战争狂热氛围再次风行。英国一位著名的军事历史学家和记者约翰·基根（John Keegan）在他供职的《每日电讯报》上写道："英国人在200多年里早已习惯了派遣远征军到海外，与非洲人、中国人、印度人和阿拉伯人作战。战争被英国人认为是理所当然的事情"，正在进行的海湾战争"为英国人敲响了非常非常熟悉的帝国钟声"。因此，英国已经做好了承担丘吉尔使命的充分准备，《星期日电讯报》的一位编辑则将英国即将开展的军事远征称为"后冷战时代的新工作"。这是西方以其"硬实力"为后盾的第二张嘴脸，在某种程度上，也以第二种"西方成功学"作为理论支撑。对于非西方国家来说，若不愿意接受第一种"西方成功学"的愚弄和欺骗，不肯心甘情愿地接受西方强加的秩序与规则，那么就要面对第二种"西方成功学"中的硬道理，看看本国是否具备挑战西方霸权的政治-军事"硬实力"。其"硬实力"的强大程度不仅仅能构成挑战，还必须能够超越历史上那些曾经惨败的挑战者，还要能够在一个后西方时代运用一种超越西方的暴力手段来统治未来世界，这当然就意味着一种比西方帝国更加先进的"依靠暴力攫取土地和劳动力的能力"。对西方来说，这就是冷战结束至今当代世界的基本现实，通过两种在理论上相互支撑的"西方成功学"，西方强行把这个关于人类社会的"宏大叙事"固定了下来。

如果这个世界没有中国，如果中国不是在同样的这段时间里高速崛起，世界历史很可能就如此这般地"终结"了。不是"终结"于西方式的自由民主制度，而是"终结"于西方对世界的永久统治，包括西方越来越富、非西方越来越穷这样一个全球财富分配格局。但是，与西方的愿望正好相反，中国高速崛起的真实故事，一举戳穿了两种"西方成功学"的神话。从第一种"西方成功学"的角度看，中国并没有突然间就具有了那些被西方学者总结出来的西方独特性，中国社会与所谓清教徒工作伦理、个人自由传统、资本主义精神、基于财产私有制的法律和政治体系都风马牛不相及，甚至还被归纳出很多条之所以在科学上落后于欧洲的深层原因——从政治到文化。但是，中国在很短的时间里就开创出了一个经济和社会大发展的局面。从第二种"西方成功学"的角度看，中国的崛起完全没有依靠对外战争和殖民，没有经过任何"战争资本主义"阶段或者"奴隶资本主义"阶段，没有暴力攫取海外土地和劳动力，恰恰相反，中国甚至距离最近一次的自卫反击作战也已经有40多年了。

对于西方来说这又意味着什么呢？首先，中国的成功意味着，西方鼓吹的第一种"西方成功学"大部分是假的，西方基于"老师"的身份地位享有的财富份额并不合理，非西方国家要想取得与西方国家同样程度的甚至更大的成功，并不一定要照搬西方那一套。其次，中国的成功还意味着，即使西方坦白承认了第二种"西方成功学"的内容，中国的成功实际上也证明了历史上西方施加于非西方的大部分暴力是没有必要的，因此西方基于"强盗"的实力地位占有财富份额也是不正当的，非西方国家要取得与西方国家同样程度的甚至更大的成功，并不一定要重走西方通过战争崛起的老路。最后一点，也是对于西方来说最致命的——通过在实践上对两种"西方成功学"的基本否定，中国的成功，特别是文明复兴意义上的成功，正在展现出人类社会发展的另一种可能性，一种既不需要依靠西方式的"硬实力"也不需要依靠西方式的"软实力"，同样可实现经济繁荣和社会发展的可行路径。可以说，某些西方政客对于中国恐惧、仇恨和愤怒的根源正在于此。简言之，中国取得全面的成功这一重大事实本身既宣告了西方统治世界的失败，也宣告了西方版世界历史叙事的破产。

从现代化的角度看，从最初阶段的"现代化等于西方化"，到当前阶段的"现代化不等于西方化"，由于中国的成功，目前已经逐渐展现出一个"去西方化的现代化"的前景了。这对西方来说意味着什么不言而喻。

根据瑞士信贷银行发布的《2021年全球财富报告》，若从2000年算起，中国成年人的人均财富从4247美元上升到了2020年的67771美元，年均增长率为14.9%，大大超过整个世界4.8%的年均增长率。中国这20年的增长水平对应于美国自1925年以来近80年的财富增长，如果中国在2025年的财富达到预测的107万亿美元，将与美国2017年的财富水平相近，这意味着中国在2020—2025年会取得相当于美国13年时间的进步。在短短25年内完成这一过渡，无论是从中国的人口规模上看，还是从平均增长速度上看，都是空前的。

美国针对中国的战略大转型是从2017年12月特朗普版的白宫《国家安全战略》（National Security Strategy）开始的。以此为标志，中国终于不再是美国的战略伙伴（strategic partner），而被确定为战略竞争者（strategic competitor）。直到2019年11月，两年时间内，陆续又有五角大楼的《美国国防战略》（US National Defense Strategy，2017年12月）、国家安全委员会的《美国印度洋-太平洋地区战略框架》（US Strategic Framework for the Indo-Pacific，2018年2月）、国会通过并由总统签署的《亚洲再保证倡议法案》（Asia Reassurance Initiative Act，2018年12月）和美国国务院的《印度-太平洋战略报告》（Indo-Pacific Strategy Report，2019年6月）等多个带有很强针对性的战略文件出台。

2021年拜登接替特朗普主政白宫，新政府大范围推翻了前任政府的各项政策，但是继续推动这个对华战略大转型的政策。2021年10月美国国会通过了《2021年战略竞争法案》（Strategic Competition Act of 2021），一年之后，拜登政府发布了其白宫《国家安全战略》，报告中将中国的威胁描述为"中国是唯一一个既有意重塑国际秩序，又拥有日益强大的经济、外交、军事和技术实力来实现这一目标的竞争对手。北京雄心勃勃地在印太地区扩大势力范围，并成为世界的领导力量"。2022年5月，美国国务卿布林肯发表了对华政策演讲，重复了报告中的措辞。6月，北约通过了《北约2022战略概念》，首次宣布中国为"战略挑战"。7月，美国通过了被认为"攸关美国国家安全"的"对华竞争法案"。此前，美国商务部部长雷蒙多为了敦促国会尽快通过该法案曾向媒体表示："我们已经没有时间了。"

到底是什么东西在发生急剧的变化？中国在经济、外交、军事和技术

引 言

实力任何一个领域并没有出现对美国构成直接威胁的可见现实,那么,到底是哪个方面的变化使得美西方集团越来越感到自己"没有时间了"? 从以上的分析即可得出结论:让西方深感焦虑的,主要不是中国与西方集团的实力对比,而是中国的成功成为一种示范这个事实本身。正是这个非西方的示范与西方将自身作为一个示范这两者之间的对比,每一天都在改变着整个世界对于过去、当下和未来的认知。

本书就是在这样一个背景下问世的。在我们看来,长期以来,关于中国经济发展的分析和评价实际上一直是在"西方成功学"的理论框架中进行的,因为所谓的自由市场经济学理论,恰恰就是上文所说的第一种"西方成功学"的一个组成部分,本质上就是虚假的,并带有特定的预设目的,所以在将这种理论应用于解释说明中国的经济发展时,不可能得出任何有意义的结果。

更确切地说,所谓自由市场经济学或"西方主流经济学"、新古典经济学,主要是作为一种服务于政治目的的工具性理论而流行于世,并不是真的科学理论。不要说中国经济,即使是西方国家的经济,也不可能按照这种经济学的要求,将纯粹经济的活动从五花八门的人类社会活动中单独抽离出来进行单方面的观察和研究。对于这一点,约瑟夫·熊彼特在其1911年出版的《经济发展理论——对于利润资本、信贷、利息和经济周期的考察》一书中就曾指出过:"社会过程实际上是一个不可分割的整体。在它的洪流中,研究工作者的分类之手人为地抽出了经济的事实。把一个事实称为经济的事实这已经包含了一种抽象,这是从内心上模拟现实的技术条件迫使我们不得不做出的许多抽象中的头一个。一个事实决不完全是或纯粹是经济的,总是存在着其他的——并且常常是更重要的方面。"

自从自由市场经济学大举进入中国以来,太多的中外经济学家在许多问题上坚持用这种过度抽象的西方经济理论解释和说明、分析和评价中国经济，但总体上是脱离现实的，无论是解释还是预测，总体上都是失败的，于是这成了他们口中所谓的"中国经济之谜"。其实，中国经济并没有什么不好理解之处，中国经济发展有其强大的内在逻辑，并没有像很多国家那样被学者的伪理论引入歧途、落入陷阱。

我们认为，解释中国经济发展并不困难，至少要比生搬硬套"西方主流经济学"理论容易很多。只要不将现实当作"纯粹是经济的"并将其人为地抽象出来，而是将经济活动与它原本就与之紧密相连的其他方面一起进行综合分析和评价，中国经济发展的基本脉络和内在逻辑是可以被清楚揭示出来的。

在本书中，我们引入了"超经济突破"这个概念，用于描述自新中国成立以来发生在中国社会的一种宏观的社会现象——突破的结果虽然可以通过一些经济指标得到反映，但突破的实现并不是"纯经济"活动的结果，而是一种集合了政治、经济、社会、科技和文化多种"超经济"力量的、综合性的、战略性的突破。党的二十届三中全会再次提出了新的发展目标，明确了推进中国式现代化的具体任务。毫无疑问，这些目标和任务必定会如期实现和完成，其方式当然不会是"纯经济"的，而必定是被新中国历史一再证明了的成功之道，即以宏伟目标为导向的、连续不断的"超经济突破"。

实践编

中国式现代化如何实现"超经济突破"

▶▶▶

习近平总书记在论述中国式现代化时指出："西方发达国家是一个'串联式'的发展过程，工业化、城镇化、农业现代化、信息化顺序发展，发展到目前水平用了二百多年时间。我们要后来居上，把'失去的二百年'找回来，决定了我国发展必然是一个'并联式'的过程，工业化、信息化、城镇化、农业现代化是叠加发展的。"[①]事实上，在中国式现代化过程中，中国的工业化大体上是一个在短短七十年间走完西方工业化二百年历程之后，再与西方后工业化社会相遇的过程。后工业化社会的标志主要体现在第三产业占比大幅上升、第二产业占比大幅下降上。各个主要的西方发达国家在上世纪下半叶都经历了这个过程，唯一步调比较缓慢的国家是德国。而这个过程中，中国是在各个时代不同思潮影响之下螺旋式发展的：从新中国成立后学习苏联的重工业优先，建立起较为完整的工业体系，到改革开放时期，通过利用发达国家的资金、技术和管理经验，调整轻、重工业比例，利用低成本土地和劳动力等资源迅速成长为世界制造业工厂，再到受西方新自由主义思潮影响，一度出现去工业化、加速金融化和服务化倾向。

2024年7月，党的二十届三中全会通过的《中共中央关于进一步全面深化改革、推进中国式现代化的决定》，再次强调要培育壮大先进制造业集群，推动制造业高端化、智能化、绿色化发展，并且要建立保持制造业合理比重投入机制。身处大国之间的大争之世，制造业在中国式现代化进程的重要地位，在中国人的脑海里从来没有如此清晰过。

---

① 习近平：《论"三农"工作》，中央文献出版社2022年版，第33页。

第一章
以实业立国，避开去工业化陷阱

2020年新冠疫情暴发之初，受疫情冲击的各国相继采取封关政策，致使全球范围内产业链和供应链几近断裂，诸多经济活动骤然停止。西方经济学家纷纷预测，全球经济将进入20世纪30年代以来最大一次经济衰退；西方的战略家，如基辛格还断言，新冠病毒的流行将永远改变世界格局。[①]现实的确如其所预期，2020年的经济数据显示，除中国（2.3%）和土耳其（1.8%）保持正增长之外，当年其他全球G20经济体增长率均大幅下跌。[②]2021年，各国疫情控制稍见起色，受2020年低基数以及当年全球主要央行祭出的规模庞大的宽松货币政策影响，全球经济表现出貌似强劲的恢复态势。然而，真实的复苏动力并不充足，2022年新冠病毒变种奥密克戎再次扩散全球，加之俄乌冲突带来的能源、农业等领域的负面冲击，全球经济增速不可避免再次放缓。

新冠疫情在全球流行，一方面暴露了全球化产业链和国际分工体系的极度脆弱，另一方面在政治上加剧了全球保护主义，导致了地缘政治的紧张以及西方遏制中国战略的升级。

---

① "The Coronavirus Pandemic will forever Alter the World Order," https://www.wsj.com/articles/the-coronavirus-pandemic-will-forever-alter-the-world-order-11585953005.

② "G20 GDP Growth: Fourth Quarter of 2020," https://www.oecd.org/economy/g20-gdp-growth-fourth-quarter-2020-oecd.htm.

中国经济发展的逻辑

严重恶化的全球政治经济形势,不仅为各国经济决策者敲响了警钟,也形成一场检视各国经济韧性、抵御外部危机能力及国家经济安全压力的测试。

第一节 中国制造成为抵御危机的中流砥柱

2020年,《第四次工业革命:转型的力量》的作者克劳斯·施瓦布在分析新冠疫情后果时谈到了一个发人深省的"80%经济"现象。他说,此次疫情中受损最大的,正是服务业占比更大的发达经济体,而且他断言这类经济体恢复起来也最慢。究其原因在于服务业企业没有存货,也不储存原材料,与制造业或农业相比,其收入损失无法挽回。事实上,除了可以线上进行的金融、互联网信息服务和商务服务,生活性服务业,如零售、餐饮、旅游、交通运输和文化娱乐等,在国家经济封锁的状态下几乎全部被动按下了暂停键,而且在疫情解除之后,由于居民的消费意愿难以马上恢复到之前的水平,经济复苏速度大大放慢。

施瓦布的判断不无道理。七国集团的情况正是这样,它们的服务业占GDP比重大多在60%以上,在此轮疫情中打击普遍比较大。[①] 以美国为例,服务业贡献了77.31%的GDP和80%以上的就业人口。尽管采取了一系列经济刺激政策,截至2022年7月,美国劳动参与率仍未恢复到疫情前63%的均值水平。美国密歇根大学消费者信心指数也显示,居民消费力仍大不如前,2022年5月消费者信心指数终值为58.4,创下2011年来最低,严重影

---

① "Germany Gross Domestic Product: Share of GDP," https://www.ceicdata.com/en/germany/gross-domestic-product-share-of-gdp.

响了经济的反弹。[1]

相比之下，中国不是以服务业立国，而是以制造业立国，大力发展实体经济。尽管中国的服务业也损失巨大，但是依赖强劲的制造业，在疫情导致全球供应链几近中断的情况下，中国仍能够靠着世界第一制造业大国的优势，在保证本国的抗疫物资供应并率先实现经济复苏之后，为全球供应链的稳定继续发挥重要作用，帮助全球其他国家抗击疫情并恢复经济。中国制造在此次中国乃至全球抵御公共卫生危机的过程中发挥了巨大作用，俨然成了全球经济的中流砥柱。

2020年，中国的制造业增加值占GDP的比重约为26.18%。尽管距2011年的峰值32.6%下滑了很多，但在全球所有主要经济体中仍排名第一（见图1-1）。2021年，中国制造业增加值规模达31.4万亿元，占GDP比重达27.4%，比2020年高出1.4个百分点。

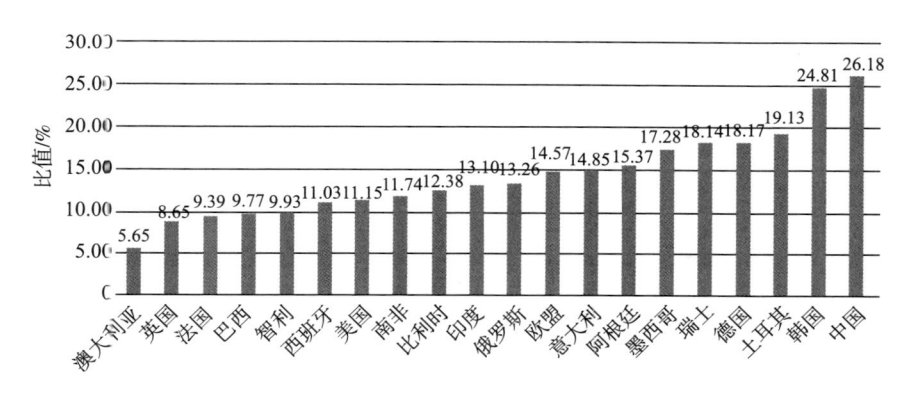

图 1-1 2020 年主要经济体制造业增加值占 GDP 比重

数据来源：世界银行。

注：美国的比重是根据美国统计局2021年数据计算所得。

这个增长体现了中国再次对制造业提高了重视程度。2015年，中国推

---

[1] "US Consumer Sentiment Falls to Fresh Decade Low on Inflation," https://www.bloomberg.com/news/articles/2022-05-27/us-consumer-sentiment-falls-to-fresh-decade-low-on-inflation?leadSource=uverify%20wall.

出并开始实施《中国制造2025》行动纲领。在经历了是否应该按照西方工业化经验大力发展服务业、降低制造业比重等问题的一系列理论交锋之后，"十四五"规划写明了要"保持制造业比重基本稳定，增强制造业竞争优势，推动制造业高质量发展"。这表明，中国再次坚定了制造业立国这条道路，避免落入去工业化的陷阱。

回顾历史，这个结果正是中国将工业强国的目标置于国家发展战略当中，并集合政治、经济、社会、科技和文化多种"超经济"力量共同推动所取得的，而且经历了迂回曲折的探索过程，远远不是在"纯经济"理论框架中所能解释的。用本书的术语讲，这就是一种典型的"超经济突破"。从20世纪50年代吸取苏联经验，强调重工业优先，到1978年之后彻底摒弃苏联模式；从改革开放之后通过发展外向型经济逐渐确立了"世界工厂"地位并学习西方工业化发展经验，提倡制造业转型并提升服务业比重，到如今逐渐摆脱了西方模式的教条，提出并不断强调建设制造业强国的战略；每一次成功实现"超经济突破"的同时，也是中国人不断摆脱思想桎梏、超越理论陷阱、努力探索适合中国国情发展道路的一个非凡过程。

第二节 第一次突破：重工业优先

要理解今日中国的制造业发展，必须回看结束了革命战争的新中国成立初期，回看共和国缔造者擘画中国往何处去的那些日子。

众所周知，新中国成立后的30年里，中国主要选择了一条重工业优先的发展战略。这一发展战略，从1950年至今，在中国的学术界经历了从肯定，到改革开放之后一段时间几乎彻底否定，再到近年来重新肯定和理解的过程。

如果把历史尺度放得更长一些，新中国第一代领导人对中国工业化道路方略的选择，实际上还继承着更早的几代中国革命先驱强国富民的伟大抱负。整个决策过程也并不是"模仿"两个字可以概括的。

1. 徘徊和摇摆

德国经济学家霍夫曼在1931年总结欧美的工业化经验时认为，轻工业总是最先发展的，随着工业的发展，消费资料工业产值与资本资料工业产值之比会逐渐降低，意味着资本密集型的重工业的占比随着工业化的加深而逐渐增加。但苏联重工业优先的赶超策略与此不同，这一策略以马克思生产资料优先增长的规律为理论依据，充分利用社会主义的资源配置优势，能够短时间改变整个工业特别是国防工业的落后面貌。

面对这两条截然不同的道路，新中国究竟应该选哪一条，也经历了徘徊和摇摆期。薄一波曾经回忆："把一个经济落后的农业大国逐步建设成为工业国，从何起步？这是编制（'一五'）计划之初就苦苦思索的一个问题。有关部门的同志也曾引经据典地进行过探讨，把苏联同资本主义国家发展工业化的道路作过比较，提出不同的设想。经过对政治、经济、国际环境诸多方面利弊得失的反复权衡和深入讨论之后，大家认为必须从发展原材料、能源、机械制造等重工业入手。"[1]中国最终走重工业优先的发展道路，这个决策的形成，无法脱离当时的国内外形势。刚刚结束了战争的新中国，国内形势可以用"满目疮痍"来形容。1949年，全国人均国民收入66.1元，工农业生产总值466亿元，其中农业占70%、工业占30%、重工业仅占7.9%。[2]这个发展起点对于很多生活在世界第二大经济体背景下的中国

---

[1] 薄一波：《若干重大决策与事件的回顾》（上），中共党史出版社2008年版，第204页。
[2] 林毅夫、蔡昉、李周：《中国的奇迹：发展战略与经济改革》，上海人民出版社1999年版，第30页。

中国经济发展的逻辑

人来说，是难以想象的。直到5年后的1954年，毛泽东还非常严肃地指出："现在我们能造什么？能造桌子椅子，能造茶碗茶壶，能种粮食，还能磨成面粉，还能造纸，但是，一辆汽车、一架飞机、一辆坦克、一辆拖拉机都不能造。"[1]

但是，毕竟有"老大哥"在前方做榜样，苏联社会主义工业化的成绩令共和国的缔造者们备受鼓舞，中国要做的就是向苏联学习。在1949年6月发表的《论人民民主专政》中，毛泽东写道："我们必须向一切内行的人们（不管什么人）学经济工作。拜他们做老师……苏联共产党人……不但会革命，也会建设。他们已经建设起来了一个伟大的光辉灿烂的社会主义国家。苏联共产党就是我们的最好的先生，我们必须向他们学习。"[2]

自1928年的第一个五年计划开始，苏联正式开启优先发展重工业的社会主义工业化方针，在最短的时间内提升了经济实力和国防能力。俄罗斯学者И.В.卡拉瓦耶娃的研究显示，到1941年之前，苏联工业生产总量跃居欧洲第一和世界第二，是1913年的12倍，机器制造和金属加工业的总产值是革命前的35倍。也正是因为苏联在短时间内建立起国防工业基础，使得苏联在二战中能够免遭劫难。俄罗斯学者В.П.洛吉诺夫写道：在二战期间，德国的弹药生产比一战期间扩大了2.6倍，而苏联军事生产的规模比一战时期的俄罗斯帝国提高了24.5倍。在1943年的库尔斯克战役中，苏联武器（坦克、战斗机、炮等）不逊于德国，在许多参数上超过德国武器。正是工业化挽救了俄国，使其免遭法西斯的奴役，这在决定俄国命运的历史关头起到了决定性作用。[3]

与之类似，外部安全环境的持续压力成为新中国采取优先发展重工业

---

[1] 《毛泽东文集》第六卷，人民出版社1999年版，第329页。
[2] 《毛泽东选集》第四卷，人民出版社1991年版，第1481页。
[3] 《近年来俄罗斯等国学者对苏联工业化的评价（3）》，https://www.cnfin.com/world-xh08/a/20140519/1329628_3.shtml。

策略的决定性因素。新中国成立伊始即面临西方资本主义国家的制裁和封锁。1950年6月25日，朝鲜战争爆发，美国出兵支援韩国，同时派遣第七舰队进入台湾海峡。不久，美军越过"三八线"，将战火烧到中朝边境。学习社会主义苏联"老大哥"优先发展重工业和国防工业，正是在面临这种生死存亡威胁的时候迅速成为全党的共识，同时也是那个时期最合理、最可行的策略。在中国决定援助朝鲜之后，苏联也转变了对中国的态度，开始给予中国有力的支持和援助，这些因素共同促成中国第一个五年计划（1953—1957年）重工业优先战略的实施。"一五"计划中明确写道：优先发展重工业的政策，是使国家富强和人民幸福的唯一正确的政策。体现在国家建设资金的分配上，在1953—1957年5年间，基本建设的投资为427.4亿元，其中工业部门为248.5亿元，占58.2%，包括苏联帮助我国设计的156个项目中的145个。相比而言，农业、林业和水利部门为32.6亿元，占7.6%。制造生产资料工业的投资占88.8%，制造消费资料工业的投资占1.2%。①

2."从"以苏为师"到"以苏为鉴"

必须承认，当时的重工业优先发展道路选择取得了巨大的成就。"一五"计划期间工业总产值增长率为18%，一举改变了以往以农业和轻工业为主的产业格局。"一五"计划是中国在改革开放前30年完成得最好的一个五年计划，完成率为84.4%，大部分指标超额完成。②然而，毛泽东对中国完全照搬苏联经验的做法并不满意。1956年，毛泽东在听取了中央工业、农业等34个部门的工作汇报后，于4月25日作了《论十大关系》的

---

① 全国人大财政经济委员会办公室、国家发展和改革委员会发展规划司编《建国以来国民经济和社会发展五年计划重要文件汇编》，中国民主法制出版社2008年版，第615—626页。
② 鄢一龙、胡鞍钢：《中国十一个五年计划实施情况回顾》，《清华大学学报》（哲学社会科学版）2012年第4期。

中国经济发展的逻辑

重要讲话,提出以苏为鉴,对苏联的经验"不能盲目地学,不能一切照抄,机械搬运"①,并对工业化发展路线中忽视农业和轻工业的情况提出修正。这是中国在学习苏联这一模式上的一次重要突破,也是中国开始独立自主探索社会主义工业化道路的开始。

为什么会从"以苏为师"转变为"以苏为鉴"?这是因为第一个五年计划的三年实践中苏联经验发挥出重要作用的同时,苏联发展模式中的一些弊端,比如以挤压农业和牺牲农民利益为代价实现工业化的教训及时警醒了中国。特别是在发生了苏共二十大检讨斯大林时代执政路线问题并着手纠正错误和调整政策的事情后,毛泽东"更感到探索中国建设社会主义道路的重要和紧迫"②。

在《论十大关系》中,毛泽东开篇就谈到重工业和轻工业、农业的关系:"重工业是我国建设的重点。必须优先发展生产资料的生产,这是已经定了的。但是决不可以因此忽视生活资料尤其是粮食的生产。如果没有足够的粮食和其他生活必需品,首先就不能养活工人,还谈什么发展重工业?"在经济建设和国防建设的关系上,毛泽东认为军政费用的比重太大了;在国家、生产单位和生产者个人的关系上,要"军民兼顾""公私兼顾","鉴于苏联和我们自己的经验,今后务必更好地解决这个问题";等等。毛泽东在1957年召开的党的八届三中全会扩大会议上指出:"过去我们经常讲把我国建成一个工业国,其实也包括了农业的现代化。"③

回顾地看,这个思想在当时实际上已经暗合了在那个时期尚未成为主流的一种发展经济学理论,也就是在1945年获美国哈佛大学经济学博士学位并在当时开创了发展经济学理论的中国学者张培刚,针对落后农业国

---

① 毛泽东:《论十大关系》,商务印书馆1978年版,第66页。
② 石仲泉:《毛泽东的艰辛开拓》(增订本),中共党史出版社1992年版,第160页。
③ 中共中央文献研究室编《建国以来重要文献选编》,中央文献出版社2011年版,第533页。

向先进工业国过渡这一问题发展出的理论。根据这一理论，农业与工业之间不存在严格的界限，农业国家或经济落后国家要想做到经济起飞和经济发展，就必须全面（包括城市和农村）实行"工业化"。在20世纪60年代出版的英文著作《农业与工业化》里，张培刚把"工业化"定义为"一系列基要的生产函数连续发生变化的过程"；这个尽可能宽泛的定义，正是为了厘清农业国的经济增长，"不仅包括工业本身的机械化和现代化，而且也包括农业的机械化和现代化"。1961年，美国经济学家西蒙·史密斯·库兹涅茨的《经济增长与农业的贡献》一书出版，书中提出农业部门对经济增长和发展的多种贡献，即产品贡献（包括粮食和原料）、市场贡献、要素贡献（包括剩余资本和剩余劳动力）以及国内农业通过出口农产品而获取收入的贡献。1984年，印度经济学家苏布拉塔·加塔克和肯·英格森特共同出版《农业与经济发展》一书，其中第三章关于"农业在经济发展中的作用"承袭了库兹涅茨的理论，将库兹涅茨的最后一条定名为"外汇贡献"，从此形成了西方发展经济学中流行的所谓"农业四大贡献"。

而毛泽东在1957年已有此说法，无论与当时主流的苏联经济学家相比，还是与本土的乡村建设派，以及当时主流的西方经济学家相比，都意味着一种观念上的突破。根据毛泽东《论十大关系》的精神，第二个五年计划（1958—1962年）建议的报告提出了新的部署。"二五"计划关于国家基本建设投资的比例，工业由"一五"时期的58.2%提高到60%左右，农业由7.6%提高到10%左右，在工业中将适当提高轻工业投资所占的比重。[①]

从1962年开始，党中央着手制订第三个五年计划，中国的领导人汲取

---

① 全国人大财政经济委员会办公室、国家发展和改革委员会发展规划司编《建国以来国民经济和社会发展五年计划重要文件汇编》，中国民主法制出版社2008年版，第578页。

"大跃进"时期的教训,痛定思痛,决定调整经济,重点就是狠抓与老百姓生活息息相关的"吃穿用"问题。周恩来还曾把当时的任务形象地概括为一副对联,上联是"先抓吃穿用",下联是"实现农轻重",横批是"综合平衡"。从当时的"综合平衡"到今天的"统筹协调",充分体现了中国发展道路在具体决策上的复杂性。很多表面上看起来可以当作"纯经济"事务来处理的问题,在中国则不是如此简单的,是通过复杂的"超经济突破"方式加以解决的。

在当时,不断变化的国际形势对中国安全环境造成的巨大压力是持续不断的、逐步加重的。面对日益严峻的形势,1964年5月,当国家计委领导小组向党中央汇报"三五"计划初步设想的编制情况时,毛泽东一改原来的"综合平衡"调整思路,坚决地说要搞三线建设。三线地区在当时是指云、贵、川(含重庆)、陕、甘、宁、青、晋、豫、鄂、湘11个省份。毛泽东提出,"三五"计划要考虑解决全国工业布局不平衡的问题,加强三线建设,防备敌人的入侵。[①]

基于当时对战争不可避免这一形势判断,中国的领导人认为布局内地和加固国防已成为一项十分紧迫的任务。于是第三个五年计划按照聚焦三线建设的战略决策作出重大调整。1965年9月2日的《关于第三个五年计划安排情况的汇报提纲(草稿)》明确提到:"第三个五年计划必须立足于战争,从准备大打、早打出发,积极备战,把国防建设放在第一位,加快三线建设,逐步改变工业布局;发展农业生产,相应地发展轻工业,逐步改善人民生活;加强基础工业和交通运输的建设;充分发挥一、二线的生产潜力;积极地,有目标、有重点地发展新技术,努力赶上和超过世界先进技术水平。"就这样,一场以备战备荒的国防建设为中心的三线建设开始

[①] 陈东林:《从"吃穿用计划"到"战备计划"——"三五"计划指导思想的转变过程》,《当代中国史研究》1997年第2期。

了。从1964年到1980年,三线建设共投入2050多亿元,约占全国基建投资的40%,安排了钢铁、交通、能源、国防等1100多个重要项目,涉及14个省区市的全部和部分地区,占全国面积的1/3。[①]

通过回顾这段历史可以看出,新中国的工业化道路从一开始就不是一个简单的经济问题,不可能在主流经济学关于轻、重工业两者的顺序和比例这个理论框架中进行分析和评价。在中国,这个问题就是通过集合多种力量以"超经济突破"的形式得到解决的。

3.大国制造初具雏形

概言之,改革开放前30年间的五个五年计划,重工业发展策略一直在其中占主导地位,尽管有一段时间里中国领导层试图避免苏联模式的弊病,提出过"农业为基础,工业为主导"的方针,但囿于当时国内政治经济形势,很快被搁置了。关于重工业优先和三线建设等重大策略,在改革开放之后一直争议不断,其实不过就是受到自由市场经济学关于工业化规律理论的影响。随着时代的发展,当今天的人们用更大的尺度重新评估这段历史时,会发现很多在短的历史尺度中无法看到的重大意义。

中国共产党的第二个历史决议——《关于建国以来党的若干历史问题的决议》是这样评价新中国成立32年来的工业建设成就的:

> 在工业建设中取得重大成就,逐步建立了独立的比较完整的工业体系和国民经济体系。一九八〇年同完成经济恢复的一九五二年相比,全国工业固定资产按原价计算,增长二十六倍多,达到四千一百多亿元;棉纱产量增长三点五倍,达到二百九十三万吨;原煤产量增长八

[①] 《攀枝花开发建设50年:历久弥新的是三线精神》,http://district.ce.cn/newarea/roll/201503/12/t20150312_4801479.shtml。

点四倍，达到六亿二千万吨；发电量增长四十倍，达到三千多亿度；原油产量达到一亿零五百多万吨；钢产量达到三千七百多万吨；机械工业产值增长五十三倍，达到一千二百七十多亿元。在辽阔的内地和少数民族地区，兴建了一批新的工业基地。国防工业从无到有地逐步建设起来。资源勘探工作成绩很大。铁路、公路、水运、空运和邮电事业，都有很大的发展。

再通过国际比较来看。1980年，世界银行经济考察团在第一次对中国进行调查后的报告中评价：中国"目前已建成了近乎完整的现代工业体系，重点是制造资本设备。中国比大多数发展中国家生产的工业品种类多得多，对进口设备依赖程度低得多。几乎每一个重要工业部门都在全国的若干地区设置了重点工厂，并特别努力使制造业分布到落后地区和农村"[①]。

而这样的成绩，是在西方封锁、中苏交恶、新生共和国政权长期面临被倾覆危险的恶劣环境下，新中国领导人顶着巨大压力带领全国人民顽强拼搏取得的。其中的一些重大工程，普通的中国民众也都如数家珍、引以为傲，如"两弹一星"、酒泉卫星发射中心和西昌卫星发射中心、南京长江大桥、刘家峡水电站、攀枝花钢铁厂、胜利油田等。这些工程背后的艰苦奋斗故事，也成了几代中国人的宝贵精神财富。这也正是中国"超经济突破"的综合效应，其中包含了大量的非经济因素。这些因素是"经济学原理"中所无法包含的，却是不可能不考虑在内的，例如在工业化进程的经济计算当中，人力组织方面的低成本、精神和文化方面的高收益等。

1978年开始的改革开放，正是在拥有一个"近乎完整的"工业体系的基础上开始的。据官方公布的数据，从1957年底到1978年底，按可比价格

---

① 路风：《中国经济为什么能够增长》，《中国社会科学》2022年第1期。

计算，社会总产值增长3.25倍，工农业总产值增长3.64倍，其中工业总产值一骑绝尘增长达到5.99倍，农业总产值增长慢，为0.84倍。[1]而在国有工业企业方面，根据王绍光教授提供的数据，新中国的国有工业企业年底固定资产原值从1952年的148.8亿元增至1984年的5170亿元，增长了将近35倍。[2]最突出的问题是人民收入增长较慢。1978年全国全民所有制单位的职工平均工资仅比1957年增加7元。1978年全国居民平均消费水平为175元，仅比1957年增加44%（按可比价格计算），其中农民增加34.5%，非农业居民增加68.6%。[3]但是今天复盘这段历史，人们会认识到，在中国工业化道路上，通过重工业优先和三线建设实现的第一次突破，意义最为重大，因为自此之后中国工业频频创造奇迹、中国成为世界工厂这些新的突破，正是以这一次突破的成功为起点的。

第三节　第二次突破：与国际接轨

从新中国成立至今70多年的整个历史过程看，1978年开始的改革开放事实上是中国开始自主寻找中国特色社会主义发展道路的过程。

将苏联和中国的工业发展路径进行对照比较，很容易看出，改革开放成了一个重要的分水岭。苏联从1928年"一五"计划开始，将重工业优先的策略一直坚持到最后，直到1982年苏联领导人勃列日涅夫在位最后一年，重工业的比例仍然高达75.1%。[4]而这个时期的中国，于无声处听惊雷，工

---

[1] 武力：《中国工业化路径转换的历史分析》，《中国经济史研究》2005年第4期。
[2] 王绍光：《国企与工业化，1949—2019（上）》，https://www.aisixiang.com/data/117036.html。
[3] 武力：《中国工业化路径转换的历史分析》，《中国经济史研究》2005年第4期。
[4] 张聪明：《俄罗斯第二产业的结构变迁与现状解析》，《俄罗斯东欧中亚研究》2018年第6期。

业发展之路自改革开放开始已经悄然转向了。

1. 改革的酝酿

酝酿改革开放之前的1978年，党和国家领导人曾密集出访。这一时期的考察使得中国决策者重新认识了世界，重新认识了资本主义和社会主义，并对随后实行的一系列重大决策起了重要的思想解放和政策参考作用，直接影响了中国制造业的发展路径。

1978年3月，中共中央对外联络部时任常务副部长李一氓带团访问了南斯拉夫和罗马尼亚。回国后，代表团传递给中央的一个重要发现是：社会主义公有制可以有不同的实现形式。南斯拉夫没有采取苏联的计划经济模式，而是从本国实际出发，形成了一条以社会主义自治为中心的独立自主进行社会主义建设的道路。[①]

更受关注的是时任副总理谷牧带团的西欧考察团，这是新中国成立之后高级别政府经济代表团第一次出访西方发达国家。除了副总理之外，此次考察团还有6位副部级干部、6位司局级干部。据谷牧回忆，代表团一个多月马不停蹄地访问了法国、联邦德国、瑞士、丹麦和比利时5个国家，总结出以下三点：第一，第二次世界大战后，西欧资本主义国家的经济确有相当大的新发展，尤其是科学技术日新月异，工农业生产、交通运输、通信手段广泛采用电子技术，现代化水平很高；第二，西欧国家认为中国是世界上重要的稳定因素，他们很想跟中国做生意；第三，在发展对外经济关系中，许多国际上通行的做法，我国也可以采用，比如吸收外国投资或进行中外合作生产等。[②]最让代表团感到震撼的是，联邦德国在二战结束的废墟之上大力发展新兴工业，积极开展国际贸易，短短十几年，就实现

[①] 吴兴唐：《李一氓：新时期对外政策"两个转变"的推手》，《新华月报》2015年第10期。
[②] 《谷牧回忆改革开放年代》，http://www.reformdata.org/2009/1106/7408.shtml。

了快速恢复和现代化。

对日本的考察也是如此。这个在二战后迅速崛起的国家，仅仅用了20多年的时间，就发展成为世界第二大经济体，而且在20世纪60年代以质量低劣而"闻名"的日本东洋货，也已经洗刷了耻辱，日本造家电、手表、照相机、汽车、半导体等商品，都成了国际市场上的抢手货。日本究竟是怎么做到的？1978年秋，邓小平对日本进行了访问。他参观了日本3家企业的工厂。在日产汽车公司，当邓小平了解到每个工人每年能生产汽车94辆，而中国最先进的长春第一汽车制造厂每个职工只能年产1辆汽车时，不禁感慨道："我懂得什么是现代化了。欢迎工业发达的国家，特别是日本产业界的朋友们与中国的现代化进行合作。"邓小平还在乘坐日本时速为210千米的"子弹头"新干线时说了一段被广为传颂的话："就感觉到快，有催人跑的意思，我们现在正合适坐这样的车。"①从参观的内容和讲话中，不难看出工业现代化在高层的眼里分量有多重。

1978年10月，邓小平访问了新加坡。新加坡引进外资发展经济的成功经验，也给他留下了深刻印象。在参观了新加坡裕廊镇工业园区之后，邓小平当时就表示，要把新加坡的"经"取到中国来。

这是新中国成立以来最高领导层第一次从发展战略的角度进行如此广泛的考察。据不完全统计，从1977年7月1日到1980年6月30日3年间，除中央领导同志出访活动外，派出的部委办代表团达360次、科教经贸代表团达472次。②密集考察之后，全国上下掀起了一场思想解放和探索改革路线的大风暴，各项改革开放政策陆续出台，众多原本深陷桎梏的领域开始酝酿突围。

---

① 李岚清：《突围——国门初开的岁月》，中央文献出版社2008年版，第58页。
② 同上书，第64页。

2. 工业比例纠偏

对于改革开放后实行的社会主义市场经济体制与在此前的计划经济体制两者之间的关系，大多数人都已经抛弃了简单化、极端化的"前者错，后者对"的二元论划分。回顾看，将新中国成立后的前30年理解为照搬了苏联、误信了社会主义理论教条、违背了经济规律的结果，是一种忽略了问题实质的看法。概言之，没有严格遵循发展经济学原理，前30年经济发展缓慢，人民生活水平较低，但是遵循了"战争经济学"原理，新中国这个国家通过一系列卫国战争（包括20年的全面备战）最终得以保住了。到改革开放之前，中国已经建立起一定的工业和国防基础，这才有了实行改革开放所必需的内部发展起点和外部和平环境。

1984年11月1日，邓小平在中央军委座谈会上指出："讲战争危险，从毛主席那个时候讲起，讲了好多年了，粉碎'四人帮'后我们又讲了好久。现在我们应该真正冷静地作出新的判断。这个判断，对我们是非常重要的。首先就是我们能够安安心心地搞建设，把我们的重点转到建设上来。没有这个判断，一天诚惶诚恐的，怎么能够安心搞建设？"[①]这段话最清楚不过地表明了中国当时正在发生的大转折，即从"早打、大打、打核战争"的备战路线向"以经济建设为中心"的建设路线的转折。没有这个转折，日后改革开放的成功和"中国奇迹"的发生都是难以想象的。1985年6月，邓小平在中央军委扩大会议上进一步明确指出："过去我们的观点一直是战争不可避免，而且迫在眉睫……但是世界和平力量的增长超过战争力量的增长……在较长时间内不发生大规模的世界战争是有可能的，维护世界和平是有希望的。"[②]1987年5月，邓小平在会见外宾时再次强调："对于总的国际局

[①] 中共中央文献研究室编《邓小平思想年编：1975—1997》，中央文献出版社2011年版，第522页。

[②] 《邓小平文选》第三卷，人民出版社2004年版，第266页。

势，我的看法是，争取比较长期的和平是可能的，战争是可以避免的。"①

在政治稳定方面，邓小平及时提出了必须坚持社会主义道路，必须坚持无产阶级专政，必须坚持中国共产党的领导，必须坚持马列主义毛泽东思想这四项基本原则，并强调说这是我们的立国之本，是"成套设备"，一举确立了改革开放的政治保障。他指出，中国要实现"四个现代化"，必须在思想上政治上坚持四项基本原则，决不允许在这个根本立场上有丝毫动摇。他强调，"四个坚持"和改革开放是相互依存的，"如果动摇了这四项基本原则中的任何一项，那就动摇了整个社会主义事业，整个现代化建设事业"②。

在解决了"政治-战争"这一首要问题的前提下，邓小平开始反复强调生产力的问题。他说，革命是解放生产力，改革也是解放生产力。改革的性质同过去的革命一样，也是为了扫除发展社会生产力的障碍，使中国摆脱贫穷落后的状态。社会主义的任务很多，但根本一条就是发展生产力，在发展生产力的基础上体现出优于资本主义，为实现共产主义创造物质基础。改革的路径，也不是别的什么，就是紧紧围绕"从根本上改变束缚生产力发展的经济体制，建立起充满生机和活力的社会主义经济体制"。③计划经济体制逐渐被社会主义市场经济体制所替代，各种市场主体可以按需生产，其活力被极大地激发出来。农业和工业、轻工业和重工业之间比例失调问题逐渐开始纠偏（见表1-1）。④在纠偏的过程中，轻工业产品异常短缺的问题被充分暴露了出来，中国制造正是从这个巨大需求当中找到突破口的。

---

① 《邓小平文选》第三卷，人民出版社1993年版，第233页。
② 《邓小平文选》第二卷，人民出版社1994年版，第173页。
③ 《邓小平文选》第三卷，人民出版社1993年版，第135、137、370页。
④ 武力、温锐：《1949年以来中国工业化的"轻、重"之辨》，《经济研究》2006年第9期。

表1-1　1978—1991年轻、重工业产值比重

年份	轻工业/%	重工业/%	年份	轻工业/%	重工业/%
1978	43.1	56.9	1985	47.1	52.9
1979	43.7	56.3	1986	47.6	52.4
1980	47.2	52.8	1987	48.2	51.8
1981	51.5	48.5	1988	49.4	50.7
1982	50.2	49.8	1989	48.9	51.1
1983	48.5	51.5	1990	49.4	50.6
1984	47.4	52.6	1991	48.9	51.1

资料来源：国家统计局工业交通统计司编《中国工业经济统计年鉴1998》，中国统计出版社，1998年版，第21页。

由于家庭联产承包责任制的实施，农业效率大幅提高，农村剩余劳动力开始从事非农生产，通过乡队企业（后来的乡镇企业）蓬勃发展起来。在城市国有企业改革仍然在缓慢进行的时候，乡镇企业发挥灵活的优势，根据市场需求进行生产，迅速充实了中国日用消费品这个长期供给不足的薄弱环节。

乡办企业的轻工业，尤其是纺织业、机械加工、建材等领域，发展迅速。当下大名鼎鼎的企业，如格力、美的、雅戈尔等品牌都是在那个时期从乡镇企业发展起来的。

沿海的"三来一补"企业是另一股中国制造崛起的力量。这些企业在短时间内迸发出来的巨大动能，成为中国外向型经济当之无愧的"火车头"。1979年，党中央批准深圳、珠海、汕头、厦门为4个经济特区。这些经济特区利用自身低成本土地和廉价劳动力的优势，承接外商以及港澳台等经济体的产业转移，就这样"来料加工""来件装配""来样加工""补偿贸易"的"三来一补"的业务迅猛发展起来。很快，沿海地区形成了"资金以外资为主，产品以外销为主"的外向型制造业格局。例如中兴通讯就

是深圳"三来一补"的企业之一，依靠给香港的贸易公司组装电话机赚取加工费。难能可贵的是，脱胎于航天系统中国长城工业集团的深圳中兴半导体有限公司不甘心只做来料加工，于1986年就从其合作单位航天部西安691厂和陕西省邮电器材一厂抽调了一批技术骨干成立了开发部，开始了程控交换机研制工作。不到半年的时间，中兴就成功研发出了程控空分交换机。1989年底，国内自主设计研发的首台ZX-500数字程控交换机问世。技术骨干之一宋忠慎在深圳经济特区成立40周年接受媒体采访时说："我们买了外国的一个小机器作为参考，然后就加班加点地干，现在年轻人说'995'（工作制），我们那时候可是'007'（工作制）呢，每天除了吃饭、睡觉，基本都在工作，心里就只有一个想法，要快点把交换机做出来。当时大家都有着一股不干成一番事业无颜见江东父老的坚定信念和坚韧不拔的毅力。"

中兴通讯只是中国千千万万个"三来一补"企业之一。到1994年深圳停止审批"三来一补"项目前，此类企业有近8000家，从业人员有100万人，实现了经济特区一半以上的工业产值。可以说，这个时期的中国制造业恰逢全球主要发达经济体的产业链转移，依仗着沿海地区的区位优势，以及国家政策支持和庞大的农村剩余劳动力，占尽天时、地利、人和。进入21世纪，中国制造业更是抓住了中国加入世界贸易组织（WTO）的机会，迅速做大，令世人侧目。到2010年以后，中国已成为世界产出第一的制造大国。联合国工业发展组织数据库数据显示，到2019年，中国制造业增加值达到40900亿美元（2015年美元不变价），世界占比达到29.4%，是世界排名第二的美国、第三的日本和第四的德国制造业增加值的总和。在全球工业化史中，只有美国制造业在世界占比中曾经达到这样的高峰。[①]

[①] 黄群慧：《中国共产党领导社会主义工业化建设及其历史经验》，《中国社会科学》2021年第7期。

中国世界工厂的地位在此阶段确立并巩固下来。而且，起步于劳动密集型产业的中国制造业充分利用了农村地区的剩余劳动力，使得中国底层老百姓搭上了中国经济奇迹的班车，彻底改善了他们的生活，实现了中国制造促进经济增长和改善人民生活的双重目标。

3.反思新自由主义

1978年实施改革开放之后，中国学习的对象不再局限于苏联，而是开始面向全球。改革开放"过河"的最初渡口被总结为：经济发展方面主要学习日本和德国，经济模式转轨方面主要学习南斯拉夫、罗马尼亚、匈牙利等，发展园区方面主要学习中国的港澳台地区和新加坡，等等。

20世纪80年代起西方经济学开始影响中国学术界，1984年，西方宏观经济学工具被引入中国经济决策。随着"新自由主义革命"浪潮在世界范围内持续高涨，中国经济学界的主流在相当长时间内几乎完全被西方自由市场经济学的理论左右。20世纪90年代之后，一方面，"新自由主义革命"在世界上造成的危害日益显现，强调所谓"休克疗法"的"华盛顿共识"给拉美、非洲、东欧等地经济造成了巨大的冲击，引起了中国政府和学界许多人的重视；另一方面，中国的改革越来越深入，西方经济学对中国经济的不适用性也日益显现。

正是在这样一个时代背景下，中国的一些经济学家，如林毅夫、蔡昉、李周等人，以李嘉图比较优势理论为根基，开始尝试为实践中的中国经济奇迹构建出一套有别于"西方主流经济学"的新的理论解释框架。他们在2014年出版的《中国的奇迹：发展战略与经济改革》（增订版）中提到："每个国家在每个发展阶段有竞争力的产业内生，决定于该阶段的要素禀赋结构，按照比较优势发展产业并充分利用后发优势小步快跑是发展中国家追赶发达国家的最佳途径。""中国经济转型的最终完成，有赖于'重工业优

第一章 以实业立国，避开去工业化陷阱

先'的赶超策略向以有效市场和有为政府为基础的比较优势战略的体制和机制的回归。"这个观点产生了很大的影响，很多经济学家和经济决策人士都接受了这个观点，认为中国经济奇迹的发生，正是中国发挥廉价劳动力和低成本土地禀赋结构的比较优势，大力发展劳动密集型的制造业而得来的。而中国经济高速增长，特别是加入WTO之后全球世界工厂地位的确立，反过来也印证了这一理论的强大解释力。然而，事情的另一面是：中国在加入WTO之后，产品出口激增，但同时又不断遭遇美欧反倾销大棒的制裁，加上中国制造由于刚刚进入全球经济体系仍处在全球产业链的低端，并且国内也面临越来越大的资源约束。于是，挑战这种比较优势理论的声音开始逐渐变大。

21世纪初期，中国舆论界掀起了一场反思低附加值中国制造业的大讨论。其中最著名的莫过于经济学家杨帆提出的中国"一亿条裤子换美国1架波音飞机"不可持续论。2004年，杨帆在一篇名为《不要在中国滥用西方经济学》的文章中指出，中国必须独立发展战略产业，首先要破除"比较利益论"的误导。他说：

> 静态比较利益在中国，可以继续发挥，但现在应该把力量集中于培养动态比较利益，即超级产业：核、航天、航空、武器、电子和战略资源。这不仅关系国家安全，也关系能否赚钱。现在是中国大陆拿1亿条裤子，换美国人1架飞机。……假设中美完全中断经济关系……美国人可以到墨西哥去买裤子……①

2005年5月，欧盟启动对中国出口纺织品的反倾销调查之际，"中国出

---

① 杨帆：《不要在中国滥用西方经济学》，https://finance.sina.com.cn/review/20041023/15571102732.shtml。

口约8亿件衬衫才能抵1架空客380"的说法广为传播，成为中国制造的痛点。事实也的确如此，据估算，那时候，中国衬衫每件利润只有2.4元，而一架空客A380飞机却值2.4亿美元。按当时的汇率计算，单价利润差足足8亿倍。①《华尔街日报》2004年1月的一篇标题为《中国高经济增长巩固了美国的经济霸权优势》的文章，用庖丁解牛的方法告诉了公众中国制造的冷峻现实，鼠标制造商罗技生产的一只售价为40美元的鼠标，零售商拿走15美元，元器件供应商拿走14美元，罗技拿走8美元，最后剩下3美元归苏州工厂。这篇文章最后的结论是"苏州工厂就是全球经济的缩影，解释了为什么中国强化了美国的全球领头羊地位"[2]。

有一段时间，中国台湾企业家施振荣的"微笑曲线"理论被捧为中国制造业必须转型升级的经典理论。该理论认为，微笑曲线左右两侧附加价值高，利润空间大；而处在曲线中间弧底位置的加工、组装、制造等，技术含量不高，附加价值低，利润微薄。因而中国制造业必须向价值链高端延伸，特别是走品牌化的道路。与此同时，作为中国经济龙头之一的房地产行业的行情发展也影响到了制造业。自中国1998年启动住房改革之后，房地产行业开启的牛市行情吸引了大量的投资，企业家对制造业投资热情下降。另外，房地产的大繁荣导致了部分工业领域的重复建设和投资过旺，各地出现了自改革开放之后少有的重化工业大干快上的热潮，高耗能项目的纷纷上马，又导致电力异常紧张……

一系列重大经济问题相继涌现，改革开放之后奋进了25年的中国工业轻、重协调的局面又面临了新的挑战，迫使中国领导人再次进行道路选择。

---

① 《新时代的"衬衫换飞机"，换个马甲卷土重来》，https://www.jiemian.com/article/7471572.html。

② "As China Surges, It also Proves a Buttress to American Strength,"https://www.wsj.com/articles/SB107542341587316028?mod=Searchresults_pos2&page=1.

第四节　第三次突破：加快建设制造强国

2002年党的十六大报告提出了新型工业化道路到底怎么走的问题，是顺应市场规律继续发展重化工业，还是进行产业结构转型，大力发展服务业。对此，政府决策者、企业家与经济学家也展开一场大辩论。2003年开始，国家展开抑制产能过剩和调结构的凌厉行动，钢铁、电解铝、铁合金、焦炭、电石、汽车、铜冶炼、水泥、纺织等行业都被点名列为过剩行业。

1. 制造业还是服务业

力挺重化工业的一派如国务院发展研究中心的李佐军等人。李佐军基于霍夫曼等人的理论认为："中国的工业化已经进入中后期阶段，即进入重化工业（或资本品工业）比重不断上升的阶段。霍夫曼（1931）、张培刚（1949）、盐谷佑一（1956）、钱纳里（1960）、钱纳里和泰勒（1968）等人根据先行工业化国家的历史经验所进行的实证分析，都支持这一判断。至于为什么会呈现上述趋势，撒克（1985）等人对此进行了研究，他们认为，重化工业比重上升的动力来自消费结构升级和技术进步等。我国目前的人均GDP已超过1000美元。根据钱纳里（1975）模型，我国的工业化开始进入中后期阶段。"[1] 经济学家厉以宁也是重化工道路派，他说："大国的发展不能绕开重化工的道路，尤其是中国这样一个拥有13亿人口的国家。""因为我们要成为世界经济强国，必须有自己独立的工业体系，必须有自己的有自主创新能力的装备制造业。相应的，我们要有自己的钢铁工业、石化

---

[1]　《中国进入重化工业阶段——访国务院发展研究中心产业经济研究部李佐军博士》，《商务周报》2005年第16期。

工业，等等。"①

而反对重化工业道路的莫过于名望极高的吴敬琏，他在多种场合呼吁警惕中国经济结构转型的重化工业倾向。他忧心忡忡地举例说，北京应是高新技术基地和创新基地，但发展了两年，财政收入和GDP都上不去，于是要搞制造业。去年（2002年）成功地选择了汽车行业，创造了200天的"现代奇迹"（北京现代汽车公司实现当年签约、当年开业、当年出车的飞速发展成绩）。政府鼓励企业向钢铁、石油、化工和汽车制造等重化工业进军，一向以轻型、小企业和加工业见长的浙江，也在努力向重工业转型。②

吴敬琏指出，被广泛引用的霍夫曼定理其实是一个未经证实的假说，而他则引用了日本和美国的例子开出了大力发展服务业的"药方"。他说，根据美国的经验，西方工业化后期，不是重工业优先发展，而是服务业异军突起。而日本经济的服务化，甚至比美国来得更早。发达国家的制造业在20世纪初达到GDP的峰值（40%左右）之后，服务业异军突起，很快成为在国民经济中占有很大份额的产业部门。制造业本身也出现了与服务业融合的趋势。③

在中国制造业附加值低下、中国工业发展面临资源约束和公众的环保意识高涨等现实背景下，吴敬琏的说法很快在媒体和公共舆论间成了主流。在主流舆论叙事中，除了参考发达国家的工业化经验，很多国家包括印度和拉美一些被公认掉入中等收入陷阱的服务业繁荣的国家，都成为中国可以学习借鉴的对象。例如，人口规模和发展速度相当的邻国印度，服务业对经济的贡献一直占据半壁江山，特别是IT信息服务业的领先技术和成本

---

① 《厉以宁：中国经济绕不开重型化阶段》，https://business.sohu.com/20041213/ n223462903.shtml；《厉以宁：再次重申 重化工阶段是我们绕不开的》，http://finance.sina.com.cn/economist/jingjixueren/20051019/08522045043.shtml。

② 《吴敬琏：注重经济增长方式转变，谨防结构调整中出现片面追求重型化的倾向》，https://www.aisixiang.com/data/4720.shtml。

③ 吴敬琏：《中国增长模式抉择》，上海远东出版社2006年版，第72—83页。

优势，使其成为全球知名的业务流程外包中心，被誉为"世界办公室"，这令很多国人羡慕不已。最终，"十一五"规划（2006—2010年）中，对标国际经验、大力发展服务业占了上风。"十一五"规划明确提出要推进工业结构优化升级，把增强自主创新能力作为中心环节，促进工业由大变强；另外加快发展服务业，提高服务业的比重和水平。

"十一五"规划意义深远，因为它提出要把节约资源作为基本国策，一系列相关政策倒逼中国工业和中国制造业转型升级，走绿色可持续发展道路，并补齐中国服务业的短板。之后的"十二五"规划和"十三五"规划也提出了鼓励发展服务业、提高服务业占比的产业政策。

持平而论，这些政策无疑是利国利民的正确决策。考虑到中国的特殊国情，中国东西部发展极度不平衡，从北京和上海处于后工业化阶段，到中西部地区的工业化前期，各地工业化程度差距较大致使大家一窝蜂似的搞产业升级，超越发展阶段地发展高附加值制造业和服务业肯定不行。此外，中国制造业还面临生产成本越来越高的问题。在2008年国际金融危机的冲击下，一部分企业倒闭破产，中国制造业面临一场生死攸关的大考：为解决生产成本问题，是产业转型还是产业转移？据调查，2008年1—9月，广东省倒闭的1.5万户中小型企业中，主要为服装、纺织、电子元件、塑料制品等加工制造和劳动密集型企业，[1]也有不少劳动密集型制造业向东南亚的越南、柬埔寨等低成本国家转移。还有报道称纺织、印染和化工等领域的一些高污染、高耗能、高排放的"三高"中国企业，为降低成本，把工厂搬到了监管更宽松的美国南方一些州。[2]

就这样，令人担忧的过早去工业化现象发生了。世界银行数据显示，

---

[1] 温铁军等：《八次危机：中国的真实经验1949—2009》，东方出版社2013年版，第211页。
[2] 《美国佐治亚州中国首席投资代表林新伟：中国高耗能高污染企业在美国成了香饽饽》，htps://www.guancha.cn/linxinwei/2017_04_02_401772_2.shtml。

中国制造业增加值占全球的比重，在2006—2019年有了大幅度的提高，从10.6%提高到28.0%。然而，中国制造业增加值占国内GDP的比重在持续下降。2006年，中国制造业增加值对GDP的贡献达到32.5%的阶段性高点，此后便开始了趋势性下降，特别是2012年以来加快下降，2020年，制造业增加值仍然处于下滑状态，占GDP的比例已经降至26.3%。[①]

2.避开去工业化陷阱

中国制造第三次突破的凤凰涅槃，正是从越来越多的学者开始深刻理解中国国情、突破西方传统工业发展桎梏、呼吁警惕过早去工业化的风险开始的。

越来越多的人认识到，制造业对于一国经济的意义，不仅仅在其直接创造了多少经济价值，更体现在它对国民经济长期增长的驱动作用上。根据中国特大人口规模和发展不平衡的特点，中国制造不仅肩负着几代中国人实现社会主义工业化强国目标的使命，同时也肩负着创造就业、保证14亿中国人民特别是中下层老百姓过上好日子和实现共富目标的重任。因此，要想走出一条中国式工业化道路，首先要认识中国自己的国情。

200多年的工业化史中，世界上只有约10亿人实现了工业化，而中国工业化用40年时间完成了发达国家以往几百年才完成的工业目标，但中国的工业化是一个在拥有14亿人口的大国中进行的，因此，不太可能按照所谓发展的黄金公式和标准比例完成。2013年黄群慧等人的研究表明，"十一五"规划实施（2006年）以后，中国的工业化进程总体上刚刚步入工业化后期，处于工业化后期的前半阶段。从东部、东北、中部、西部四大板块看，东部进入工业化后期的后半阶段，东北进入工业化后期的前半阶

[①] 根据世界银行中国制造业增加值和全球制造业增加值计算所得。

段,中部和西部都处于工业化中期的后半阶段。[①]中国工业化进程的差异程度全球罕见,以大城市为主而制定的整齐划一的政策难免会出问题。

去工业化并不总是坏事,比如北京、上海等处于后工业化阶段的城市,劳动密集型制造业早已没有优势。2009年,国务院发文要求上海加快发展现代服务业和先进制造业,建设国际金融中心和国际航运中心。因而,其制造业贡献占比下降的去工业化的过程,正是制造业转型升级培育新的增长点的过程。而山西、新疆、甘肃、云南、青海、宁夏、陕西、河南等中西部省区尚处于工业化中期,这些省区实现工业化仍有很长的一段路要走。然而,在2008—2016年间,这些省区中,山西、新疆、甘肃、云南工业增加值减少了10%以上,青海、宁夏、陕西、河南减少了5%~10%,这种去工业化属于反常现象。[②]

采取"一刀切"的方式过早过度地去工业化,意味着经济将面临危险。经济学家蔡昉分析了三种不同类型的制造业比重下降(见表1–2)。[③]中国制造业比重下降过早过快,有"巴西化"之虞。

表1–2 十国制造业比重达到峰值的时间和条件(以2010年美元计)

国家	年份	增加值比重/%	人均GDP/美元	农业就业比重/%
美国	1953	26.8	16443	7.3
中国	2006	36.3	3063	42.6
日本	1970	34.1	18700	18.8
联邦德国	1969	36.9	19681*	9.1
印度	1995	19.7	675	62.4
法国	1974	25.9	23654	10.9
英国	1960	39.5	13934	4.4

---

① 黄群慧:《中国的工业化进程:阶段、特征与前景》,《经济与管理》2013年第7期。
② 魏后凯、王颂吉:《中国"过度去工业化"现象剖析与理论反思》,《中国工业经济》2019年第1期。
③ 蔡昉:《早熟的代价:保持制造业发展的理由和对策》,《国际经济评论》2022年第1期。

续表

国家	年份	增加值比重/%	人均GDP/美元	农业就业比重/%
巴西	1982	31.1	7661	33.3
意大利	1976	35.1	21363	15.7
韩国	2011	28.2	23755	6.4

资料来源：Timmer M. P., de Vries G. J. and de Vries K., "Patterns of Structural Change in Developing Countries," in Weiss J. and Tribe M., eds., Routledge Handbook of Industry and Development, Abingdon: Routledge, 2015; World Bank, World Development Indicators, accessed July 15, 2021, https://data.worldbank.org.

注：*为1970年水平。

第一种类型中包括美国、日本、联邦德国、法国、英国、意大利和韩国等发达经济体，在制造业比重开始下降的年份，这些经济体的人均GDP水平，无一例外显著超过12275美元（以2010年美元计的高收入国家门槛）。同时，农业就业比重已经很低，这也说明剩余劳动力转移和资源重新配置都进行得比较彻底。

第二种类型以印度为代表，其制造业占比降低的时候，还拥有较大的农业劳动力比重。

第三种类型以中国和巴西为代表，在人均GDP较低和农业就业比重很高的阶段，制造业比重便开始呈趋势性降低。中国在2006年制造业占比降低的年份人均GDP以当年汇率计，刚刚上2000美元，而农业就业人口还有42.6%。蔡昉认为，这意味着二元经济特征尚未根本改变，劳动力优势消失的刘易斯转折尚未完成，属于早熟型"去制造业化"的表现。

目前中国某些地区过早地去工业化，这已经成为学界共识。中国政府也意识到产业空心化的危险。在2021年发布的"十四五"规划纲要中明确指出，中国要"深入实施制造强国战略"，强调要"保持制造业比重基本稳定"。这与"十三五"规划提出的"服务业比重进一步提高"相比，已经发生了转变。

在保持制造业比重方面，有些国家的历史教训值得吸取。一些刚刚发展起来的新兴经济体，过早地开始去工业化，转为服务性经济体。例如巴西制造业增加值占GDP比重在1982年曾达到31.1%，农业就业人数比重下降为33.3%。[①]1982年之后，巴西开始去工业化，时至今日已经全面转向资源出口国。墨西哥的峰值则是20%，印度制造业就业比重在达到13%以后就开始降低。过早去工业化导致的另一个严重的社会问题就是，大量的劳动力没有被充分吸纳，导致大量的城市贫民窟出现。印度的服务业占比很高，然而，正如经济学家温铁军在印度实地调查后发现的，印度的IT产业是外需带动的，比如软件编程以及承担海外公司的呼叫中心等业务，使得印度受教育水平较高的人群加入了全球化体系；但制造业发展严重滞后，大量受教育水平较低的印度下层社会百姓没有机会就业，造成了大量的贫困人口。

作为全球制造业第一大国，2020年，中国已拥有41个工业大类、207个工业中类、666个工业小类，成为全世界唯一拥有联合国产业分类中所列全部工业门类的国家，但中国制造业在某些领域大而不强也是事实。中国制造业实际上仍处在转型升级的重要关头。此外，中国制造业的生产率水平与发达国家相比尚有较大差距。即便是劳动密集型制造业，在中西部地区仍然具有吸纳就业、改善中低收入人群生活水平的重要功能。遑论一些关键核心技术领域，如芯片、发动机、材料、数控机床、工业软件等领域，中国仍存在明显的短板和不足，远未达到高端自主可控的发展水平。这更加要求中国保住制造业的比重，从而发挥制造业的创新功能。

3.加快建设制造强国

20世纪70年代之后，很多欧美国家掀起去工业化浪潮，如美国、英国

[①] 姚洋：《发展经济学》，北京大学出版社2018年版，第308页。

等,但是,这些发达国家去工业化既有全世界配置资源让资本利益最大化的目的,同时,它们作为全球化的吹鼓手,又有军事、金融和意识形态方面的力量加持,能够确保去工业化而本国经济不受损。但这样的工业化道路对于作为后发国家的中国显然不适合,而且如今的全球化正在遭遇难以扭转的逆流。更加值得注意的是,近10多年来,尤其是在2008年国际金融危机之后,欧美国家已经纷纷推出再工业化战略,以扭转产业空心化和对海外供应的依赖局势。

从中国面临的复杂的国际形势来看,中国制造也必须突破西方经验窠臼,进一步攻克技术难关,继续深度参与引领新工业革命。2018年以来,5G技术震撼全球的同时,也使得华为公司成为中美贸易摩擦中的替罪羊。在逆全球化潮流日益加剧、中国面临的总体安全环境日趋严峻的形势下,中国保持较高比例的制造业经济增长,对于中国的国家经济安全和中华民族伟大复兴无疑具有非常关键性的意义。

关于制造业对于一个国家的真实意义,特别是对于一个大国的真实意义,其实并无现成的理论可以遵循。在西方发展经济学中,无论是配第-克拉克定理,还是库兹涅茨理论,都没有告诉后发国家产业结构究竟如何升级,也没有解释清楚为什么有的国家产业结构升级成功了,而有的并没有。产业结构升级没有一成不变的规律,西方经济学家发现的产业结构升级规律,最多只能反映追赶时期起步阶段的部分特征。[1]

对于中国这个全球第一制造业大国和人口大国而言,制造业占GDP比重高峰是多少才合理、全球价值链如何升级、到何种程度才能充分发挥中国的比较优势,这些只能从本国实际和经验中总结。中国社会科学院经济研究所杨虎涛教授在2021年4月的一篇文章中写道:

---

[1] 赵昌文、许召元等:《新工业革命背景下的中国产业升级》,北京大学出版社2020年版,第128页。

第一章 以实业立国，避开去工业化陷阱

出于国内经济安全稳定的保障，我国不仅必须保持一定的制造业规模以吸收服务业投入，也需要发挥制造业在技术溢出和产业带动方面的强大作用，尤其是在新一轮数字技术革命中，更需要发挥先进制造业的战略引领作用。如果任由制造业尤其是先进制造业比重持续萎缩，中国将无法在新一轮技术革命浪潮中抢得先机。[①]

党的十八大以来，中国制造得到了越来越高的重视。2021年，中国高端制造业的贡献率实现了自2011年以来的首次正增长，科技投资比例也在大幅增长。党的二十大报告中强调，加快建设制造强国是建设中国式现代化产业体系的重中之重。党的二十届三中全会强调，加快推进新型工业化，培育壮大先进制造业集群，推动制造业高端化、智能化、绿色化发展。建设一批行业共性技术平台，加快产业模式和企业组织形态变革，健全提升优势产业领先地位体制机制。优化重大产业基金运作和监管机制，确保资金投向符合国家战略要求。建立保持制造业合理比重投入机制，合理降低制造业综合成本和税费负担。

回顾新中国成立70多年的历史，制造业立国作为一条在整个经济发展历程中时隐时现的道路，经历了多次的曲折，也实现了多次的突破。显然，这些突破同样是集合了多种力量实现的，也是伴随着政治、经济、社会、科技、文化、军事和安全多个方面有形和无形的收益的。随着中国式现代化的不断推进，制造业立国这条通过一系列"超经济突破"开辟出的道路的重大历史意义和现实意义还在不断显现。

---

① 杨虎涛：《为什么保持制造业比重基本稳定十分必要》，https://news.gmw.cn/2021-04/13/content_ 34759342.htm。

第二章
共同富裕，避开不平等陷阱

法国经济学家皮凯蒂创作《21世纪资本论》后，引发全球热议。这本书运用大数据揭示了西方发达国家财富和收入分配的残酷现实。以奉行自由市场经济的美国为例，顶层1%富人的国民收入份额的变化曲线是一个巨大的U形。在第一次世界大战前，1%富人的收入占国家总收入的份额仅有五分之一；到1950年，该比例减至不到原来的一半；但是，自1980年起，顶层1%的收入份额又一次大幅上升，并回到了一个世纪前的水平。其他发达国家也出现"富人愈富，穷人愈穷"的趋势。

经济发展是否惠及最广大人群，尤其是中低收入人群，是衡量一国发展是否成功、执政党是否可持续的重要指标。从新中国成立后中国模仿苏联"老大哥"发展模式，在扶贫解困、改善居民生活方面所走过的艰难曲折之路，到改革开放之后，一部分人先富起来，在追求效率至上的前提下，一度出现基尼系数拉大的现象，再到党的十八大以来，举全国之力打赢脱贫攻坚战，发展经济的同时消除不平等，让发展惠及更多老百姓，党带领人民探索出了一条适合自己的共同富裕道路。

第二章　共同富裕，避开不平等陷阱

第一节　减少贫困的实践：从未停歇

2020年末，中国宣布在一个14亿人口大国消除了极端贫困。据《中国减贫四十年：驱动力量、借鉴意义和未来政策方向》分析，过去约40年时间，中国贫困发生率从1981年的88.1%下降到2018年的0.3%，贫困人数减少近8亿，占同期全球减贫人数的近75%，还提前10年实现了联合国《2030年可持续发展议程》减贫目标。更重要的是，中国消除不平等的实践并未停歇。2021年，中国又把实现共同富裕作为第二个百年奋斗目标的重要战略继续推进。2022年党的二十大报告已经指出，中国式现代化是全体人民共同富裕的现代化，不同于西方的现代化。党的二十届三中全会通过的《中共中央关于进一步全面深化改革、推进中国式现代化的决定》针对进一步全面深化改革的总目标提出的"七大聚焦"中，第四条就是要"聚焦提高人民生活品质，完善收入分配和就业制度……推动人的全面发展、全体人民共同富裕取得更为明显的实质性进展"。

减少贫困和消除不平等是全球所有国家包括发达国家都面临的难题。新中国成立70多年来中国如何通过农业合作化、一部分人先富起来、精准扶贫和共同富裕等一系列战略，形成中国特色反贫困和消除不平等的实践，筑起中国特色社会安全网的历史脉络。这一历史脉络背后所展示的是，从模仿苏联建设社会主义，到建设有中国特色的社会主义，再到改革开放后又再次突破日益流行的西方经济学范式的教条，不断探索、试错和调整发展路线的强烈的富民逻辑。

第二节 第一次突破：奠定社会主义基业

新中国成立后的第一个30年在减贫方面的实践长期以来没有被充分理解和说明，这是因为中国的农村收入性标准直到1986年才制定，联合国的贫困线都是按照收入和消费来衡量的，而用单纯的收入标准很难判断新中国成立后第一个30年的减贫成果。

今天的人们对此已经有了共识，贫困是一个包含多维指标的概念，要在多维衡量体系中确定，不仅包括收入，还包括健康、教育和生活水平等多个方面。如此来看，1949年新中国成立之后的一系列社会主义的建设实践，如土地改革、农业合作化、通过办人民公社推行教育和医疗等公共服务全覆盖，以及建立基本社会保障网等，实质上都是广义上的扶贫实践，也是中国共产党在共同富裕方面的重要探索。[①]尽管在新中国成立后第一个30年里中国社会主义建设方面有一些教训，但以上几个方面的成就，仍然为改革开放之后40多年的中国减贫事业奠定了坚实的基础，一些制度性的安排和探索，至今仍然推动和引导着未来的发展。

1.农业合作化

与新中国建立过程同步开展的土地改革，使得3亿多无地和少地农民（占总人口的60%~70%）免费获得土地，实现了"耕者有其田"。中国共产党人对人民群众这一重要承诺的兑现，被称为最为根本的减贫政策。到1952年底，土地改革在全国大部分地区基本完成，也确立了农户家庭土地所有权与经营权一体化的农地制度。农民生产积极性高涨，当年总播种面积比抗日战争前增加了44.4%。与1949年相比，1952年全国粮食产量增长

[①] 李小云、于乐荣、唐丽霞：《新中国成立后70年的反贫困历程及减贫机制》，《中国农村经济》2019年第10期。

第二章 共同富裕，避开不平等陷阱

了44.83%，棉花产量增长了194%。①

然而，土地改革并不能从根本上解决土地再次集中和广大人民的温饱问题，有些地方很快出现了新的贫富分化的苗头。根据新中国成立初期第一任山西省委第一书记陶鲁笳的口述记载：1950年，山西省长治地区土地买卖现象之多，是历年来所没有的。据《晋东南武乡县农村考察报告》对六个村的调查，1949年到1950年两年，有139户（占总户数的11.8%）出卖土地410亩（占耕地总数的2.28%）。有些富裕农民占有的耕地超过本村人均占有耕地的一倍、两倍乃至三倍。有的富裕农民还放高利贷，说什么"人赚钱累死人，钱赚钱发大财"，其年利率高达60%，甚至180%。②为此，山西省委决定，10个村在原来互助组的基础上试办"半社会主义"性质的农村合作社，为将来过渡到社会主义性质的合作社作准备。

然而，这次探索引起了党内关于农业合作化的一场争论。刘少奇认为，山西的农村合作社是空想的农业社会主义，新中国需要10~15年的建设才能过渡到社会主义；在没有国家工业化，没有拖拉机之前，是不能发展农业合作社的。他多次讲到，只有等到80%的农民有了三马一车一犁，才能在他们自愿的基础上实行集体化，建立苏联式的集体农场。③这场争论的实质，是涉及当时革命老区农村或土地改革后的农村要不要开始起步向社会主义过渡的问题。但是毛泽东最终说服了刘少奇、薄一波等党内高层，并肯定了山西的探索。最根本的原因就是，山西的初级社土地入股，地四劳六（土地分红占40%，劳动分红占60%），有公积金（集体收益），走集体化的道路，社会主义共同富裕的因素不断增加。毛泽东看到了这些，认为共

---

① 当代中国研究所：《中华人民共和国史稿》第一卷，人民出版社、当代中国出版社2012年版，第61—62页。
② 《陶鲁笳：建国关于建立农村合作社的高层争论》，http://www.reformdata.org/2009/0813/12717.shtml。
③ 同上。

产党不断扶持这些社会主义因素，就可以避免农村的两极分化，并带动城市，过渡到社会主义。①

按照陶鲁笳的理解，毛泽东正是抓住了中国几千年历史的一条主线：小农经济发展必然走向两极分化，最终逼得农民走投无路，起来造反，推翻旧王朝，周而复始，没有出路。因此，通过农业合作社过渡到社会主义和生产关系的根本改变，是毛泽东为实现共同富裕所倡导的一种实践模式，是中国共产党人从根源上解决两千年小农经济历史周期率的方案。而且，山西初级合作社的实践事实上取得了很有说服力的成绩。就在1955年7月31日毛泽东作《关于农业合作化问题》报告前，即7月26日，陶鲁笳给毛泽东汇报说，山西合作社从1951年开始运行了四年半，已经有41%的农户自愿加入合作社。由于苏联在农业集体化过程中遭到农民强烈反对，出现农业减产和死牛事件，毛泽东特意问起山西是否出现了同样的情况，陶鲁笳说：

> 1953年2242个社粮食总产比1952年增长27.6%，单产增长21.6%，比互助组单产高21.5%，比个体户高39%。1954年全省因灾减产4.8%，而初级社占60%以上的平顺、武乡等20个县粮食比上年增产3.8%。全省的大牲畜，由1951年的184万头发展到1954年的213万头，年递增率为10%，其中骡马的递增率高达15%，适应了初级社添置新式马拉农具的需要。特别是，现在晋东南老区在1276个老社中，生产水平已经达到或超过富裕中农生产水平的38%，这就为下一步过渡到高级社创造了有利条件……②

---

① 马社香：《毛泽东为什么大力提倡农业合作化——陶鲁笳访谈录》，《中共党史研究》2012年第1期。

② 《陶鲁笳：建国关于建立农村合作社的高层争论》，http://www.reformdata.org/2009/0813/12717.shtml。

第二章 共同富裕，避开不平等陷阱

听到山西省农业合作社的成就，毛泽东很高兴，并叮嘱山西要吸取苏联集体化的教训，一定要增产，一定要增牛，一定要把合作社搞得比苏联的集体农庄更好。在山西农业合作社成就的鼓励下，在1955年7月最后一天，毛泽东发布《关于农业合作化问题》的报告，要求全国加快合作社的建设。至此，三年关于工业化优先，还是农业合作化和社会主义工业化并举的争议也结束了。不同于苏联革命起于城市，走了一条先工业机械化后农业集体化的路线，中国革命走的是农村包围城市的路线，农村先天地成为革命和社会主义实践的突破口。在一些学者看来，这是毛泽东根据中国实际情况冲破苏联社会主义模式的新做法。[①] 到1957年，农村初级社升为高级合作社，社员私有的土地无代价地转为集体所有；社员私有的耕畜、大中型农机具则按合理价格由社收买转为集体财产；社员劳动采取多劳多得按劳分配的原则。通过农业合作化运动，土地等生产资料的农民个体所有制转变为社会主义集体所有制。

这项制度作为中国社会主义经济制度的重要组成部分一直贯彻至今。从新中国成立初期的合作社、人民公社，到改革开放初期的家庭联产承包责任制，再到当前的农村土地使用权的流转，社会主义集体所有制尽管在实践中出现过各种问题，但构成了中国农民最基本的一项抵御内外危机的安全屏障。

一些海外学者很好奇：为什么中国农业的社会主义改造进展得如此顺利，短短3年就能让刚刚获得土地的农民重新交出土地并将其收归集体所有，而且还能避免斯大林式的农业集体化导致的大规模农民反抗的情况？究其原因，还是因为中国的"超经济突破"这一有效模式。与苏联的情况大为不同的是，中国共产党在革命战争时期与中国的广大农民建立起了密

---

① 赵金鹏：《中国农业合作化运动不是苏联农业集体化运动的翻版——与王前商榷》，《中共党史研究》1990年第6期。

不可分的血肉联系，并取得了无可替代的代表性，这一点决定了新中国成立后的农业合作化在很大程度上仍是农民解放这一长期的政治运动的一部分。与苏联农业集体化时中等富农占绝大多数不同，中国农业集体化时代的农民，三分之二仍然处在赤贫状态，他们的土地绝大多数是土地改革得来的。因而农业集体化运动通过废除生产资料的私有制，即土地、大型农机具和牲畜的个体占有，再次拉平了农民的收入差距，获益的仍然是绝大多数的贫困家庭。①这既是共产党所描绘的集体化的美好前景，也符合绝大多数农民的物质利益，尤其是对一些劳动力不够的脆弱家庭，农业集体化能够帮助它们抵御风险，对它们更为有利。费孝通在他的《江村经济——中国农民的生活》里生动地描绘了农民加入高级合作社前后的情景："高级合作社成立前几天，号召大家积肥献礼，每只船都出动了，罱得满船的河泥，把几条河都挤住了。几村的人都穿上节日的衣服，一队队向会场里集中。一路上放爆竹，生产积极性的奔放，使得每个人都感受到气象更新。""农民们从田里回家谁都怀着兴奋的心情，'700斤'没问题，接下去的口头禅是'一天三顿干饭，吃到社会主义'。"②吃饭这个经济问题与社会主义这个政治问题如此紧密地联系在一起，也只有在中国的"超经济突破"实践中才可能发生。

2. 人民公社

人民公社期间，农村纷纷实行小社并大社，实行农村土地等生产资料公有化，人民公社统一经营、统一核算，成为政治组织和经济组织合二为一的"政社合一"实体。与此同时，人民公社取消了社员退社的自由，并实行户籍制度以防止农村劳动力外流，因而固化了城乡二元体制；否定了按劳分配原则，开始推行共产主义的供给制（公共食堂）。1962年，宅基地所有权也确

---

① 莫里斯·梅斯纳：《毛泽东的中国及其发展——中华人民共和国史》，张瑛等译，社会科学文献出版社1992年版，第176—177页。
② 费孝通：《江村经济——中国农民的生活》，江苏人民出版社1986年版，第277页。

第二章 共同富裕，避开不平等陷阱

定为集体财产，使用权无偿分配给社员，一家一户。人民公社这一体制一直维系到家庭联产承包责任制在全国范围内实行之后的1984年。

"一大二公"的人民公社，被一些人视为毛泽东等革命家的共产主义乌托邦试验。回顾地看，若单纯考虑人民公社的经济效益方面，由于在微观激励机制和市场效率等多方面的严重缺陷，基本上是可以否定的。但是，不能据此完全否定这一制度在当时那个特殊历史时期所发挥的独特作用。无论如何，在1957—1982年这段时期，我国粮食和棉花总产量分别提高了81.3%和119.4%，年均增长率分别达到3.0%和4.0%，在同期人口增长57.2%的情况下，相应的人均粮食、棉花分别实现了15.6%、39.5%的增长，增长速度与其他农业国家相比是高水平的。[1] 而除了农业产量增长之外，更重要的是，人民公社这种"公社–村–小队"三级体制所体现的超强的动员力量和"集中力量办大事"的治理模式，在中国人口众多、财力有限这一基本国情之下，最大限度地保障了中国农村的水利建设、教育、医疗、社会救助等方面的有效供给，在中国中长期的共同富裕战略中占有一定的地位。

事实上，人民公社化运动一开始正是在农田水利建设高潮中应运而生的。集体化的农村突破了个体农户的藩篱，在农田水利建设中发挥了决定性作用，从长期来看，是可以促进农业增产增收的。1958年，水利部时任部长傅作义在《人民日报》的发文中指出"四个月的成就等于四千年的一半"，畅谈农村中兴修水利的高潮。文章说，仅在1957年冬到1958年初的四个月时间里，就新开辟了灌溉面积约1.17亿亩。他作了个比较：新中国成立前我们的祖先四千年累计只开辟了2.3亿亩灌溉面积，所以那四个月的成绩等于四千年的一半。[2] 这个比较，如今的人看着稍显夸张，但当时完成

---

[1] 房小捷：《从农业剩余提取角度看新中国农业合作化对社会主义工业化的意义》，《高校马克思主义理论研究》2018年第3期。

[2] 傅作义：《四个月的成就等于四千年的一半》，《人民日报》1958年2月7日。

的灌溉面积是实打实的。

在政治运动的鼓动下,中国人民依靠群众智慧和集体力量,还创造了"长藤结瓜"等适合不同地形的水利化经验。比如,南方各省雨水虽然较多,但是在合作化以前,在一家一户的生产条件下,塘坝水源不能互相调剂,多数抗旱能力很低。若几十天不下雨,有的塘坝就干涸了。现在云南、贵州、湖北等地,在合作化的基础上创造了"长藤结瓜"的经验,根据地形条件,把渠道和水塘联结起来,水源统一调配,以有余补不足,形成了一个完整的灌溉系统,节约了水量,扩大了灌溉面积,大大提高了抗旱能力。[①]

在提供低成本普惠性的教育、医疗和社保服务方面,人民公社成就卓著。比如,基础教育方面形成了大队办小学、公社办初中、区委会办高中的教育格局;开展了轰轰烈烈的扫盲运动。学龄儿童入学率从1949年的20%上升到1976年的97.1%,小学毕业生的初中升学率从1957年的44.2%上升至1976年的94.2%,1949年文盲率高达80%,但到了1978年,已经下降至22%。[②]

医疗卫生方面,人民公社靠超强的组织动员能力消灭和控制住了多种传染病和流行病,普及基本医疗卫生服务,大大提高了人民的健康水平。新中国确立了"面向工农兵、预防为主、团结中西医、卫生工作与群众运动相结合"的卫生工作方针,创设了一套中国特色的农村卫生保健模式,其中包括三级医疗保健网、赤脚医生和合作医疗制度。农村三级医疗保健网以区人民医院为中心、以公社卫生院为纽带、以大队卫生室为基础,担负小病诊治和防疫检疫。赤脚医生队伍由经过选拔培训的农村知识青年构成,为农民提供初级卫生服务。合作医疗制度是农村基本医疗卫生制度,负责辖区村民卫生医疗,实现低成本、广覆盖的基础医疗服务,覆盖率达到90%以上,惠

[①] 傅作义:《四个月的成就等于四千年的一半》,《人民日报》1958年2月7日。
[②] 李小云、于乐荣、唐丽霞:《新中国成立后70年的反贫困历程及减贫机制》,《中国农村经济》2019年第10期。

及85%以上的农村人口。① 在当时的条件下，这套医疗卫生体系可以说成效巨大，最主要的一个体现指标是，中国人的人均预期寿命由1960年的43.7岁提高到1978年的65.9岁，这是发展中国家取得的罕见的成就（见表2-1）。②

表2-1 中国人均预期寿命和其他国家的比较（1960—1980年）

单位：岁

国家	1960年	1978年	1980年	1960—1980年增幅
中国	43.7	65.9	66.8	23.1
印度	41.2	52.8	53.8	12.6
缅甸	42.7	54.2	55.0	12.3
巴基斯坦	45.3	56.3	57.0	11.7
孟加拉国	45.8	52.1	53.5	7.7
老挝	43.2	48.5	49.1	5.9
肯尼亚	46.3	56.7	57.8	11.5
坦桑尼亚	43.7	50.0	50.4	6.7
加纳	45.8	51.7	52.3	6.5
赞比亚	45.1	51.5	51.3	6.2
乌干达	44.0	49.4	49.4	5.4

数据来源：世界银行世界发展指数数据库（https://databank.worldbank.org/indicator）。

以人民公社为依托，农村还普遍建立了以集体保障为主体的社会救助保障体系，基本形式包括救灾、"五保"供养和困难户救助。以"五保"供养为例，"五保"供养是针对缺乏劳动力、生活无依靠的农户和伤残军人，在生产生活上给予适当的安排，提供保吃、保穿、保烧（燃料）、保教（子女教育）与保葬五类救助制度，使他们生老死葬都有指靠。1958年全国农村享受"五保"供养的人口有519万人，敬老院达到15万所，收养300余万人。③ 这些

---

① 李有学：《集体化供给的试验样本：人民公社时期的公共服务供给》，《行政科学论坛》2021年第9期。
② 李小云、于乐荣、唐丽霞：《新中国成立后70年的反贫困历程及减贫机制》，《中国农村经济》2019年第10期。
③ 谢冬水：《我国农村社会养老保险的制度变迁与创新分析》，《西安外事学院学报》2008年第3期。

措施大大减少了农村极端贫困的发生。"五保"供养至今仍然是中国社会救济制度的一部分。

3. 未竟的富民事业

无论是土地改革、发展初级合作社,还是建立人民公社,共和国的缔造者自新中国成立伊始就确保自己不脱离亲贫、益贫的发展路线,一直希冀通过更纯粹、更大规模的公有制形式来谋求社会的大同,实现人人丰衣足食的美好愿望。

在新中国成立之初关于共同富裕的倡议被频频提及。1953年12月16日,中共中央提出要"逐步实行农业的社会主义改造,使农业能够由落后的小规模生产的个体经济变为先进的大规模生产的合作经济,以便逐步克服工业和农业这两个经济部门发展不相适应的矛盾,并使农民能够逐步完全摆脱贫困的状况而取得共同富裕和普遍繁荣的生活"①。在1956年发表的《论十大关系》中,毛泽东特别强调了农业、轻工业和重工业的协调发展。他说这样一可以更好地供给人民生活的需要,二可以更快地增加资金的积累,因而可以更多更好地发展重工业。他说苏联的模式把农民挖得很苦,我们则要做到国家和合作社、国家和农民、合作社和农民,都必须兼顾,都不能只顾一头,因为这是一个关系到6亿人民的大问题。③

然而,面对长期的外部封锁及安全威胁,"都必须兼顾,都不能只顾一头"的理想总是不得不让位于现实的压力。可以说,新中国成立后的约30年里,中国的农民合作化运动始终没有跳出苏联社会主义模式的大框架。④农业的发展在大部分时间里让位于工业化和保家卫国的强国目标,20多年

---

① 《毛泽东文集》第六卷,人民出版社1999年版,第442页。
③ 《毛泽东文集》第七卷,人民出版社1999年版,第24—31页。
④ 郑明:《中国与苏联农业集体化的关系不是非此即彼——兼与王前、赵金鹏商榷》,《中共党史研究》1991年第5期。

的人民公社体制也因此以重积累和压消费为原则，全国人民勒紧裤腰带支撑起一个独立自主进行工业化、现代化建设的国家，但始终未能解决6亿人自己的温饱问题。[1] 20世纪70年代末薛暮桥曾指出："我国现在的财政收入，农民所提供的税金只占百分之十以下，工业所提供的税金和利润占百分之九十以上，似乎工人向国家提供的积累很多，农民所提供的积累很少，实际情况并非如此。这是因为农民所提供的积累，有相当大一部分是通过不等价交换转移到工业中去实现，计算到工人的积累里面去了。实际上农民所提供的积累，在财政收入中至少占三分之一。"[2]

尽管从整个时间段上看，中国的农业在总量和人均上都实现了增长，但由于经历了一系列挫折，中国农村的生活水平仍然处于贫困之中（见表2-2）。李小云等引用营养摄入量来衡量，1954—1977年农民每日热量的摄入量没有稳定达到每日2100千卡的最低热量标准（见表2-3）。光梅红根据史料研究人民公社时期大寨社员的生活水平，发现1966年山西昔阳县农民人均日摄入热量为1611千卡，1975年为2360千卡，可见集体化时期的农民长期处于较低生活水平。[3]

表2-2 中国农民收入和消费变化（1952—1978年）[4]

年份	农民人均收入/元	农民消费指数（1952=100）	年份	农民人均收入/元	农民消费指数（1952=100）
1952	62	100.0	1957	79	117.0
1954	70	104.4	1958	83	120.0
1956	78	115.0	1959	65	94.6

---

[1] 房小捷：《从农业剩余提取角度看新中国农业合作化对社会主义工业化的意义》，《高校马克思主义理论研究》2018年第3期。

[2] 薛暮桥：《中国社会主义经济问题研究》，人民出版社1979年版，第155页。

[3] 光梅红：《集体化时期农民生活水平研究——以昔阳大寨村为例》，《中国农业大学学报（社会科学版）》2011年第2期。

[4] 李小云、于乐荣、唐丽霞：《新中国成立后70年的反贫困历程及减贫机制》，《中国农村经济》2019年第10期。

续表

年份	农民人均收入/元	农民消费指数（1952=100）	年份	农民人均收入/元	农民消费指数（1952=100）
1960	68	90.3	1970	114	141.3
1961	82	91.9	1971	116	142.1
1962	88	98.8	1972	116	141.5
1963	89	106.8	1973	123	150.2
1964	95	114.0	1974	123	148.9
1965	100	125.2	1975	124	151.0
1966	106	130.7	1976	125	151.4
1967	110	136.2	1977	124	151.0
1968	106	129.7	1978	132	157.6
1969	108	133.5			

表2-3　农民每日营养摄入量表（1954—1978年）[①]

年份	蛋白质/克	脂肪/克	热量/千卡	年份	蛋白质/克	脂肪/克	热量/千卡
1954	51.50	24.38	1984	1974	—	—	1996
1956	53.46	25.12	2136	1975	—	—	2001
1957	50.59	22.74	1992	1976	—	—	1977
1965	49.94	25.67	2002	1977	—	—	2015
1973	—	—	2015	1978	56.32	29.51	2230

一代人经过艰苦卓绝努力，将社会主义的基业打了下来，共同富裕的伟大征程开始起步，但富民的伟大目标远远未能实现，新的任务历史地落在了后面几代中国领导人肩上。2024年7月，党的二十届三中全会通过的

[①] 李小云、于乐荣、唐丽霞：《新中国成立后70年的反贫困历程及减贫机制》，《中国农村经济》2019年第10期。

《中共中央关于进一步全面深化改革、推进中国式现代化的决定》中提出：完善强农惠农富农支持制度。坚持农业农村优先发展，完善乡村振兴投入机制。壮大县域富民产业，构建多元化食物供给体系，培育乡村新产业新业态。优化农业补贴政策体系，发展多层次农业保险。完善覆盖农村人口的常态化防止返贫致贫机制，建立农村低收入人口和欠发达地区分层分类帮扶制度。健全脱贫攻坚国家投入形成资产的长效管理机制。运用"千万工程"经验，健全推动乡村全面振兴长效机制。

第三节　第二次突破：不平衡的繁荣

根据世界银行2013年的估算，中国生活在每天1.9美元贫困线以下的贫困人口比例，已经从1981年的88.3%下降到了当年的1.85%。改革开放以来的40多年里，中国8亿人脱贫，是中国富民政策贯彻得最彻底、最成功的时间段。通过发展经济，中国解决了绝大多数人的温饱问题，再通过世上罕见的脱贫攻坚战，以及取消农业税、建立起覆盖全民的医疗保障体系等措施，实现了世界上最多人口的脱贫。

很多人会问：这一切是如何发生的？中国到底做对了什么？

大部分经济学家的答案是：激励机制和市场效率。中国先通过家庭联产承包责任制调动农民的积极性，再通过鼓励一部分人、一部分地区先富起来，调动村中能人、企业家和地方政府的积极性，一步步分阶段、由点及面地激活各地市场，下活了改革富民这盘棋。

1. 小岗村的"官司"

改革亲历者、广东原主管农村工作的杜瑞芝在2008年农村改革30周年

中国经济发展的逻辑

座谈会上曾一语道破中国改革开放的逻辑起点:"改革最大的动力是农民的肚皮!但如果没有邓小平的支持也不行。"

如果说新中国成立后的约30年更多是一场场自上而下的社会主义建设运动,那么,1978年启动的改革开放则是一个上下左右互动的结果。对于中国高层决策者来说,若要产生上下左右的互动,思想解放是主线。

几亿人饿肚子,用新的政治话语说,是人民的生存权出现了问题;对执政党而言,是信任危机的问题,事关生死存亡。在1978年真理标准问题的大讨论中,邓小平说过:"一个党,一个国家,一个民族,如果一切从本本出发,思想僵化,迷信盛行,那它就不能前进,它的生机就停止了,就要亡党亡国。"[1]他所说的"一切从本本出发,思想僵化,迷信盛行"指的就是当时束缚全社会生产力发展的意识形态禁锢。赵树凯教授记述了1978年安徽省凤阳县小岗村改革中一些有趣的细节。1980年1月24日,时任安徽省委第一书记万里来到小岗村考察之后,"顶风作案"的村队长严俊昌吓得两腿直打哆嗦。令他没想到的是,万里给了小岗村农民一颗定心丸:"我批准你们干五年。只要能对国家多做贡献,对集体能够多提留,社员生活能有改善,干一辈子也不能算'开倒车'。谁要说你们'开倒车',这场官司由我来跟他去打。"[2]

突破意识形态禁锢并非轻而易举,如万里所料,在那之后,他为小岗村包产到户的合法化打了三年"官司"。没多久,某位国家农委的老领导去安徽考察,回来就和万里发生了争论。他认为包干到户不宜推广,因为它偏离了社会主义方向,不是走共同富裕的道路。万里说:"群众不过是为了吃饱肚子,有什么不符合社会主义,为什么不可行?"万里还问道:"社会主义和人民群众,你要什么?"老干部说:"我要社会主

---

[1] 《邓小平文选》第二卷,人民出版社1994年版,第143页。
[2] 赵树凯:《小岗故事考究》,《中国发展观察》2018年第11期。

义！'万里说："我要（人民）群众！"①在本本主义的意识形态禁锢下，社会主义和吃饱肚子竟然成为不能相容的两个概念。由此我们才能体会出邓小平后来那句"贫穷不是社会主义，社会主义要消灭贫穷"②的分量有多重。

不久后，万里调任中央任书记处书记，担任副总理，主管农业工作。这也直接导致了小岗村的"密谋事件"传到了中央决策中枢，成为影响中国历史进程的转折性事件。这一转折性事件的唯一物证如今成了博物馆中关于改革开放的标志性文物，即一张写在香烟盒纸上带着红手印、包含着错别字的生死契约：我们分田到户，每户户主签字盖章，如以后能干，每户保证完成每户的全年上交和公粮，不在（再）向国家伸手要钱要粮。如不成，我们干部作（坐）牢刹（杀）头也干（甘）心，大家社员也保证把我们的小孩养活到18岁。

从地方到中央，围绕包产到户的争论延续了3年。直到1982年的元旦，中共中央才连续5年发出5个"一号文件"，正式承认"包产到户、到组都是社会主义集体经济的生产责任制"。

家庭联产承包责任制克服了人民公社时期的劳动工分制和计件制度中的"监督和计算问题"，农户生产的粮食可以交够国家和集体的粮食之后，剩余的归自己，每个农户事实上成为"剩余索取者"，因而劳动积极性与报酬更加直接地联系在一起。③正是因为家庭联产承包责任制所带来的激励作用，包产到户以星火燎原之势迅速在全国铺开。根据林毅夫的研究，1979年，仅有1%的农村地区试行家庭联产承包责任制，但是到了1984年，家庭联产承包责任制的普及率已经达到了99%。这种基于底层农民生存逻辑

---

① 张军：《改变中国：经济学家的改革记述》，上海人民出版社2019年版，第44、54页。
② 《邓小平文选》第三卷，人民出版社1993年版，第116页。
③ 张军：《改变中国：经济学家的改革记述》，上海人民出版社2019年版，第44、54页。

的简单创新，极大地调动了农民的生产积极性，也大大提高了农业发展的效率。① 按照住户调查材料，1985年全国平均每个农户拥有的生产性固定资产、私人住房、现金和储蓄、余粮等项总额为3812.77元，推算当年全国农户总资产在7000亿元以上。按相同口径计算已经比1981年增长了1.68倍，年均增长27.37%。② 农民人均纯收入从1978年的133.6元提高到了1985年的397.6元，年均增长率达到16.9%，达到了历史最高水平。按照中国政府1985年确定的贫困标准（1978年人均纯收入100元）测算，1978年农村贫困发生率为30.7%，贫困人口规模为2.5亿人，到1985年，贫困人口已经减少到了1.25亿人。③

包田到户并非安徽小岗村的创举，1956年高级合作化正在铺开之时，有的基层干部就察觉到农民生产缺乏激励机制的问题，当时的浙江省永嘉县县委书记李云河就提出了"包产到户"的想法。20世纪60年代，有的农村地区饥荒严重，农民和基层生产队就承诺交够国家的，留足集体的，剩下的都是自己的，以此获得土地的经营权。1961年，饥荒重灾区之一的安徽省一度有85.4%的生产队施行"包产到队，定产到田，责任到人"，但最终被戴上"单干风"的帽子，受到批判。④

20多年后，时势逆转，包产到户得到政策支持。20世纪80年代参与了中国诸多重大农业政策文件起草的周其仁，借用自由市场经济学中罗纳德·H.科斯的"清楚界定的产权是市场交易的前提"理论，将家庭联产承包责任制解释为"中国特色的产权界定"。他认为这种能够促进生产力发展

---

① Justin Yifu Lin, "Rural Reforms and Agricultural Growth in China," The American Economic Review 82, No.1（1992）：34–51.

② 周其仁：《改革的逻辑》，中信出版社2017年版，第96页。

③ 李小云、于乐荣、唐丽霞：《新中国成立后70年的反贫困历程及减贫机制》，《中国农村经济》2019年第10期。

④ 魏众：《从"责任田"实践到家庭承包制——基于安徽的考察》，《中国经济史研究》2021年第4期。

的自发的包产到户，得到了国家最高层面的法律保护（2002年通过了《中华人民共和国农村土地承包法》）：一方面，土地的使用权、收益权以及转让权，都长期承包给了农户；另一方面，土地所有权仍是社会主义集体所有制，因而"改革之道就是坚持产权界定并寸步不移"①。这只是事后的"经济学"理论说明，而中国领导人当时的做法，并不是从一种本本主义又跳到了另一种本本主义。他们只是一边尊重了农民的简单生存逻辑——分田，另一边又坚持了土地国有和社会主义集体所有制，采取了比任何转轨制国家都更加符合实际的改革策略，在大大刺激经济增长、改善人民生活的同时，又保证了社会主义红旗不倒、基业不垮，让中国这艘巨轮能够高速前行而不脱轨。这不是单纯的经济问题，而是一个事业，一个通过"超经济突破"完成的发展战略。

2.让一部分人先富起来

1985年10月23日，邓小平在会见美国时代公司组织的美国高级企业家代表团时说："一部分地区、一部分人可以先富起来，带动和帮助其他地区、其他的人，逐步达到共同富裕。"②继家庭联产承包责任制成为第一个重要的激励政策之后，从1980年代中期开始，邓小平在多个场合提出"允许一部分人、一部分地区先富起来"。这种"先富论"摆脱了将共同富裕误解为结果平等的"同步富裕"这一认识误区，强调在机会均等的条件下，基于人有能力高下和术业有专攻及各地发展不平衡的客观事实，允许有人先富，让勤劳致富变得合理合法，让先富的示范榜样作用激励后富，带动生产力的快速发展。

对当时刚刚从"吃大锅饭"的体制走过来的中国人来说，这些新的理

---

① 周其仁：《改革的逻辑》，中信出版社2017年版，第8—13页。
② 《邓小平文选》第三卷，人民出版社1993年版，第149页。

念解开了精神枷锁，大大地激发了中国人民创造财富的热情。当年安徽芜湖的"中国第一商贩"年广九便是大家耳熟能详先富起来的代表人物之一。"农村改革初期，安徽出了个'傻子瓜子'问题。当时许多人不舒服，说他赚了一百万，主张动他。我说不能动，一动人们就会说政策变了，得不偿失。"[①]这是邓小平在1992年第二次点名保护年广九。2005年，本书作者曾到安徽芜湖和郑州两地采访年广九，发现这位很懂生意经的"傻子"，将邓小平的话印在了自己的名片、"傻子瓜子"包装袋等很多地方。

年广九生于1940年，7岁开始在街巷捡烟头挣钱，9岁跟随父母摆摊叫卖水果。但是后来，水果摊被当作"资本主义尾巴"割掉了。1963年他因为贩卖板栗入狱一年；"文化大革命"中，年广九因为同样的原因被批斗，再度坐牢。1972年他改行炒瓜子，其间教会他炒瓜子的熊师傅因"违法摆摊"，在被当地工商管理人员追逃的时候，一口气喘不上来，气绝身亡。即便是偷偷摸摸做生意，1973—1976年，年广九就赚到了100万元，可谓新中国最早的百万富翁了。

《中国财贸报》（《经济日报》的前身）安徽站记者杨其广曾回顾了"傻子瓜子"在被邓小平点名前的细节。1982年6月，国务院总理对《中国财贸报》关于"傻子瓜子"问题的报道作出批示，并提出了下面的问题："对这件事有两种看法，一种认为是资本主义要取消；另一种认为，这些事给我们以启示，这样会经营的人才，为什么30年来不能发挥作用？我们能不能找出这样一条路子：既能发挥人才的作用，又能克服消极的方面？"最后，根据总理的批示，安徽省进行了一番研究之后得出的意见是：年广九确实有技术专长，又肯吃苦耐劳。他的瓜子质量好，得到群众好评，这些积极作用应该受到保护，但是有些问题一时拿不准，可以先看看，先不

[①]《邓小平文选》第三卷，人民出版社1993年版，第371页。

急于处理。①就这样,"傻子瓜子"越做越大,至1982年底,雇工已经达到了46个,一时间,"暴发户""新型资本家""姓资还是姓社"的争论从芜湖传到省里,从省里传到中央。这才有了邓小平1984年的点评保护:"让'傻子瓜子'经营一段,怕什么?伤害了社会主义吗?"②

与中央从政策上鼓励先富同步,劳动力流动的限制也逐渐放开,中国改革重点开始转移到工业部门,中国亿万国民迸发出前所未有的创业致富热情,经商潮、下海潮一浪高过一浪。从农业中释放出来的大批农村剩余劳动力,从西向东,从北向南,形成中国历史上前所未有的人口候鸟潮。这场规模空前、轰轰烈烈的"人口迁徙",正是中国减贫运动的生动写照。根据2004年对农民工的调查,到了2003年,样本农民工的月工资水平为984元,年平均打工9.5个月,年均收入9253元,其中4694元寄回了农村老家,占打工收入的50.7%,这些汇款对提高农村居民的收入起了重要作用。③

3.贫富分化之辩

改革开放推动的经济增长,成为中国减贫运动的最大动力。1989—2013年,中国的总贫困率下降了54.78%,其中经济增长贡献了55.75%。如果将这24年分成两个时期,1989—2006年这17年间,经济增长贡献47.5%,但与此同时,不平等的恶化贡献了-1.63%。④改革开放政策确保了绝大多数中国人可以靠勤劳和智慧改善生活,但与此同时,城乡之间、区域之间和不同社会阶层之间的收入差距也在不断扩大,21世纪之初到2008

---

① 杨其广:《萌芽时的"傻子瓜子"》,《中国金融家》2015年第4期。
② 《邓小平文选》第三卷,人民出版社1993年版,第91页。
③ 王小鲁:《市场经济与共同富裕:中国收入分配研究》,中译出版社2022年版,第71页。
④ 张军、王永钦主编《大转型:中国经济改革的过去、现在与未来》,格致出版社、上海人民出版社2019年版,第415页。

年国际金融危机之前这段时间尤甚。据统计，改革开放之初的1985年，城乡居民收入比只有1.86∶1，到2002年，这一比例扩大到3.11∶1，如果把城乡居民享有的公共服务差距计算在内，二者的比例或将高达7∶1。[1]若按照基尼系数来衡量，根据清华大学李强教授的测算，中国人均国民收入的基尼系数1994年为0.434，1996—1997年为0.4577，2003年中国城乡居民人均收入的基尼系数已开始高于0.5。而据国际劳工组织的统计资料，20世纪90年代，世界上基尼系数最高的国家包括塞拉利昂（0.629）、巴西（0.601）、危地马拉（0.596）、南非（0.593）、巴拉圭（0.591）等，仅从基尼系数这一指标看，世纪之初，中国已朝世界上贫富差距最大的国家迈进了。[2]即便是按照国家统计局的数据，2000年以来收入差距也呈现日益扩大的势头，到2008—2009年基尼系数已经接近0.5。[3]

一个经济高速发展的社会，存在贫富差距是正常的，正如邓小平的先富政策所希望的，这种差距能够从正面刺激人们致富的欲望，为经济发展提供源源不竭的动力。但是，如果贫富分化与不公正、不合理、不公平的财富分配机制相关联，就容易激化社会矛盾。

有关贫富差距问题的讨论这一时期也席卷了舆论界、学术圈和决策者的议事厅，议题包括贫富分化的程度、产生的原因，进一步深入研究"公平与效率谁优先"问题，以及"先富是否真的带动了后富"等深层次的问题。

1992年邓小平南方谈话肯定了效率的首要地位，随后"效率优先，兼顾公平"的收入分配理念被写入党的十四届三中全会公报，党的十五大报

---

[1] 吴丰华、韩文龙：《改革开放四十年的城乡关系：历史脉络、阶段特征和未来展望》，《学术月刊》2018年第4期。

[2] 李强：《当前我国社会分层结构变化的新趋势》，《江苏社会科学》2004年第6期。

[3] 李强：《21世纪以来中国社会分层结构变迁的特征与趋势》，《河北学刊》2021年第5期。

告还提出要"把按劳分配与按生产要素分配结合起来",被视为中国社会主义分配思想不断突破和创新的必然结果。①

通俗地理解,"效率优先,兼顾公平"就是将"做大蛋糕"放在首位,"分好蛋糕"放在第二位。按照这一概念的首提者——时任中央党校研究员的周为民和卢中原的初衷,是在保证最必要的公平程度前提下,最大限度提高社会经济效率,是改革开放之初为配合发展社会主义生产力之历史任务决定的。②

然而,此一时彼一时。地区发展的不平衡、垄断行业的高利润、权钱交易、部分高收入人群"为富不仁"等社会不公现象,已导致民众的不满情绪滋生蔓延,如再不特别关注社会公平,必然破坏和谐社会的建立,甚至威胁社会稳定。由此可见,即使是被经济学家普遍当作经济问题分析研究的贫富分化问题,在中国也绝不可能被当作单纯的经济问题来处理,它属于中国特色社会主义建设发展战略中的主要组成部分,也需要通过"超经济突破"加以解决。

实际上这一问题在西方国家也是一样。美国经济学家萨缪尔森等认为,"一个经济社会不仅仅只追求效率……一个经济社会或许会作出选择,改变自由放任的均衡,以便增进收入和财富的公平或公正性"③。而且,经济学"有助于设计增加穷人收入的更有效率的方案"④。但是,为什么中国在不平等问题上可以通过"超经济突破"的综合手段不断改善,而西方国家则束

---

① 权衡等:《中国收入分配改革40年:经验、理论与展望》,上海交通大学出版社2018年版,第204页。

② 周为民、卢中原:《效率优先、兼顾公平——通向繁荣的权衡》,《经济研究》1986年第2期。

③ 保罗·萨缪尔森、威廉·诺德豪斯:《经济学》,萧琛等译,华夏出版社1999年版,第122页。

④ 保罗·萨缪尔森、威廉·诺德豪斯:《微观经济学》,蔡琛等译,华夏出版社1999年版,第30页。

手无策呢？到底是西方国家的社会现实问题，还是自由市场经济学理论上的问题？

2004年9月召开的党的十六届四中全会通过的《中共中央关于加强党的执政能力建设的决定》提出了"注重社会公平"的说法。2005年10月通过的《中共中央关于制定国民经济和社会发展第十一个五年规划的建议》不再使用"效率优先，兼顾公平"的提法，而是强调"更加注重社会公平"，强调"努力缓解地区之间和部分社会成员收入分配差距扩大的趋势"。同时，党中央还推出了一系列保护中低收入人群利益、保证社会公平以扭转贫富差距拉大趋势的措施。2002年召开的党的十六大提出统筹城乡发展。2006年1月1日宣布彻底废除农业税，全国农民每年减负1000多亿元，人均减负140元左右，这一举措成为继家庭联产承包责任制以来，最具标杆性意义的惠民措施。在公共服务的均等化方面，2003年中国试点推出了新型农村合作医疗制度，并从2016年开始推动新农合和城镇居民医保合二为一，截至2021年9月《"十四五"全民医疗保障规划》颁布时，已经建立起了覆盖13.6亿人（覆盖率95%以上）的基本医保体系，职工和城乡居民基本医疗保险政策范围内住院费用基金支付比例稳定在70%~80%。

第四节　第三次突破：走向共同富裕

民富国强的奋斗目标，虽然可以用经济指标加以衡量和表示，但从根本上讲这不只是经济问题，更是一项事业。

邓小平在改革开放之初提出先富带动后富的时候，就预料到了贫富差距的发生。1985年他提出："社会主义的目的就是要全国人民共同富裕，

第二章　共同富裕，避开不平等陷阱

不是两极分化。如果我们的政策导致两极分化，我们就失败了。"①1990年，他再次提出："社会主义最大的优越性就是共同富裕，这是体现社会主义本质的一个东西。如果搞两极分化，情况就不同了，民族矛盾、区域间矛盾、阶级矛盾都会发展，相应地中央和地方的矛盾也会发展，就可能出乱子。"②

改革开放以来，中国坚持发展是硬道理，确立了社会主义市场经济体制。但是在自由市场经济学的理论中，在市场经济体系之下效率和公平不可兼得，发展和收入分配必将遵守涓滴效应，即只要保持经济不断增长，增长收益会"涓滴"到中低收入人群当中，自动减少贫困。另外，根据西方经济学的库兹涅茨曲线假说，一国经济发展的初始阶段，收入差距会随着人均收入的提高而扩大，但当人均收入提高到一定水平时，贫富差距自然会出现下降趋势。根据这一理论，中国一部分经济学家认为，政府不应该用财政转移支付缩小收入分配差距，借助市场手段缩小收入分配差距才更有效。③他们强调，如果过度强调收入平等，必然导致社会退回到计划经济时代以及经济的停滞不前。然而，正如法国经济学家托马斯·皮凯蒂等一些学者用大量事实所证明的，在坚持自由市场原则的西方国家，贫富差距正在以惊人的速度不断拉大。不需要很多的经济学理论知识也可明白其中的道理：通过自由市场将蛋糕做大固然重要，为蛋糕的分配提供了重要的前提条件，但这只是问题的一个方面；问题的另一个方面是，如果不能公平公正地分配蛋糕，继续任由市场调节，资本的一方必然相对于劳动的一方占有越来越多的优势，贫富差距必然越来越大，社会危机也必然快速逼近，政府对此不可能无所作为。而只有公平合理地分配

---

① 《邓小平文选》第三卷，人民出版社1993年版，第110—111页。
② 同上书，第364页。
③ 张维迎：《中国的市场化改革与收入分配》，https://www.aisixiang.com/data/128271.html。

蛋糕，才能最大限度地调动绝大多数人的积极性，也有助于蛋糕的进一步做大。

在这个问题上，中国政府并不需要比别人更聪明才能作出正确的决策，但的确需要突破自由市场经济学理论范式，回归常识理性。

自1986年中国政府成立国家级的扶贫机构开始，有目的、有计划的扶贫工作全面展开。2011年以前，扶贫工作主要是以区域开发式扶贫为主的、兼顾贫困群体的开发治理模式展开。比如西部大开发战略，主要针对12个西部省份，加快基础设施建设、生态环境保护和建设，巩固农业基础地位，调整工业结构，发展特色旅游业，发展科技教育和文化卫生等。西部大开发战略实施后，我国西部地区农村贫困人口大幅度减少。2013年以来启动的精准扶贫，正是中国在贫富差距逐渐拉大的局面之下开展的根除绝对贫困的一场攻坚战。中国在管理体制上采取省、地级市、县、乡镇、村五级书记挂帅的管理机制，并累计派出300多万名第一书记和干部下乡扶贫，精准帮扶9899万贫困人口。截至2021年，8年来的扶贫规模、资金投入和人力投入在全世界绝无仅有。中国消除不平等的努力有目共睹。以国家统计局的居民人均可支配收入基尼系数衡量，该指标在2008年达到最高点0.491后，2009年至2021年呈现波动下降态势，2020年降至0.468，累计下降0.023。[①]2017年召开的党的十九大提出乡村振兴战略，2018年实施的《关于实施乡村振兴战略的意见》部署实施乡村振兴战略。与以往的农村反哺城市或者城市反哺农村不同，乡村振兴战略的重要目标之一是要实现城乡融合，到2035年，实现相对贫困进一步缓解、共同富裕迈出坚实步伐的目标。

由于中国社会历史上形成的城乡二元结构，消除贫困实现共同富裕，

---

① 《〈中国的全面小康〉白皮书新闻发布会答记者问》，https://www.baiyin.gov.cn/stjj/fdzdgknr/xwfbh/art/2022/art_a70b4746eb364ffeb0f645fa86c712d4.html。

还包含了远超经济含义的其他方面的意义。中国之所以在抗击内外危机方面表现出强大的韧性，不会轻易发生社会混乱，是因为在中国，贫困人口相对集中的农村长期发挥着就业蓄水池的作用。在1998年亚洲金融危机、2008年国际金融危机以及2020年暴发的新冠疫情中，都体现了这一点。中国农民被赋予的集体土地和宅基地，经历家庭联产承包责任制和近年来的土地确权等政策变迁，使用权始终在农民手上，仍然可作为农民防范危机的屏障。这个社会主义性质的制度安排，是改革开放40多年来，即使实行了效率优先的市场经济，中国也没有出现大量城市贫民窟的一个重要原因。

自20世纪70年代"新自由主义革命"以来，多个拉美国家盲目照搬发达国家的福利制度和就业保障制度，实行超出财政承受能力的补贴政策，希望达到快速缩小收入差距的目的。正是这种"福利赶超"，导致了增长停滞、财政赤字、金融危机等一系列的不良后果，使经济掉入"陷阱"。[1]类似于拉美国家的这种情况，在当今世界依然存在。但是，对于在中国共产党领导下并实行社会主义制度的新中国来说，是绝对不可接受的。"共同富裕是社会主义的本质要求"这一重要论断，强调的就是社会主义制度下的全体人民的共同富裕，不是少数人的富裕。新中国成立初期，中共中央在《中国共产党中央委员会关于发展农业生产合作社的决议》中就曾提出要"使农民能够逐步完全摆脱贫困的状况而取得共同富裕和普遍繁荣的生活"。改革开放以后，邓小平指出，社会主义的本质，是解放生产力，发展生产力，消灭剥削，消除两极分化，最终达到共同富裕。中国特色社会主义进入新时代，习近平总书记强调："我们推动经济社会发展，归根结底是要实现全体人民共同富裕。"[2] 党的二十届三中全会确定的新目标是推动人的全面

---

[1] 樊纲、张晓晶：《"福利赶超"与"增长陷阱"：拉美的教训》，《管理世界》2008第9期。
[2] 《习近平谈治国理政》第四卷，外文出版社2022年版，第116页。

发展、全体人民共同富裕取得更为明显的实质性进展。由此可见，这是一个贯穿于新中国各个历史阶段的持久目标和伟大事业，需要通过不断进行的"超经济突破"向前推进。

这不仅是中国的事业，在全球不平等还在加剧的当下，一直在积极探索中的中国方案越来越凸显出它的世界意义。

第三章
规制资本，避开资本至上陷阱

新中国在经历了70多年的探索之后，坚持马克思主义在意识形态领域指导地位的中国人，面对当今这个资本为王的世界，继续提出新的思考：资本的扩张如何不绑架政策，如何不危害中小市场主体以及普通老百姓的利益，并且形成了新的主张，如资本要为民造福，而不是为大利益集团造福，资本要有红绿灯，除其无底线逐利冲动之弊，兴其促进经济增长之利。

在信奉自由市场的西方发达国家和深受新自由主义影响的国家，是难以出现这些思考和主张的。美国联邦贸易委员会（FTC）针对Facebook的反垄断案，多年来悬而未决；苹果公司App收取软件过路费"苹果税"的行为，遭到全球监管者和消费者的反感。谷歌的反垄断案终于被裁决成立，然而这已经姗姗来迟了十多年，过去一二十年，为保持互联网和移动设备的默认搜索引擎地位，谷歌一年斥资超过100亿美元以扼杀市场竞争。

回顾新中国70多年的历史，在政治和资本的关系方面，也走过很曲折的道路，经历过多次大的调整，有很多经验教训。进入21世纪以来，一方面由于出现了资本过剩，另一方面由于互联网等新业态涌现，资本的无序扩张盛行一时，在基础教育、互联网金融、房地产等领域尤其严重，一定程度上损害了消费者权益、扰乱了市场秩序。中国政府再次果断出手，加强了对资本行为的规制。

归根结底，中国式现代化是以人民为中心、服务最广大人民根本利益的现代化，而不是西方式的以资本为中心、服务于少数人利益的现代化。

第一节　社会主义新型政商关系浮出水面

2020年新冠疫情暴发以来，整个世界都在发生大转向。这一年，对中国的民营企业而言也是一个转折之年。伴随着阿里集团蚂蚁金服在上市前的最后时刻被叫停，阿里巴巴、美团、腾讯等多个互联网明星企业接二连三被约谈乃至被罚款，曾经在中国经济洪流中屹立潮头、引领方向的巨型平台企业，共同受到了针对资本无序扩张的监管重拳的打击。一时间，海内外舆论界掀起有关资本和政治谁是老大、资本为谁而生的激烈讨论。

在自由市场经济学理论中，资本为股东利益服务被视为天经地义，资本家对抗政府监管甚至被标志为捍卫自由资本主义。但是，在中国特色社会主义的语境下，为防止资本无序扩张进行的监管表明了一个新的动向。在党中央倡导新型政商关系，赞誉民族实业家张謇、卢作孚等人爱国情怀的舆论引导之下，中国开始超越西方的资本逻辑，对社会主义国家中资本角色重新定位这一新的探索方向浮出了水面。与此同时，党中央仍在强调坚持"两个毫不动摇"。2021年8月17日召开的中央财经委员会第十次会议强调，要坚持基本经济制度，立足社会主义初级阶段，坚持"两个毫不动摇"，坚持公有制为主体、多种所有制经济共同发展，允许一部分人先富起来，先富带后富、帮后富，重点鼓励辛勤劳动、合法经营、敢于创业的致富带头人。

中共中央文件多次提出驾驭资本、给资本设置红绿灯、资本为民造福这一崭新课题，并且更加廓清了这个时代所需要的政商关系。这种新型政商关系是指建立在制度化、法治化基础上的平等、独立、合作和互补的企业与政府之间的关系，其与完善的市场经济相适应，而不是建立在非正式的、人际关系基础上的，尤其是官商个人利益基础上的政商关系。"不能搞成封建官僚和'红顶商人'之间的那种关系，也不能搞成西方国家大财团和政界之间的那种关系，更不能搞成吃吃喝喝、酒肉朋友的那种关系。"[①] 从历史上理解，这既不同于曾经视资本家为剥削阶级的立场，也不同于曾经过于亲资本，甚至纵容资本忽略社会责任的赤裸裸地追求利益至上的态度。这是进入新发展阶段之后，中国政府针对资本在经济中的功能和定位提出的新的要求。

这也印证了中国式现代化是以人民为中心、服务最广大人民根本利益的现代化，而不是西方式的以资本为中心、服务于少数人利益的现代化。

沿着这条历史脉络考察，人们会发现，同样道理，资本这个在自由市场经济学中"纯经济"的增长要素，在中国只是在超越经济层面的发展战略中一个组成部分，对资本与政治的关系、与社会关系的调整，也是通过分阶段的"超经济突破"进行的。反映在党的二十届三中全会通过的《中共中央关于进一步全面深化改革、推进中国式现代化的决定》中就是，针对资本提出的要求，基本上都是制度和机制方面的，延续了加强监管、除弊兴利的政策，例如：（1）完善促进资本市场规范发展基础制度。（2）健全劳动、资本、土地、知识、技术、管理、数据等生产要素由市场评价贡献、按贡献决定报酬的机制。（3）完善激发社会资本投资活力和促进投资落地机制，形成市场主导的有效投资内生增长机制。（4）鼓励和规范发展天使投资、风险投资、私募股权投资，更好发挥政府投资基金作用，发展耐心资本。（5）健全投资和融资相协调的资本市场功能，防风险、强监管，

[①] 《习近平谈治国理政》第二卷，外文出版社2017年版，第264页。

促进资本市场健康稳定发展。(6)健全金融消费者保护和打击非法金融活动机制，构建产业资本和金融资本"防火墙"。

第二节　第一次突破：改造资本主义工商业

1953年，中国政府发动了轰轰烈烈的"一化三改"运动，即在一个相当长的时期内逐步实现国家的社会主义工业化，以及逐步实现国家对农业、手工业、资本主义工商业的社会主义改造，完成新民主主义向社会主义社会的过渡。这场运动原本设想经历一个15~20年的过渡期，但实际上仅用3年就完成了，实现了中国历史上2000多年来未曾有过的生产关系之巨大改变。

值得注意的是，不同于苏联社会主义模式的做法，中国对资本主义工商业的改造，遵循了中国共产党统一战线的方针，在对官僚买办资产阶级予以打击的同时，对民族资产阶级采取了限制和改造的态度，引导其走上社会主义道路。这一新的突破，既保证了新生共和国经济的基本稳定，又深刻影响了随后几十年里中国主流意识形态对资本的态度。

与如何评价新中国成立初期在工业领域的重工业优先政策、农业领域的合作化道路一样，如何评价新中国成立初期对资本主义工商业进行的社会主义改造，也同样面临一个在哪个历史尺度上衡量的问题。如果从当今中国社会仍然需要对政商关系进行调整、仍然需要为资本进行重新定位这个角度看，当初的突破与当下面临的突破两者之间必然具有内在的一致逻辑，资本与中国特色社会主义之间的关系，国有资本与社会资本之间的关系，资本在中国式现代化进程中的作用，等等，也必然会作为一系列没有终极答案的问题，在中国的"超经济突破"实践中不断加以调整和处理。

第三章　规制资本，避开资本至上陷阱

1.帮助工商业者复工复产

1949年6月2日，上海刚刚解放，荣氏家族四子荣毅仁、胡厥文等90多位上海滩有名望的民族资本家、实业家，收到了上海第一任市长陈毅署名的请帖，邀请前往外滩中国银行四楼参加"产业界人士座谈会"。这些资本家惴惴不安，不知道共产党此举是不是"鸿门宴"。

处在帝国主义的封锁禁运以及国民党飞机轰炸之下，其时上海的经济：2家局部开工；37家制革厂只有17家在生产，开工的厂家也只恢复了一半产能；有近万名工人的29家面粉厂，由于粮食运输中断全部停产了；占全国总数量47%的上海棉纺厂的24000个纱锭，也由于原棉的匮乏全部停止运转；全市55家煤球厂也只剩下1个月的存煤量。[①]在这种形势下，对刚刚诞生的新政权来说，不可能采取消灭资产阶级直接过渡到社会主义的激进政策，相反，团结工商界人士恢复经济，从而稳定民生，赢得民心，巩固其工农联盟的执政基础是当务之急。就像毛泽东在1949年进京前在西柏坡召开的党的七届二中全会上所说：

> 从我们接管城市的第一天起，我们的眼睛就要向着这个城市的生产事业的恢复和发展。务须避免盲目地乱抓乱碰，把中心任务忘记了，以至于占领一个城市好几个月，生产建设的工作还没有上轨道，甚至许多工业陷于停顿状态，引起工人失业，工人生活降低，不满意共产党。这种状态是完全不能容许的。[②]

上海是民族工商业最集中的城市。中共中央华东局领导在1949年5月

---

① 中国人民政治协商会议上海市委员会文史资料委员会、中共上海市委统战部统战工作史料征集组编《上海文史资料选辑——统战工作史料专辑（九）》，上海人民出版社1990年版，第23—25、28页。

② 《毛泽东选集》第四卷，人民出版社1991年版，第1428页。

的上海接管报告中指出,中国的民族资产阶级不同于官僚资产阶级,进城以后,对他们的财产一律采取保护措施,不予侵犯。为解决对资本家的态度问题,党中央还要求中共中央华东局主要领导返回北平,毛泽东亲自向他们交代:"从新民主主义到社会主义之间的长期过程,我们必须与自由资产阶级合作,主动接近他们,使他们能够摸到我们的底。"①

6月2日的座谈会就是在这样一个背景下召开的。陈毅在与上海工商业人士举行的座谈会上解释了党在新民主主义阶段针对工商业者的十六字政策,即"公私兼顾,劳资两利,发展生产,繁荣经济"。他诚恳地表示:"人民政府愿与产业界共同协商,帮助你们解决困难,你们有话尽可对我们谈","让我们共同努力,尽早把生产恢复起来……"。②陈毅的承诺大大消除了工商业者的顾虑,增强了他们恢复生产的信心。会后,荣毅仁兴冲冲地回到公司,对正在迫切等待消息的几位下属说:"即日做好准备,迅速复工。"③陈毅6月2日的发言,以及随后新政权对私营工商业的政策,很快也传到了香港,一部分迁港的企业家受到感召,纷纷突破阻力回到内地。其中就包括"企业大王"刘鸿生、"味精大王"吴蕴初、中兴轮船公司常务董事黎重光(黎元洪之子)和金城银行行长周作民等人。

为了稳定生产经营,新政权按照承诺的"劳资两利"原则,通过各种办法,为很多私营工商业主解决了经营困难。以荣家为例,1950年2月,国民党的飞机再次轰炸上海,上海工商业再次遭受打击。那时正处在春节前夕,申新纺织几乎发不出工资。纱厂女工直接跑到荣毅仁家来讨薪,荣毅仁只好向当时的副市长潘汉年求助。潘汉年安排他先去上海大厦暂"避风头",同时向市委报告。陈毅安排劳动局长、工会主席、副市长一齐出

---

① 张文清:《从解放到执政——中国共产党在上海的成功实践》,《上海党史与党建》2005年第5期。
② 胡居成:《陈毅巧妙化解劳资矛盾》,《党政论坛(干部文摘)》2012年第6期。
③ 刘苏闽:《陈毅对解放接管和保卫建设上海的历史贡献》,《军事历史》2021年第5期。

面，轮番给女工们做工作，终于让她们先撤出了荣家。荣毅仁松了一口气后紧接着又亲自去工商局申请贷款。后来时任华东财经委主任的曾山出面协调，银行终于拨了一笔低息贷款给荣毅仁暂渡难关。接下来还有原料问题，没有棉花供应，上海的纺织业就无法开工。陈毅等人调动海内外多个渠道想办法，结果原先从巴西、印度定的几百万斤棉花，辗转通过香港运来了，苏北的棉花也来了……荣毅仁渐渐觉得，他留在上海是正确的决定。①

为了恢复经济，1949年8月，上海市军管会发布政策文件，专门帮助企业解决开工不足和劳资纠纷等问题。至1949年底，国家银行对私营企业发放贷款500余万元，66%的私营纺织印染厂、70%的面粉厂、部分其他轻工业和各类重工业工厂都得到了收购产品或加工订货的扶助，从而帮助一大批私营企业恢复了生产。到1949年底，全上海68个主要工业行业、10078家私营工业企业的开工率由刚解放时的25%上升到67%。其中钢铁、棉纺、染织、毛纺、冶炼、机器制造等行业超过80%，造船、碾米和医疗器械等行业全部开工。②

共产党和新政府的真诚也让资本家们"报之以李"。"企业大王"刘鸿生迁回上海之后，积极发挥带头作用，支持新政府的政策。1949年底，为弥补巨额财政赤字，中共中央决定发行人民胜利折实公债，规定第一期总数共1万万分③，上海一地就要承担3000万分。刘鸿生积极响应政府号召认购公债，仅旗下的章华毛纺公司便认购12万分。④抗美援朝战争爆发后，在

---

① 何晓鲁：《荣毅仁家的"鸿门宴"》，《文汇读书周报》2017年9月4日。
② 顾行超：《劳资两利政策在上海解放初期的实践及其启示——兼论统一战线在经济治理中的作用》，《上海市社会主义学院学报》2019年第5期。
③ 公债单位定名为"分"。每分以上海、天津、汉口、西安、广州、重庆六大城市之大米（天津为小米）六斤、面粉一斤半、白细布四尺、煤炭十六斤之平均批发价的总和计算。参见《中央人民政府委员会关于发行人民胜利折实公债的决定》，http://www.ce.cn/xwzx/gnsz/szyw/200705/24/t20070524_11477805.shtml。
④ 赵晋：《新中国初期私营工商业的变革与生存——以刘鸿生家族上海章华毛纺公司为例》，《中共党史研究》2014年第11期。

爱国主义宣传的感召下，上海工商界共捐献飞机404架，其中荣氏全厂捐献了12架，为保家卫国的正义战争尽了一份力。

新政权对民族资本家采取的统战策略，不仅使得经济得以快速巩固，而且也为1953—1956年顺利完成资本主义工商业的社会主义改造作了很好的准备。荣毅仁的表态，可能有一定的代表性。1958年他与接管干部时任上海人民银行副行长孙更舵谈到了自己内心深处的想法：

> 民族资本家在新中国成立前过得也很艰难啊，我父亲和伯父在第一次世界大战帝国主义放松侵略中国时发展起来。我父亲一辈子办工业，救国图强，父辈曾经把希望寄托到国民党身上。但是蒋介石上台后第一手竟是无端通缉我的伯父荣宗敬，敲诈了10万银元。宋子文又想吃掉我们的企业。抗战胜利后我父亲荣德生又被淞沪警备司令部特务绑架，敲去了不少美元。我本来不关心政治，但是国家不强盛，企业发展很艰难。共产党来的时候，本来我的流动资金已经枯竭，政府让申新恢复了生产，我真是很感激。①

2. 大力推进公私合营

新中国成立后仅仅用了3年时间就从根本上扭转了国民党留下来的混乱局面，实现了国家政治、经济和社会的稳定。新的中国政府认为向社会主义过渡、加快资本主义工商业改造的时机已经成熟。1953年，党中央开始着手制定过渡时期总路线，决定用10~15年或者更长的时间完成过渡，建立社会主义制度。这意味着原来设想的新中国成立15年之后，生产力足够发达之后才考虑向社会主义转变的规划大大提前了；相应地，对资本主

---

① 吴琪：《上海1949—1956：民族资本家的转折年代》，《三联生活周刊》2009年第18期。

义工商业的改造也大大提前了，并由原先的先限制利用后改造的策略改为同时进行。然而，社会主义改造的各项进展再一次超出了预期：自1953年启动至1956年1月底，全国大城市和50多个中等城市就全部完成了全行业的公私合营。1956年1月25日，毛泽东在第六次最高国务会议上说："公私合营走得很快，这是没有预料到的……去年李烛老（李烛尘先生）在怀仁堂讲（公私合营）高潮，我那个时候还泼了一点冷水。我说，你那样搞太厉害，你要求太急了。又对他讲，要瓜熟蒂落，水到渠成，要有秩序、有步骤地来，不要搞乱了。"①

如今回看，当年令一些海外中国问题专家感到迷惑和好奇的问题——共产党究竟使了什么魔法让资本家拱手交出自己的企业，加入了公私合营？答案还是要从中国的"超经济突破"模式上寻找。这个在任何一本讲述"经济学原理"的教科书中都无法找到解决办法的任务，在中国，是在共产党的统战工作策略、思想改造工作和政治运动多种手段的配合之下，参照了苏联"从国家资本主义过渡到社会主义"经验，通过统购统销、加工订货等初级和中级形式的国家资本主义经济，一步步顺势完成的。其中，统购统销，就是国家利用在农村的政治基础首先通过农业农产品的统购统销，消灭了这些产品的私人自由买卖，商业全行业基本被国营批发商代替。中国私营工业2/3为轻纺工业，统购统销卡住了纺织工业货源以及产品销路，反过来推动了私营工业的改造。②加工订货是由国家的国营企业掌握原材料的购入，再将使用权转给私营企业，私营企业根据加工订货的合同为其生产，最后交由国家代销。在这种高度依附于国家资本主义的生产经营模式下，资本家的生产经营计划，以及员工的雇用和解雇都已经受到限制，最

---

① 薄一波：《若干重大决策与事件的回顾》（上），中共党史出版社2008年版，第289页。
② 王霞：《国家、资本家与工人：资本主义工商业改造再研究》，中国政法大学出版社2016年版，第53页。

后资本家不得不加入公私合营。到1955年，加工订货的产值已经占到私营工业产值的81.69%。

对于初级形式的国家资本主义企业获得的利润，国家采取"四马分肥"的办法进行分配。即企业的利润按照所得税、企业公积金、职工福利奖金和留给资本家的利润（包括股息和红利）4个方面进行分配。其中所得税约占利润总额的1/3，资本家的股息和红利约占1/4。这是私营企业主获得利润分配方式的一个制度性安排。

1955年底开始，公私合营进入高潮，企业的产权发生了很大的变化：生产资料由资本家私人占有变为国家和资本家共同占有。对于转公私合营的资本家，国家给予股息（利息额度自1956年1月1日统一为5%年息，原定于1962年止息，后延长至1965年，但利息有所降低）。根据1957年统计，全国拿定息的71万在职私企人员和10万左右资本家代理人都被安排了工作。此外，不剥夺资本家的选举权，对于有贡献的人，也给予恰当的政治待遇。

爱国实业家、"船王"卢作孚是第一个提出公私合营方案的民族资本家。当时的民生公司由于连年战乱，已到了"外无以偿外债，内无以供开缴"靠借债度日的境地。已被增选为全国政协委员的卢作孚此时向国家主动提出公私合营，中共中央对此十分重视，党中央研究决定，同意接受卢先生的请求，并指示交通部一定要慎重、稳妥地做好这件事关大局的工作，创造一个好的典型，为全国实行公私合营提供榜样和经验。[①] 卢作孚于1950年8月与政府签订了协议书。国家和民生管理层分步骤地采取派出公股代表、贷款减轻包袱、清除25%官僚资本股权、精简机构等多项措施，民生公司于1952年9月1日正式改组为公私合营企业。民生公司在公私合营之后很快扭亏为盈。1952年9—12月，民生公司缴纳营业税3668万元（旧

---

① 卢国纶：《对李肇基〈卢作孚归来的前前后后〉一文的若干意见》，《武汉文史资料》2005年第12期。

币），所得税 8630 万元，共 12298 万元。到 1954 年，民生公司为国家积累资金 14696 万元，职工福利也得到了极大改善。[①] 民生公司的公私合营，被中央领导同志称赞为"无痛分娩法"，当年也登上《人民日报》，被树为公私合营的样本。其改组方式也为共产党 1955 年后大规模推广公私合营积累了经验。

总之，这一次针对资本主义私营工商业的社会主义改造是多管齐下的。用党的政治工作话语说，叫作"教育感化了一批，'五反'[②] 吓走了一批，榜样带动了一批，市场挤出了一批"。教育感化和"五反"是政治思想方面的，榜样是社会文化方面的，市场是经济方面的。为什么是中国式的"超经济突破"？为什么用西方自由市场经济学理论解决不了？答案就在这里。

新中国首任中南军政委员会财经委员会副主任、交通部部长兼长江航运管理局局长刘惠农 1953 年在向毛泽东汇报民生公私合营情况时说，和平改造的方针，不仅要把资本主义企业改为社会主义企业，同时还要把资产阶级分子改造成自食其力的劳动者。毛泽东肯定地答道："和平改造资本主义工商业，是阶级斗争的一种特殊形式。这个问题，马克思、列宁并没有解决，我们要解决好，就要把工作做好，不要怕麻烦。"[③]

公私合营高潮时期，人们敲锣打鼓融入申请公私合营的滚滚洪流中。资本家普遍心情复杂，但是也不希望被淘汰，期待紧跟新形势，用社会主义代替资本主义，这是主流。[④] 总的来说，新中国的做法与斯大林式社会主

[①] 刘惠农：《回忆民生轮船公司的公私合营》，《世纪行》1997 年第 1 期。

[②] "五反"运动是指 1952 年初发动的反行贿、反偷税漏税、反盗骗国家财产、反偷工减料、反盗窃国家经济情报的斗争。其由头之一是，在运往抗美援朝的军用物资里，有不法厂商制造和贩卖的变质食物、伪劣药品、带菌救急包，致使一些战士生病、残疾甚至死亡。参见薄一波《若干重大决策与事件的回顾》（上），中共党史出版社 2008 年版，第 116 页。

[③] 刘惠农：《难忘的历程》，武汉出版社 1992 年版，第 73 页。

[④] 薄一波：《若干重大决策与事件的回顾》（上），中共党史出版社 2008 年版，第 307 页。

中国经济发展的逻辑

义一刀切消灭资本家和资本主义有很大的不同，[1]展示出了很多实用主义和灵活的特点。1956年12月毛泽东在对工商业人士的谈话中提到：

> 可以消灭了资本主义，又搞资本主义。……资产阶级作为一个阶级是要被消灭的，但人都包下来了。工商业者不是国家的负担，而是一笔财富，他们过去和现在都起了积极作用。[2]

这些具有中国特色的社会主义思想，也为改革开放之后中国重新利用资本建设社会主义，动员非公经济和企业家群体一起参与中国改革开放创造了条件。

衡量"超经济突破"是否成功，就要看是否实现了一种单凭经济手段很难实现的突破，而且是具有历史意义和长期效果的突破。数据统计显示，1956年公私合营企业总产值比上年增加了32%，对比1950—1951年的情况，这就是成功突破。而突破的成功、预期目标的顺利实现，当然也是资本主义工商业改造能够在短时间内顺利完成的原因之一。

第三节 第二次突破：从"资本原罪"到社会主义建设者

1. 姓"社"还是姓"资"

对于新中国来说，1978年启动的改革开放，也是一个再次冲破苏

---

[1] 刘克明：《斯大林模式：未能正确处理同资本主义的关系——苏联解体原因新探》，《俄罗斯中亚东欧研究》2004年第4期。

[2] 《毛泽东文集》第七卷，人民出版社1999年版，第170、176页。

联式社会主义教条，对私营资本逐渐松绑以及私营企业主群体再生的过程。①1979年邓小平在邀请工商界人士胡厥文、荣毅仁等五老参加的一场火锅宴中提出，"钱要用起来，人要用起来"②，破开了非公有制经济发展尘封23年的坚冰。从此，"资本家"被摘帽，由上至下松绑的政令频出。从私营经济在邓小平的几次讲话的春风中破土而出，到1987年中共中央通过文件公开明确承认私营经济的合法存在，到1997年党的十五大首次提出"非公有制经济是我国社会主义市场经济的重要组成部分"，再到2012年提出必须坚持"两个毫不动摇"之一——毫不动摇鼓励、支持、引导非公有制经济发展，又到党的十八大以来提出"三个平等"——保证各种所有制经济依法平等使用生产要素、公平参与市场竞争、同等受到法律保护，并重申"两个毫不动摇"……改革开放40多年来，伴随着中央政策的调整和放宽，中国的私营经济和企业家群体呈现爆炸式增长。

当然，私营经济对中国经济的贡献也是成比例地增加的。根据官方数据，我国非公有制经济创造了50%以上的税收、60%以上的国内生产总值、70%以上的技术创新成果、80%以上的城镇劳动就业、90%以上的企业数量③……改革开放40多年来，私营经济已深度融入中国经济，成为中国经济不可或缺的力量。

但是，这个突破的过程并不顺利。伴随着私营经济对一个又一个"禁区"的跨越，全国曾掀起了一波又一波"姓社姓资"的大讨论。改革开放之初，敢为天下先的致富能人在各地频频涌现，但群众和干部批评"走资本主义道路"的声音也此起彼伏。

---

① 鉴于"民营资本"会产生歧义，除了官方文件原文外，本节一律用私营资本。私营资本指非国有的中国国内私人资本，不包含外国资本。非公经济指除国有之外的所有制经济。

② 《邓小平文选》第二卷，人民出版社1994年版，第157页。

③ 《国家发改委有关负责人：民营经济贡献了50%以上的税收》，https://finance.sina.com.cn/china/gncj/2019-12-23/doc-iihnzhfz7705514.shtml。

中国经济发展的逻辑

雇工问题是横亘在私营经济发展道路上的第一个禁区。1979年福建农民李金耀承包荒山千亩，雇用员工超过20人；1980年广东养鱼能手陈志雄雇用5人承包鱼塘近500亩，另有临时工1000人；1983年安徽的"傻子瓜子"年广九雇用人数最多时达100人……虽然广东1981年底已经出台了第一项鼓励个体经济发展的具体措施，但是到了1982年，新华社一份关于陈志雄经营方式的内参《广东沙浦公社出现一批以雇佣劳动为基础的承包大户》报告到中央，仍有领导批示"离开了社会主义和制度，需要……予以制止和纠正，并在全省通报"[1]。针对超过雇工规模的私营经济，更多的高层领导的意见是"不宜提倡，不要公开宣传"。群众、干部和学者的争论，倒逼决策层回应重大理论问题：雇工超过8人算不算剥削，是不是资本家复辟了，中国是不是在走资本主义道路？邓小平在1984年10月22日的中央顾问委员会第三次全体会议上给了一个答案："前些时候那个雇工问题，相当震动呀，大家担心得不得了。我的意见是放两年再看。那个能影响到我们的大局吗？如果你一动，群众就说政策变了，人心就不安了。……怕什么？伤害了社会主义吗？"[2]形势逼人，负责具体工作的干部没有只"看一看"。雇工不超过8人的规定来自1981版的《国务院关于城镇非农业个体经济若干政策性规定》。据该文件的起草人之一梁传运回忆：个体经营最多8人与马克思《资本论》中雇工8人的内容纯属巧合；国发108号文（《国务院关于城镇非农业个体经济若干政策性规定》）是从实际出发，认为经营者可以请一两个帮手，有技术的可带三五个学徒，所以才有8人的标准。然而，改革一旦撕开了口子，个体经济发展则势如破竹，不到两年，就发现执行中出现了很多问题，不得不对国发108号文重

---

[1] 钟兆云：《从"五老火锅宴"说起——邓小平、习近平为民营经济唤"东风"》，《同舟共进》2018年第9期。

[2] 《邓小平文选》第三卷，人民出版社1993年版，第91页。

新进行补充和完善。①

1985年2月12日，国务院领导在对来访的比利时企业联合会主席雷森讲话时说："私人企业是社会主义国家中的资本主义成分。它的发展是有限度的，……不可能操纵国家经济命脉。有一些私人企业，不会改变国家性质。"②这一讲话发布在当时的《人民日报》上，这是中央决策层的一个重要信号，也是高层有关"姓社姓资"问题的一个清晰回答。不久，1987年中央发布的《把农村改革引向深入》明示了雇工问题。个体经济以雇工人数7人为标准，凡是超过标准的就是私营企业。1988年的七届全国人大一次会议通过的宪法修正案，确立了私营经济的法律地位，并且指出私营经济是社会主义公有制经济的补充。围绕雇工问题的"姓社姓资"讨论才逐渐平息下来。

2.积极发展民营经济

在这场全民参与、自下而上推动的改革实践中，私营企业主们秉承着"法无禁止则可行"的原则，前赴后继不断冲破体制羁绊，有的体现出敢为天下先的果敢，有的则带着那个时代体制漏洞的"原罪"。但无论怎样，私营经济发展迎来了最初的一个黄金发展期。执政者也不断冲破意识形态藩篱，随着以经济建设为中心这一共识的形成，政府和民间也开始形成一种共同合作的关系。不仅如此，从1993年开始，政府开始吸纳私营企业主进入政协，2001年再进了一步，私营企业主被定位为中国特色社会主义建设者。并在次年的党的十六大上承认私营企业主也可以入党，在政治上代表了"其他社会阶层的先进分子"。

私营企业重镇温州，为人们提供了近距离观察这一突破的最佳案例。

---

① 梁传运、鲁利玲：《发展个体、私营经济的决策过程》，《中共党史研究》2018年第12期。
② 同上。

在改革开放初期，地方政府开明还是保守对个体和私营企业发展影响巨大。1982年，广东省地方政府保护了养鱼大户陈志雄，安徽省地方政府保护了"傻子瓜子"年广九，几乎同一时期，曾经诞生改革开放之后第一张个体工商执照的浙江温州，却爆发了"八大王事件"。

"八大王事件"是指温州8位较早致富的企业家被捕入狱，后又被平反的事件。事件的起因是，当时中国某些省份走私严重，高层领导认为走私现象是"一场资本主义思想腐蚀与社会主义思想反腐蚀的严重斗争中的一个重要环节"，并于1982年1月发出关于打击"走私贩私、贪污受贿、投机诈骗、盗窃国家和集体财产等严重犯罪活动"的紧急通知。浙江省积极响应，最后确定以温州乐清县柳林镇的私营企业投机活动为重点调查对象，最终导致多名私营企业主以"投机倒把罪"被捕入狱。8位企业家被捕事件对浙江的私营企业主冲击很大，并大大拖累了温州经济的增长速度。1980年，温州市工业的增速高达31.5%，而到了1982年，则陡然下滑至-1.7%。[①]最主要的原因是民营经济部门工业产值的下降，从1981年的640万元下降到了1982年的160万元，减少了75%。[②]1983年春节刚过，浙江省又下令复查，最后的结论是：除一些轻微的偷漏税，"八大王"的所作所为基本符合中央精神，"八大王"被宣告无罪，并返还罚没财物。但风波并未过去，有基层干部写了超过130万字的申诉材料上报中央，反映"八大王事件"中民营企业和地方干部所遭受的不公正待遇。此事后来引起党中央的注意，最终，当年温州市委公开宣布为"八大王"彻底平反。

1984年，温州被列为沿海首批14个对外开放的城市之一。1987年，党

[①] 《民间投资为何骤降：34年前温州"八大王事件"告诉我们什么》，https://www.sohu.com/a/86453979_260616。

[②] 章奇、刘明兴：《权力结构、政治激励和经济增长：基于浙江民营经济发展经验的政治经济学分析》，格致出版社、上海三联书店、上海人民出版社2016年版，第190页。

第三章 规制资本，避开资本至上陷阱

中央又批准温州作为国家农村改革试验区。高层的支持加上地方上的锐意改革，使温州创造了很多第一：开展股份合作制企业试验，出台首个股份合作制地方性行政规章，开户股份合作制先河；推选企业家叶文贵当苍南县金乡区副区长，叶文贵成为自20世纪50年代资本主义工商业改造之后首个当选政府官员的私营企业家；等等。

到了1989年，由于国际和国内政治环境的激烈动荡，"姓社姓资"的讨论再次升级。当时就有文章指出，私营经济和个体经济……如果任其自由发展，就会冲击社会主义经济。①温州作为私营经济的典型城市，自然成了重点关注对象，3年内接待了3波中央调查组的调查。1992年，邓小平的南方谈话一锤定音，要求全党放下"姓社姓资"的争论，继续推动改革。他说："改革开放迈不开步子，不敢闯，说来说去就是怕资本主义的东西多了，走了资本主义道路。要害是姓'资'还是姓'社'的问题。判断的标准，应该主要看是否有利于发展社会主义社会的生产力，是否有利于增强社会主义国家的综合国力，是否有利于提高人民的生活水平。"②这是一次具有重大历史意义的标志性事件，邓小平南方谈话的精神传到温州后，很多人兴奋地在街上放起了鞭炮。至此，1989年后关于政治经济最终走向的争论画上了句号，"姓社姓资"的争论也暂时告一段落。③

此后，全国的私营经济发展迎来了高潮期。在浙江，"红帽子"企业④纷纷"摘帽"，转制为股份制企业或者私人有限公司。作为特殊时期的产物，这类企业的比例不小。1993年，中国社会科学院民营经济研究中心、零点

---

① 马立诚：《大突破：新中国私营经济风云录》，中华工商联合出版社2006年版，第188页。
② 《邓小平文选》第三卷，人民出版社1993年版，第372页。
③ 章奇、刘明兴：《权力结构、政治激励和经济增长：基于浙江民营经济发展经验的政治经济学分析》，格致出版社、上海三联书店、上海人民出版社2016年版，第206页。
④ "红帽子"企业指为了寻求庇护而挂靠在集体企业之下的个人合伙制企业或者私营企业。

91

市场调查与分析公司及全国工商联信息中心联合开展问卷调查，被调查的私营企业主认为"红帽子"企业占集体企业的比例为50%~80%。[①]此外，原本发轫于农村集体经济的社队企业，即改革开放之后的乡镇企业，也纷纷转制为私人企业或者股份制企业。

1997年9月召开的党的十五大更加坚定地宣布："非公有制经济是我国社会主义市场经济的重要组成部分。"

1998年，温州市第一个非公有制企业党委——中共正泰集团委员会宣告成立，标志着非公有制企业党组织建设工作迈上新台阶。从此这一机制在全国私营企业中渐次铺开。

2001年，私营企业主再迎春天。江泽民在当年"七一讲话"中提出，私营企业主是有中国特色社会主义的建设者。在2002年召开的党的十六大上，7位民营企业家作为党代表参加。共产党张开双臂，将私营企业主视为"其他社会阶层的先进分子"吸纳入党，乃中国共产党成立81年来首创。私营企业主的政治地位得到了前所未有的提升，彻底褪去曾经的"剥削者"帽子，实现了从政治上的"边缘人"到"自己人"的根本性转变。[②]中共党员和私营企业主人群已经形成嵌合之势，私营企业家中中共党员所占的比例已经从1993年的13.1%，上升到2003年的29.9%。[③]

毫无疑问，这个突破首先是一个政治进程，没有坚强的政治意志和有效的政治手段，是难以完成的。当时的海内外舆论都密切关注中国私营企业主的崛起是否会形成对抗中共的力量，或导致苏联解体、社会主义政权覆灭那样的结局，或成为假想中的推动"中国式民主的力量"。但是，最终

[①] 戴园晨：《迂回曲折的民营经济发展之路——"红帽子"企业》，《企业经济》2005年第7期。

[②] 周银圣：《中国共产党吸纳民营企业家的成功实践与经验——基于改革开放以来的历史分析》，《安徽行政学院学报》2022年第1期。

[③] 《统计表明我国私营企业家中的中共党员比例上升》，http://news.sina.com.cn/c/2003-11-13/21522131323.shtml。

的现实是中国的市场改革和私营企业主阶层的兴起并未形成与政权和制度之间的对抗性关系，恰恰相反，通过吸纳、整合和庇护，私营企业主群体成了一个依附于国家并与国家权力共生的社会阶层。[①]在发展经济这一共同目标之下，地方政府以GDP增长为核心的业绩"锦标赛"机制，推动了私营企业和地方政府之间关系日渐紧密的发展。1994年分税制改革后，地方的财政收入很大一部分来自私营企业主，逐渐形成了一种相互需要、共存共荣的政商联盟。一方面，企业百般手段结交政府，寻找商业机会和庇护；另一方面，政府也越加需要企业帮助其实现政治和经济方面的业绩。[②]

第四节 第三次突破：让资本为民造福

1.资本暗流涌动

"资本来到世间，从头到脚，每个毛孔都滴着血和肮脏的东西。"这句马克思的名言原本只存在于教科书和老一代知识分子的嘴里，近年来，这些话语在网络上日渐升温，年轻一代更是兴起了一股引用马克思主义经典语录批判资本的潮流。

被社会主义"三大改造"消灭了的资产阶级和资本家沉寂了几十年后，这样的称谓再次回归，成为社交媒体舆论空间的流行词。"资本家"关键词在移动端和电脑端新闻头条的百度资讯指数，从2011年1月的200左右飙升至2021年8月的1309。而在同一时期，"企业家"的百度资讯指数一直在600左右徘徊。

---

① 黄冬娅：《私营企业主与政治发展 关于市场转型中私营企业主的阶级想象及其反思》，《社会》2014年第4期。

② 耿曙、刘红芹：《改革开放以来中国政商关系的演变》，《山东大学学报》（哲学社会科学版）2018年第6期。

2000年以来，由于改革开放大业的继续推进，中国经济飞速发展，从作为社会主义建设者的私营企业主角度看，这个群体为中国经济发展作出了不可估量的贡献。

但是与此同时，这些头顶光环的富豪企业家群体在网络空间里成了年轻人眼里令人厌恶的"资本家"。

房地产和金融投资等领域成为21世纪以来"问题富豪"重灾区。2015年胡润发布的《中国富豪特别报告》显示，1999—2015年16年间，3087位上榜富豪中"问题富豪"有35位，有11人在房地产行业，有9人在金融投资行业，其中包括如雷贯耳的首富或全国政协委员。

虽然"问题富豪"仅占上榜总人数的1.1%，[①]低于人们的预想，但是明星人物言行举止的社会影响力巨大，而网络本身天然具有"偏差放大"的效应，结果就成了一个接一个的网络舆情事件。

根据北京师范大学赵军对中国裁判文书网上传的企业家犯罪案例的分析，2014—2018年民营企业家腐败犯罪触犯总频数为2420次，以国家工作人员为收买对象的行贿占民营企业家腐败犯罪的31.5%。在所有行贿犯罪中，国有企业家只占6.0%，民营企业家占94.0%；而在所有受贿犯罪中，则以国有企业家为主。[②]

有一些学者解释说，土地等最重要的生产要素均由国家掌控，这是我国社会主义市场经济的特点，在很多领域，如市场准入、土地流转、税收融资等，民营企业与国有企业相比仍面临劣势，因而通过行贿收买权力以拓展企业发展空间，就成为相当普遍的生存模式。此论显然是以自由市场经济学理论作支撑的，有为不法经营障目之嫌，在中国的具体国情之下并

---

① 顾梦琳：《胡润发布特别报告显示：17年共有35位中国富豪出问题》，http://finance.people.com.cn/n1/2015/1216/c1004-27933872.html。

② 赵军：《权力依赖型企业生存模式与腐败犯罪治理——以民营企业行贿犯罪为中心》，《江西社会科学》2019年第5期。

第三章　规制资本，避开资本至上陷阱

不适用。

中国的改革开放，在时间上基本与世界范围的"新自由主义革命"同步，新自由主义思潮一时间在中华大地上大行其道，知识精英中不乏虔诚的信众，他们追随美英的潮流，鼓吹"自由放任帝国"，抵制政府监管。于是人们看到，每当私营企业主的经济犯罪事实被媒体曝光，那些"自由放任帝国"的鼓吹者们便在媒体上公开为他们辩护，掬一把同情泪，并将犯罪故事涂抹为英雄落难的传奇。而那些涉及权钱交易的案件，舆论导向上则更多地以批判公权力为主，频频引发巨大的舆情。

"自由放任帝国"的鼓吹者不仅蔑视监管和公权力，还蔑视法律和道德约束。他们中的一些人掌握着媒体话语权，在公共领域时不时扮演"理性人"角色，有意无意地成了资本之恶的辩护者。一时间，"禁止炒房就是违宪""996是修来的福报""自愿加班猝死不算工伤"等各种怪论流行起来。即便是新冠疫情期间，这种不谈道德底线一味鼓吹"市场万能"的奇谈怪论仍大行其道。甚至有些信奉西方学术的人搬出哈耶克和弗里德曼等人的理论为哄抬物价者站台。有人说："基于亚当·斯密的'无形之手'理论以及哈耶克的'自发秩序'原理，政府需要放开价格管制，让厂商'发国难财'来促进生产，以提高供给。"[①] 还有人说："搞价格管控的人都是理性主义者，都认为自己可以主宰一切，比上帝都伟大。结果没有不失败的。"[②]

类似的例子不胜枚举。与私营企业主和自由放任主义辩护者相关的舆论时不时占据媒体头条，并成为网络舆情焦点。这也就不难理解今天的年轻人为什么流行读马克思的经典著作以探究资本的秘密，为什么越来越多的人赞同毛泽东所说的"可以利用资本，但不能任其泛滥"了。

---

① 龙俊：《重大突发公共事件中价格管制的正当性及其法律规制》，《中国政法大学学报》2020年第3期。

② 王继祥：《应该按经济学家观点鼓励发国难财吗？》，https://www.sohu.com/a/369874267_757817。

2. 资本为民造福

作为一个社会主义国家，人们发现资本无序扩张的过程中在基础教育、互联网新业态、房地产等领域的表现，已经严重损害了消费者权益、扰乱了市场秩序。在这样的背景下，中国政府果断出手，资本规制风暴就此开始。

2020年以来，国家加强了反垄断执法和防止资本无序扩张的监管，对阿里、美团、腾讯等互联网巨头展开了强力反垄断调查。官媒的评论版配合该行动打出了标题——"大而不能倒？不存在的"。与此同时，政府在更大的范围内展开了防止资本无序扩张的整治行动，针对互联网金融、"饭圈"文化及文娱产业、课外教育等领域进行严厉整治。2021年，党中央又提出了第三次分配可作为实现共同富裕的手段之一，要求发展公益慈善事业，鼓励高收入人群和企业更多地回报社会。2022年初，《中国共产党第十九届中央纪律检查委员会第六次全体会议公报》进一步指出，要着力查处资本无序扩张、平台垄断等背后腐败行为，斩断权力与资本勾连的纽带。

连续的监管风暴，从经济领域扩展到包括互联网"清朗行动"在内的意识形态领域，再到以整顿吏治为内容的政治领域。不出人们所料，尖锐的意见分歧和观点对立也随之发生。一方面，由于受罚主体主要是私营资本，而且行动紧凑密集，引发一些学者对原本低迷经济形势的担忧，围绕政府与民间、监管与市场、政治与经济等议题的民间讨论随之而来，有的肯定其方向但对执行手段存疑，有的基于新自由主义主张而否定监管之必要。另一方面，与之针锋相对、强调政府监管的必要性以及广大民众心声的论调也应声而起。有分析人士就此发布分析文章称，一场"以资本为中心向以人民为中心"的深刻变革正在形成，并称如果"我们还要依靠那些大资本家……就像当年苏联一样，任国家崩溃、任国家财富被洗劫、任人民陷入深重灾难"①。前一种论调倾向于将政治与经济对立起来，似乎只有让政治退出经济、监管退出市场，经济才会真正繁荣起来；后一种论调则倾向于将人民和资本视为对立的两方。对此，党的十八大指出，中国"既不走封闭僵化的老路，也不走改旗易帜的邪路"。在资本这个问题上，这句话就是中国进行"超经济突破"的方向。

整顿资本无序扩张，不是走封闭僵化的老路，将资本视作洪水猛兽一棍子打死，而是打击违反现有法律法规的资本行为，整治对市场秩序、公共利益、公序良俗等造成冲击的资本行为，限制在构建新发展格局的过程中不利于国家战略推行、不利于社会主义基本经济制度巩固的资本行为。

整顿互联网平台企业的一些无序行为，也是出于同一个逻辑。根据治理互联网、利用互联网、发展互联网的基本原则，治理的目的仍是更好的利用和发展。习近平总书记就推进全球互联网治理体系变革又提出了"尊重网络主权、维护和平安全、促进开放合作、构建良好秩序"这"四项原则"。②当然，中国国内的互联网平台企业也必须在这些政治原则之下有序发展，无论是互联网业务方面的无序扩张，还是资本方面的无序扩张，都是违反以上原则的，都需要加以遏制。更何况，自2023年以来，党中央对以国有金融资本占主导地位的金融资本进行严厉规制。除抓了一批"老虎"拍了不少"苍蝇"，还对金融资本进行重新定位，要求走中国特色的金融发展之路，必须始终牢记全心全意为人民服务的根本宗旨。此外，中央纪委还发文，要求金融央企领域党员干部破除"金融精英论""唯金钱论""西方看齐论"等错误思想。

人民对美好生活的向往是我们党的奋斗目标，我们党始终强调以人民

---

① 李光满：《每个人都能感受到，一场深刻的变革正在进行！》，http://www.xinhuanet.com/pditics/2021-08/29/c_1127807097.htm。

② 《习近平谈治国理政》第二卷，外文出版社2017年版，第532—533页。

为中心的发展，而不是西方式的以资本为中心的发展，换句话说，在社会主义市场经济中，资本的发展归根结底不能超越人民利益至上的基本原则。那么，倡导节制资本，提倡资本为人民服务的理念，当然就是中国经济中的应有之义。与此同时，党和国家领导人继续在不同场合重申"两个毫不动摇"，这就决定了中国对待私有企业主的态度，仍然会继续坚持"鼓励、支持、引导、监督和管理"的方针，发挥中国特色的统一战线优势，既要利用资本"好"的一面，还要限制资本"坏"的一面，防止其侵害人民和国家的权益。也就是说，即使在表面上看起来是一场"监管风暴"，并配合行政上的"重拳出击"，但并不是方针和政策上的"紧急刹车"和路线上的大转向，而是在新发展阶段中新发展理念的体现，也是中国在资本问题上分阶段"超经济突破"的最新阶段。

早在2016年，习近平总书记就提出了"亲""清"新型政商关系理论，给党员干部如何同民营企业家打交道画出了底线。他说："对领导干部而言，所谓'亲'，就是要坦荡真诚地同民营企业家接触交往，对非公有制经济人士多关心、多谈心、多引导，帮助解决实际困难，真心实意支持民营经济发展。所谓'清'，就是同民营企业家的关系要清白、纯洁，不能有贪心私心，不能以权谋私，不能搞权钱交易。"①

当中国站上了全球政治经济舞台的中央，中国企业也开始面向全球，服务的对象不仅仅是中国消费者，还有全球市场，这对企业家提出了更高的要求。企业的行动不仅代表本企业员工和股东的利益，很多时候还反映出中国在全球治理中是否能发挥积极的建设作用。

2020年夏天，习近平总书记邀请企业家代表召开座谈会。在会上，习近平总书记除了表示政府要通过减税、减少租金等措施，激发企业活力，另一个主要的信号就是，他号召企业家把企业发展同国家繁荣、民族兴盛、

---

① 《习近平著作选读》第一卷，人民出版社2023年版，第468页。

第三章　规制资本，避开资本至上陷阱

人民幸福紧密结合在一起，主动为国担当、为国分忧。习近平总书记提到清末民初的张謇，抗战时期的卢作孚、陈嘉庚，新中国成立后的荣毅仁、王光英等，称他们为当下私营企业主应该学习的爱国企业家的典范。[①]3个月之后，习近平总书记又来到张謇家乡江苏南通，走进张謇故居陈列室，了解张謇创办实业、发展教育、兴办社会公益事业的情况。参观途中他指出，张謇在兴办实业的同时，积极兴办教育和社会公益事业，造福乡梓，帮助群众，影响深远，是中国民营企业家的先贤和楷模。

在2024年召开的党的二十届三中全会通过的《中共中央关于进一步全面深化改革、推进中国式现代化的决定》对资本的定性已经更进了一步。国有还是民营的争议已经不再重要，而是强调在"两个毫不动摇"的基础上，一方面继续做大做强国有资本，发挥政府基金耐心资本的作用；另一方面，深入破除市场准入壁垒，推进基础设施竞争性领域向经营主体公平开放，完善民营企业参与国家重大项目建设长效机制，支持有能力的民营企业牵头承担国家重大技术攻关任务，向民营企业进一步开放国家重大科研基础设施。这样的表态，跟中国发出节制资本信号、重拳出击资本无序扩张和强力反垄断执法，资本以人民为中心，提倡"亲""清"政商关系等理念都是一脉相承的。政治与经济、思想与文化、团结各方力量、多管齐下、平稳闯关，正是中国式"超经济突破"的典型体现。

[①]《习近平著作选读》第二卷，人民出版社2023年版，第321页。

第四章
双循环，避开依附陷阱

有别于西方式现代化的崛起之路，中国式现代化本身，暗含了这是一条中国人独立探索出来的、适合自己发展的道路。正如前面所分析的，中国式现代化道路跟中国近代以来的革命实践是分不开的。

习近平总书记曾经说，"独立自主是我们党从中国实际出发、依靠党和人民力量进行革命、建设、改革的必然结论。不论过去、现在和将来，我们都要把国家和民族发展放在自己力量的基点上，坚持民族自尊心和自信心，坚定不移走自己的路"[1]。无论是从解放初，被西方封锁的中国不得不依靠苏联老大哥的援助，到中苏交恶，摆脱对苏联的依附，研制自己的"两弹一星"，还是如今，面对世界百年未有之大变局，在全球保护主义盛行的情况下，中国不忘初心，迅速调整策略，倡导双循环，坚持走自己的路。70多年来，在吸取全球智慧的基础上，中国不仅仅冲破了西方发达国家的种种陷阱和藩篱，也摆脱了后发国家常有的陷阱，比如靠自然或劳动力资源长期被锁定在依附地位的陷阱。

避开依附陷阱，或者在刚刚陷入依附局面之后坚决果断地去依附，这不仅仅取决于国家的自主愿望和自主能力，也取决于对自身国情的清醒认识。其中重要国情之一就是，中国式现代化，是人口规模巨大的现代化，

---

[1] 《习近平谈治国理政》第一卷，外文出版社2018年版，第29页。

第四章 双循环，避开依附陷阱

没有现成的经验可以遵循。

当下的国际背景下，面对政治上的筑墙设垒、技术上的"小院高墙"和"卡脖子"，中国的自立和自主比任何时候都重要。自主不是封闭自己，不是搞小圈子，而是充分利用国内国外两个市场的资源发展自己，即双循环发展。

这一章将沿着双循环理念发展的历史逻辑，梳理新中国成立70余年来从被迫发展单一内循环，到主动融入国际大循环，再到适应新形势发展双循环的历史变迁。通过回顾这一过程中各项重要政策的酝酿和实施，可以看出中国在融入世界经济贸易体系方面实现的"超经济突破"以及其中的去依附、避陷阱发展特征。用中心–外围依附理论来说，中国形成了既不同于"中心"发达国家靠殖民时代形成的掠夺式发展模式，又不同于"外围"一些发展中国家靠提供原材料和初级产品的依附式发展模式。正是这种去依附的发展特性，使得中国能够主动未雨绸缪地减少单一市场或者外部市场的高度依赖，因而中国经济在面对外部恶劣环境时，既不惧怕外部的打压，也能够抵御来自外部的"脱钩"的风险。

第一节 以双循环成功应对危机

2020年是全球新冠疫情暴发的第一年，各主要经济体都遭受严重的冲击。但是据美中贸易全国委员会的数据，当年美国对华商品出口大幅增长了17.7%，中国保持了美国第三大货物出口市场的地位（见图4–1）。美国对其他主要贸易合作伙伴的出口额则全部下降了，下降幅度从2.5%到18%不等（见表4–1）。此外，2021年，美国对华货物贸易出口额达1492亿美元，创历史最高水平，较2020年增长了21%。

中国经济发展的逻辑

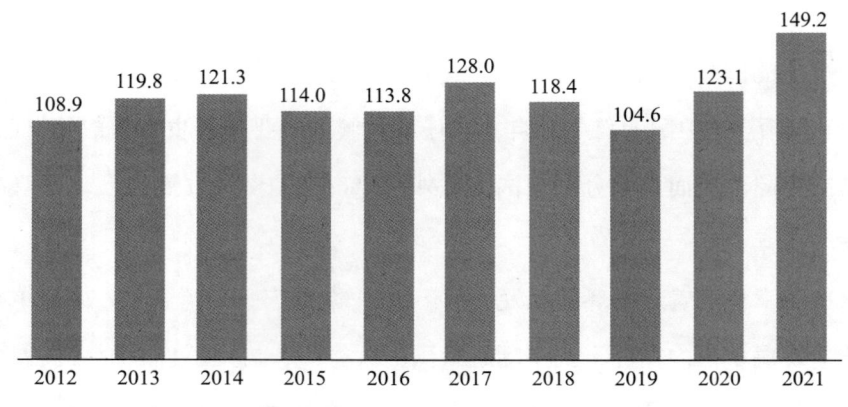

图 4-1　美国历年对华商品出口额（单位：十亿美元）

年份	金额
2012	108.9
2013	119.8
2014	121.3
2015	114.0
2016	113.8
2017	128.0
2018	118.4
2019	104.6
2020	123.1
2021	149.2

数据来源：《美中贸易全国委员会2022美国出口报告》，https://www.uschina.org/sites/default/files/us_export_report_2022_full.pdf。

表 4-1　2020年美国前十大商品出口市场

序号	国家或地区	总额/百万美元	增长率（2019—2020年）	平均年增长率（2011—2020年）
1	加拿大	243.6	-14.0%	-1.0%
2	墨西哥	206.1	-17.1%	1.2%
3	中国大陆	123.1	17.7%	2.4%
4	日本	62.6	-13.7%	0
5	德国	55.1	-3.3%	1.8%
6	英国	54.0	-13.4%	1.0%
7	韩国	50.3	-9.3%	2.2%
8	荷兰	44.1	-11.3%	1.1%
9	巴西	34.2	-18.0%	-1.3%
10	中国台湾	29.5	-2.5%	1.9%

数据来源：《美中贸易全国委员会2021美国出口报告》，https://www.uschina.org/sites/default/files/state_export_report_2021_full_report.pdf。

第四章 双循环，避开依附陷阱

联合国贸易和发展会议的数据显示，2020年，全球外商直接投资（FDI）总额大幅下滑42%，但中国FDI增长4%，达1630亿美元，成为全球最大FDI流入国。2021年中国吸引的外商直接投资再次创下纪录，增长了20%，达1790亿美元，仅次于美国，位居第二。

筹谋于2013年的"一带一路"倡议，在危机来临的时候，开始显现其战略意义。2021年中国进出口总额首次突破6万亿美元大关，稳居世界第一贸易大国之位，比2020年增长21.4%，其中对"一带一路"沿线国家进出口增长23.6%，比整体增速高出2.2个百分点；2021年对外非金融类直接投资额增长3.2%，其中对"一带一路"沿线国家非金融类直接投资额增长14.1%。[1]"一带一路"已经成为名副其实的"共享发展之路"。

难得的是，这些非常亮眼的经济表现，是在自2018年美国特朗普政府对中国实施贸易政策，美对华加征关税、围堵中国顶尖高科技企业、联合盟友对中国进行全方位遏制和打压的背景下取得的，是在自2020年开始的全球疫情对经济造成巨大冲击的背景下取得的。这一时期也正值中国经济进行新旧动能转换，从高速增长向中低速增长过渡的时期，而2020年中国仍然成为全球中少有地保持了2.3%正增长的主要经济体。2021年，中国经济逐步恢复，GDP比2020年增长8.1%，中国经济对全球的贡献率达到25%左右，[2]足见中国作为全球主要经济引擎的态势仍未改变。

面对美国的"脱钩"行为，中国旗帜鲜明地继续维护全球化，倡导多边主义，扩大"朋友圈"。2020年11月15日，中国、日本和韩国等15国正式签署《区域全面经济伙伴关系协定》（RCEP），这是世界上人口数量

---

[1] 胡必亮：《以共建"一带一路"促高质量共同发展》，《光明日报》2022年4月4日。
[2] 《国民经济持续恢复 民生保障有力有效——解读2021年国民经济和社会发展统计公报》，http://www.gov.cn/xinwen/2022-02/28/content_5676123.htm。

最多的自贸区，亦是全球规模最大的自由贸易协定；随后，中国还申请加入《全面与进步跨太平洋伙伴关系协定》(CPTPP)。与此同时，中国继续向世界市场扩大开放，比如放开和优化银行、保险、证券、基金、期货等外资金融机构的准入门槛等。在国内，中国提出了加快构建以国内大循环为主体、国内国际双循环相互促进的新发展格局（简称"双循环战略"），旨在通过对内打通发展堵点构建统一大市场，对外联通更为广阔的"朋友圈"，实现国内国际两个市场共同发展。2023年，国内循环对经济发展的带动作用愈加明显。根据国家统计局2023年国民经济和社会发展统计公报，2023年最终消费支出拉动国内生产总值增长4.3个百分点，资本形成总额拉动国内生产总值增长1.5个百分点。全年全国居民人均消费支出26796元，比上年增长9.2%，扣除价格因素，实际增长9.0%。其中，人均服务性消费支出12114元，比上年增长14.4%，占居民人均消费支出比重为45.2%。尤其值得注意的是，新动能成长壮大非常迅速。全年规模以上工业中，装备制造业增加值比上年增长6.8%，占规模以上工业增加值比重为33.6%；高技术制造业增加值增长2.7%，占规模以上工业增加值比重为15.7%。规模以上服务业中，战略性新兴服务业企业营业收入比上年增长7.7%。高技术产业投资比上年增长10.3%，制造业技术改造投资增长3.8%。[①]

基思·约翰逊和罗比·格拉默在《外交事务》杂志发文称，近10多年来，中国致力于开发更先进的技术，减轻对美国和其他西方供应商的依赖，以此来实现特有方式的"脱钩"。对于中国来说，确切的表达不是"脱钩"，而是中国一贯坚持的独立自主的发展道路，或者说中国发展的去依附特性。

[①] 《中华人民共和国2023年国民经济和社会发展统计公报》，https://www.gov.cn/lianbo/bumen/202402/content_6934935.htm。

第四章　双循环，避开依附陷阱

第二节　第一次突破：内循环与去依附

1. 向苏联"一边倒"与"一五"计划

新中国成立之初，面对美国等西方国家的封锁，中国向以苏联为首的社会主义阵营"一边倒"成为一种必然选择。正如1949年6月30日毛泽东在《论人民民主专政》里说的："积四十年和二十八年的经验，中国人不是倒向帝国主义一边，就是倒向社会主义一边，绝无例外。骑墙是不行的，第三条道路是没有的。""走俄国人的路——这就是结论。"①

那个时期制定的"自力更生为主，争取外援为辅"的方针，是与二战后很多发展中国家的"进口替代战略"类似的一条道路，即抵制自由贸易，不接受"比较优势"理论，试图通过进口自己不能生产的高级设备，在边干边学的过程中最终达到独立生产的目的。因而，中国从1950年开始从苏联和东欧国家大规模引进技术和设备。10年间，在中国订购进口的415个成套设备项目中，来自苏联和东欧各国的分别为304个和108个。苏联、德意志民主共和国、捷克斯洛伐克、波兰、匈牙利和罗马尼亚等国均有专家来中国进行技术援助。

当然，这条道路绝非坦途，既要获得先进工业国家的技术和设备援助，又要捍卫本国的主权、坚持独立自主，无论在哪个阵营之内、在哪个意识形态的影响之下，都是不容易做到的。这一段历史的艰辛和曲折、中国在复杂国际形势中的决策和取舍，已有大量相关论述，本书在此不再赘述。总之，中苏合作进入了一段"蜜月期"，除了1950年2月中苏两国领导人谈

---

① 《毛泽东选集》第四卷，人民出版社1991年版，第1473、1471页。

妥的50个项目，1953—1959年赫鲁晓夫时期，苏联再次承诺援助中国建设与改建91个工业项目，1954年10月，又追加援助15个项目。如此三批援建项目加在一起，"一五"计划期间，苏联总共援助中国156个重点项目。这些项目包括6个大型钢铁联合厂、14个有色金属冶炼加工厂、32个机器制造厂、18个动力及电力机器设备制造厂、26个国防工厂、23个煤矿、22个电站、1个炼油厂、3个制药厂、1个造纸厂等。[①] 从此，中国现代化的工业建设正式起步。

从新中国的工业化角度看，这是具有决定性的一步。1950—1952年，全国固定资产实现新增合计59亿元，而苏联援建的部分重点项目建成后，实现新增固定资产合计达41.39亿元。[②] 更重要的是，中国通过学习苏联社会主义建设的经验形成了本国的赶超战略。在重工业优先这一发展战略的增长模型中，经济发展靠冶金、机械及辅助工业（重工业复合体）的封闭循环推动，农业只是被动地为工业增长提供资金和劳动力，而且这一策略依赖国家高度集中的资源计划配置制度来实现。[③] 从"一五"计划的制定开始，中国移植了苏联的赶超策略，而且对苏联的学习和模仿延伸到了城市的上层建筑和意识形态等方方面面。赶超战略的实施让中国在工业上取得了巨大成就。以苏联援助156个重点项目为基础，"一五"计划完成时，1957年中国工农业总产值达到了1241亿元，比1952年增长67.8%。国民收入比1952年增长了53%。全国职工年平均工资达637元，比1952年增长42.8%；农民收入比1952年增加近30%。[④]

1956年苏共二十大之后，尽管政治上风云激荡，但原先十分敏感的核

[①] 《我们的周总理》编辑组编《我们的周总理》，中央文献出版社1990年版，第161页。
[②] 沈志华主编《中苏关系史纲：1917—1991年中苏关系若干问题再探讨》（上），社会科学文献出版社2016年版，第183页。
[③] 林毅夫、蔡昉、李周：《中国的奇迹：发展战略与经济改革》（增订版），格致出版社2014年版，第22—46页。
[④] 李岚清：《突围——国门初开的岁月》，中央文献出版社2008年版，第14页。

工业领域的合作也于1957年取得重大突破。[①]当年10月15日，中苏正式签订国防新技术协定；第二年9月29日，中苏又签订了原子能工业技术援助的补充协定。从此，中国的原子能工业进入核工业建设和研制核武器的新阶段。根据苏联驻华使馆1960年年度工作报告引用的数据，截至1960年7月1日，在中国的44座城市和34个部委系统中，有1292名苏联专家；在从事经济建设的1150名苏联专家中，80%以上的人在国防企业或与国防工业相关的部委、企业和科研机构工作。[②]

2.走自力更生之路与去依附

随着形势越来越严峻，中苏两党之间的分歧日益公开化并扩大到了国家关系层面。1959年6月20日，为不影响苏联、美国、英国首脑关于禁止核武器试验条约的日内瓦谈判，苏联"暂缓"向中国提供核武器样品和技术资料。1960年7月16日，苏联单方面撕毁合同，召回在中国工作的全部苏联专家。但更严重的问题是中国对苏联的外债，1960年7月14—16日在北戴河会议上周恩来指出："苏联给中国的贷款数额总计为56.74亿卢布（其中军事贷款43亿卢布），加上利息15亿卢布，总共62亿卢布。"[③]

1960年7月5日至8月10日，党中央领导在北戴河会议上获知了苏联撤回专家的消息。一系列问题摆在面前：苏联专家参与的重大项目停工还是继续？原子弹要不要继续搞？中国怎么办？毛泽东在会上镇定地说："1917年到1945年，苏联是自力更生，一个国家建设社会主义。这是列宁主义的

---

① 沈志华主编《中苏关系史纲：1917—1991年中苏关系若干问题再探讨》（上），社会科学文献出版社2016年版，第227页。

② 沈志华主编《中苏关系史纲：1917—1991年中苏关系若干问题再探讨》（下），社会科学文献出版社2016年版，第422页。

③ 王泰平主编《中华人民共和国外交史（第二卷）1957—1969》，世界知识出版社1998年版，第257—258页。

道路，我们也要走这个道路。"①中国就此踏上了一段异常艰苦的自力更生之路，从各方面经济数据的事后评估看，中苏两国公开决裂期间正是新中国成立70多年里最为困难的时期：共和国历史上经济增长率最低、经济波动系数最显著、生产率最低下的时期。严重的经济危机在这段时间导致了灾难性的后果，饥荒大面积蔓延，人民痛苦不堪，人口出现新中国成立后的首次下降。回顾地看，这是新中国从依附型发展陡然转向自力更生发展的一次"硬着陆"，虽然如期实现了去依附这一"超经济突破"，但是付出了巨大的代价。

当然，中国式经济的"超经济突破"总是带有很强的政治性，深重的内忧外患也进一步激发了毛泽东等一代共和国缔造者的斗志。1960年7月，毛泽东在同李富春、薄一波和陈正人等谈话时说："手里没有一把米，叫鸡都不来。我们处在被轻视的地位就是钢铁不够。……资本主义国家看不起，我们社会主义国家也不给技术。憋一口气有好处。"②在咬紧牙关坚持的同时，在北戴河会议上，党中央也统一了意见，开始积极应对危机。首先要求工业部门把支援农业的任务放在头等重要的地位，要压缩劳动力，充实农业第一线，保证农业生产。到1961年春，新增农业第一线的劳动力就有2913万人。与此同时，压缩城镇人口规模，减轻城镇粮食供应负担。1961—1962年，两年共减少城镇人口超过2000万人。

在给农民减负方面，粮食征购比重从1960年的35.6%下降到1961年的27.4%和1962年的23.8%；③并从1961年夏天开始提高粮食平均收购价，1962年与1957年相比，农副产品收购价格平均提高32.3%，其中粮食提高

---

① 毛泽东：《要下决心搞尖端技术》，《党的文献》1996年第1期。
② 薄一波：《若干重大决策与事件的回顾》（下），中共党史出版社2008年版，第612页。
③ 柳随年、吴群敢主编《中国社会主义经济简史（1949—1983）》，黑龙江人民出版社1985年版，第276页。

36.1%，经济作物提高14.7%。①此外，党中央开始动员全国人民节约度荒，采取"低标准"和"瓜菜代"相结合的方针，毛泽东等党和国家领导人带头做榜样，缩减口粮标准，还暂时允许农村搞包产到户"责任田"。与此同时，危机时期特事特办，党中央发挥香港的民间贸易渠道等从发达国家紧急进口粮食，稳定国内供应。据《国情报告》显示，粮食进口量在1960年少到可以忽略不计，但到1961年进口粮食达581万吨，1962年为492万吨，1963年为595万吨。

在工业方面，党中央也着手大刀阔斧地整顿，关停并转大量经营不善或者设备陈旧的企业，全民所有制企业在1961—1962年两年就砍掉4.3万个；基础建设投资规模也大幅压缩，施工中的大中型项目由1960年的1815个减少至1962年的1003个。②

到了1962年，农村灾情开始好转，农业增收明显，全国财政收入出现结余，经济慢慢恢复元气。1964年，中国提前一年还清了20世纪50年代欠苏联的全部贷款和利息，到1965年10月前又还清了1961年的蔗糖贷款和贸易欠款。至此，中国还清了所欠苏联的全部债务。

此次危机和灾难的渡过，也是多管齐下的"超经济突破"。通过政治动员获得人民的支持，是闯过这一关的根本保障。没有这一保障，整个国家从深度的依附到最大限度地去依附这个巨大转变是不可能完成的。这既是政治，也是经济。很多学者倾向于将这时期的政治与经济对立起来，将政治运动解读为对经济的严重干扰和破坏，但实际上问题并不像表面上看起来那么简单。温铁军教授将这个特殊时期在政治动员之下被组织起来参加劳动的劳动力归纳为"劳动力资本化"。也就是说，中国共产党通过政治动员发动全体民众参与到了国家工业化的原始积累过程中来，用有组织的劳

---

① 朱荣等主编《当代中国的农业》，当代中国出版社1992年版，第202页。
② 薄一波：《若干重大决策与事件的回顾》（下），中共党史出版社2008年版，第749页。

动力的集中投入代替几乎绝对稀缺的资本要素，成为国家工业化经济发展公式当中最主要的输入项。

虽然中国人民为此付出了巨大的代价，表面上看经济濒于崩溃，但事情的另一方面是：以去依附为目标的一次极为困难的"超经济突破"过程，保障了国家工业化进程的不中断以及政治和社会的基本稳定。1964年10月16日，中国自行研制的第一颗原子弹爆炸成功。为了纪念当年与苏联的合作，这颗原子弹有个神秘的代号——"596"，即1959年6月，这正是苏联"暂缓"向中国提供核武器样品和技术资料的时间。在当时参与原子弹研制的科学家中，第一颗原子弹还有一个更形象的名字——争气弹，象征着新中国自力更生道路的胜利与去依附的完成。

第三节　第二次突破：融入外循环

1. 所有制、资本与土地

1979年7月15日，党中央、国务院决定在南方"画一个圈"，在深圳、珠海、汕头、厦门创办"出口特区"，希望抓住有利的国际形势，先走一步，吸引外资，把经济搞上去。而深圳是四个特区中的重点城市。

新中国成立后第一次开办对外经济贸易交流的窗口，在当时可谓惊雷。在社会主义中国如何融入世界资本主义体系方面，"先走一步"的经济特区不辱使命，在突破所有制禁忌、政府角色转换、土地资本化、打破"铁饭碗"等领域"杀出一条血路"，为中国更进一步对接国际大循环奠定了基础，积累了经验。

在国家政策层面，外贸体制打破了一个个传统禁区。1978年，交通部率先请缨利用旗下的招商局香港分公司办出口加工基地，并很快获批。久

第四章 双循环，避开依附陷阱

经沙场并曾是胡志明的情报和炮兵顾问的老军人袁庚受命担任蛇口工业区建设指挥部总指挥，兼任招商局常务副董事长，在广东省宝安县（深圳前身）的蛇口划出2平方千米，充分利用国内廉价的土地和劳动力，同时利用外资、技术和原材料建设出口加工区。

驻港中资企业按香港的方式在内地经营工业区，这是新中国成立30年来第一遭：允许吸引外资；向外资银行贷款；工业区自己决定500万美元以下项目的审批；蛇口干部进行民主推选，并实行考核制，企业职工实行招聘合同制，打破了"铁饭碗"。这些政策的突破每一项在当时都非同寻常，也引起了港澳商人们的高度关注。1979年7月20日开工后，两年多的时间内，蛇口的企业就猛增至100多家。①

1979年8月，广东省开始起草《广东省经济特区条例（草案）》。有关特区"特"在哪里、"特"到什么程度、企业所得税率究竟应该定多少，成为争论的焦点。企业所得税率原定为30%，港澳同胞指出香港税率只有17%，特区难以在竞争中胜出。后来获批的特区企业所得税率草案定为12%，又遭到很多批评。最终，经过时任国务院副总理谷牧和时任国家进出口委副主任汪泽民的耐心说服，以15%的税率获得通过。

在不断的争论和调整中，特区的定位越来越清晰。1984年，时任国务院副总理谷牧介绍中国对外开放政策和特区建设之"特"时，强调的第一条便是：特区经济是在社会主义经济领导下，以中外合作和合作经营企业、外资独资经营企业为主，多种经济并存的综合体。这不同于内地以社会主义国有经济为主。②经济学家张军在总结深圳经济特区的政治经济学意义时说："从根本上讲，中国在经济转型中始终采纳的是一条折中的道路。"这就是为什么"那么多的政治家、官员、老一代经济学家不容易接受市场经

---

① 李岚清：《突围——国门初开的岁月》，中央文献出版社2008年版，第71—82页。
② 同上书，第131—133页。

111

济、私营企业、私有制或者经济自由化、私有化之类的提法，却在'多种经济成分并存'这个提法上表现出惊人的一致和认同"[1]。这说明在经历了长期封闭的内循环和坚定的去依附之后，在尝试对外开放融入国际大循环的过程中，难免小心翼翼和如履薄冰。决策者谨慎地驾驶着中国这艘巨轮，既要大胆地闯过暗礁险滩（冲破体制障碍），又必须把牢舵轮（不被外资控制），并保证航道不脱轨（不走资本主义道路）。几乎每一个突破，都要在姓"社"还是姓"资"或者其他主义的追问中蹒跚地进行。

例如在经济特区的命名问题上，一开始有人提出叫"出口加工区"，这和中国台湾地区的名字一样，不行；叫"自由贸易区"，也被否决了，认为是将"资本主义摆在了脸上"。最后邓小平给了个名字："经济特区"。深圳经济特区下辖面积327平方千米，有人夸张地说这比全世界其他特区的总面积还要大；时任深圳市委书记的张勋甫说，深圳经济特区比延安时期的陕甘宁边区小得多，深圳经济特区是全国的特区，是加强与世界交流的窗口，于是特区的名字才过了关。[2]

再例如资金匮乏的问题，缺钱是经济特区首先面临的一个挑战。1979年广东省委请求中央给地方扩权的时候，邓小平说得很清楚，中央没有钱，只能给些政策。除了从银行拿到的3000万元种子基金，主持深圳经济特区建设者能想到的唯一可行的办法就是出租土地。据李岚清回忆，为了给这种"离经叛道"的做法找到合理的理由，官员翻阅了很多马列主义经典，终于在列宁的著作里看到一段引自恩格斯《住宅问题》里的话："消灭土地私有制并不要求消灭地租，而是要求把地租——虽然用改变过的形式——转交给社会。"[3]就这样，1982年，深圳率先打破传统土地公有制下土地无

---

[1] 张军：《改变中国：经济学家的改革记述》，上海人民出版社2019年版，第148页。
[2] 同上书，第146—148页。
[3] 《列宁全集》第三十一卷，人民出版社1985年版，第55页。

第四章　双循环，避开依附陷阱

偿划拨使用的模式，有根有据地将土地转让给外商使用并获取"土地使用费"，从而闯过了舆论和政策的禁区。①但是，由于土地使用费标准过低，从1982年至1986年底，深圳市政府规划局共拨地82平方千米，5年中只收取了3848万元人民币的土地使用费。而自试办经济特区以来，深圳市政府用于基础设施的投资却接近6亿元。②1987年深圳学习香港土地批租制度，将土地使用权和所有权分离，通过土地协议、招标和拍卖等形式进行国有土地使用权有偿出让，共出让3块共计60264平方米土地的50年使用权，用于商品房建设。第二年，深圳更是出台了土地管理条例，将这一政策合法化。从此，深圳开启了通过土地开发为特区建设筹措资金的模式。尽管土地批租争议很大，但不可否认，这项政策实际上成了中国经济奇迹背后的推手之一。此后的几十年里，中国通过提供廉价土地引进外资，发展外向型经济，成功地将国内的内循环与国际的外循环对接了起来。

2.世界工厂与去依附

1987—1988年，中国面临严重的通胀危机，价格闯关③后1988年12月消费者物价指数（CPI）最高达到26.7%。此外，对外贸易连年逆差，外债飙升，外汇储备急剧下降，从1983年的89.01亿美元下降至1987年的20.72亿美元。④国际大循环战略在此时进入中央决策层视野，成为摆脱国内危机和实现高层次对外开放的不二之选。

1987年11月，时任国家计委经济研究所副研究员的王建向党中央提

---

① 李岚清：《突围——国门初开的岁月》，中央文献出版社2008年版，第129页。
② 马继红：《深圳经济特区涉外土地批租法律问题刍议》，《中南政法学院学报》1991年第4期。
③ "价格闯关"指1988年双轨制价格改革方案出台后，触发了凶猛的抢购潮和严重的通货膨胀。
④ 温铁军等：《八次危机：中国的真实经验1949—2009》，东方出版社2013年版，第124—143页。

113

出《关于国际大循环经济发展战略的构想》，得到了国家的重视，促成了1988年2月6日中共中央政治局第四次全体会议的决定：把沿海经济发展作为一项重大战略加以部署。该战略，要求大力发展"两头在外"的劳动密集型产业，即将原材料来源和产品销售主要放到国际市场上去，大进大出，使经济运行由国内循环扩大到国际循环；强调重点发展外商直接投资；外贸体制上国家还要求地方承包出口创汇任务，超额创汇实行中央与地方二八分成。[①]那个时期正值信息技术革命引发全球性产业结构大调整。中国抓住了此次机遇，利用在劳动力、土地等方面的低成本优势，先后承接了"亚洲四小龙"、日本以及欧美国家转移的传统制造业，快速融入自由资本主义主导的国际大循环和世界经济体系，于21世纪初成功晋升为"世界工厂"。

在此期间，随着中国社会主义市场经济体制的逐步确立，"姓社姓资"的争议逐渐平息。但是，新中国毕竟是将独立自主作为立国之本的，前30年艰苦奋斗的精神遗产仍是一个巨大的存在，在中国融入全球化过程中，对中国再次依附于全球资本主义的担忧挥之不去，批评的声音此起彼伏。诸如"外贸依存度过高""中国制造被锁定在低端""技术换市场的失败""民族产业被外资恶意收购""资本账户不可轻易开放"等警世之言，贯穿于世纪之交的几十年，并在舆论公共空间中频频掀起波澜。这些争论大都促成了中国监管政策的出台或既定政策的修订，起到了减少对资本主义世界经济体系的依附的作用。

外贸依存度指的是一国商品和劳务的进出口总额在国民生产总值中的比重，外贸依存度的上升反映的是外向型经济的快速发展。官方统计的我国对外贸易的货物与服务贸易依存度，从20世纪80年代的平均19.7%，上

---

① 田纪云：《沿海发展战略的形成与实施》，《炎黄春秋》2015年第3期。

升到90年代的平均34.3%，并在2006年达到峰值65.2%。①2013年，中国成为世界第一货物贸易大国。伴随着外贸依存度的上升，从1995年开始舆论界、学术界和决策层对外贸依存度过高的担忧日渐加剧，进入21世纪后仍有增无减。例如，中国社科院的裴长洪研究员提到，进口的高依存度日益成为影响国内经济安全的其中一个重要因素。中国对战略资源、关键产品和重要技术的进口比重还将不断上升，尤其是某些重要战略资源产品的进口依存度过高，可能会使中国经济受制于国际垄断资本。②经济学家刘国光在2001年美国"911"事件之后就提醒道，为适应我国这样一个人口特多、国内市场潜力特大的大国特点，实现以内需为主的长期方针，减缓国际经济波动所及于我国经济的影响，有必要慎重考虑并适当调整我国需求结构中的国内需求与国外需求的比重。③虽然也有不少学者指出，中国外贸依存度的计算方式有偏差，实际外贸依存度并没有那么高。④但是，正如时任商务部副部长的张志刚于2004年所指出的，"外贸依存度可能存在的经济风险应引起警觉"⑤。

此后一段时间，中国政府基于经济的长期及可持续发展考虑，开始采取了一系列降低外贸依存度、减少对外依附的措施。消费需求先行的提法，在2003年的政府工作报告中就已出现。2000年，中国还启动了西部大开发战略，在扩大内部需求的同时缓解发展的不平衡问题。另外，2005年中国启动了以节能降耗为目标的一系列产业新政策；2006年对各地区的节能任

---

① 李昕、徐滇庆：《中国外贸依存度和失衡度的重新估算——全球生产链中的增加值贸易》，《中国社会科学》2013年第1期。

② 裴长洪、彭磊：《对外贸易依存度与现阶段我国贸易战略调整》，《财贸经济》2006年第4期。

③ 刘国光：《关于当前经济形势的几点看法》，《现代经济探讨》2001年第12期。

④ 谢锐、赵果梅：《基于贸易国内增加值视角的中国外贸依存度研究》，《国际商务》（对外经济贸易大学学报）2014年第5期。

⑤ 学者对外贸依存度的讨论参见沈利生《论外贸依存度——兼论计算外贸依存度的新公式》，《数量经济技术经济研究》2005年第7期。

务进行了部署，落实节能减排目标责任制，要求将单位GDP能耗下降指标纳入各地经济社会发展综合考核体系。此外，2006年中国还提出自主创新、建设创新型国家战略，强调增强国家核心竞争力，致力于改变关键技术依赖于人、受制于人的局面。

至于外资恶意收购民族产业，也是随着改革开放的不断深化而日益凸显的一个问题。一方面，全球范围的"新自由主义革命"大大推动了国际资本在世界各地的并购浪潮；另一方面，中国加入WTO之后外资的准入门槛逐渐降低，为外资并购铺平了道路。于是国际资本在中国来势汹汹，不断尝试将中国龙头企业收入囊中，比如2003年的宝洁收购南孚电池案、2005年的凯雷收购徐工案、2007年的达能收购娃哈哈案等。其中，凯雷收购徐工案虽然没有成功，但在当时引发媒体和社会舆论的极大关注，最终也引起了决策层对维护产业安全的警惕。徐工乃大型国企，又是机械重工领域的龙头企业。收购案浮出水面后，徐工的竞争对手三一重工总裁向文波在媒体上喊话，"徐工贱卖国家资产"，"凯雷收购徐工威胁国家经济安全"，由此引爆舆论。[1]然而，值得庆幸的是，这场收购最终以凯雷失败告终，否则可能就不会有如今的世界起重机制造冠军称号的中国徐工了。

高梁在2005年撰写的《警惕跨国公司借改制之机吞并中国装备制造业骨干企业》中指出："如果听任国家多年培育的骨干企业被跨国公司吞并，我国工业的核心和关键部分被外资控制……增强自主创新能力、振兴装备制造业的方针将失去前提。"在外资并购多家龙头企业的问题上，虽说媒体和社会舆论沸反盈天，但学术界的讨论在当时并未过多论及产业安全，面对外资并购如何维护中国的产业安全，对监管层来说也是个崭新课题。2008年美国次贷危机引发全球金融动荡，中国出口导向型经济的高速

---

[1] 《徐工"贱卖"风波追踪：什么是最好的结局？》，https://news.sina.com.cn/o/2006-07-03/20359361590s.shtml。

列车开始减速，这成了中国外资政策调整的一个契机。自此，中国开始提高外资准入门槛，推动招商引资向招商选资转型；两部标志性的法律——《中华人民共和国反垄断法》和《中华人民共和国企业所得税法》开始生效，其中取消了外资"超国民待遇"，并且首次明确对外资并购境内企业进行国家安全审查。阿根廷在这方面的教训可引以为戒。20世纪90年代之后，中国和阿根廷都吸引了大量外资，不同的是，相比中国2003年实际利用外资额仅为GDP的0.46%，阿根廷1999年利用外资额占GDP比例高达7%。而且实行金融自由化的阿根廷没有相应的金融监管和外资引进监督机制来引导外资流向，导致国际短期游资占据了绝对的主导优势。[①] 其结果就是阿根廷自2001年开始即陷入了主权债务危机，至今仍然在债务泥潭里挣扎，成为典型的依附式发展遭遇困境的例子。

回顾历史，新中国成立后的前30年以内循环为基础完成了一次从依附到去依附的"超经济突破"，当改革开放之后再次尝试建立与全球资本主义经济体系进行外循环的"超经济突破"时，前30年的历史经验起到了至关重要的作用。与阿根廷等南美国家相比，中国对于什么叫"卡脖子"、什么叫"受制于人"、什么叫"外债陷阱"都有切身的体会。这一点，充分体现在了几乎贯穿改革开放40多年历史的舆论与理论交锋过程中。

3.全球化与贸易争端

在启动对外融入国际大循环政策，尤其是在加入WTO之后，中国快速成长为全球第一大贸易国和第二大经济体，成为全球经济名副其实的"火车头"。但与此同时，对内，中国不断面临外贸依存度过高、民族企业被收购、制造业升级等新挑战；对外，中国还面临欧美国家贸易保护主义的打

---

① 韩彩珍、许乐：《发展中国家的外资引进分析——以中国与阿根廷的外资政策和对外经济发展战略为视角》，《中外企业家》2014年第7期。

中国经济发展的逻辑

压。在全球化逆流中，中国顶住压力，在学习理解国际规则并与其他国家的贸易保护主义进行抗争的过程中酝酿新的突破。

随着物美价廉的中国制造产品席卷全球，欧美国家针对中国出口产品频频发起反倾销调查，其中美国成为与中国发生经贸摩擦最多、最激烈的国家，经贸摩擦遍及纺织品、服装、农产品、反倾销、知识产权、人民币汇率安排等诸多领域。尤其是特朗普上台之后，对美出口连年高速增长的中国成为美国贸易保护主义者的头号靶子，被许多美国政客视为导致美国制造业衰退和就业机会外流的罪魁祸首。

经贸摩擦的最初起因是中美贸易不平衡。自2001年中国加入WTO以来，由于中国对美商品贸易出口大幅增长，进口增速相对较慢，中国产生了大量贸易顺差。联合国商品贸易数据库的数据显示：1984—2015年，美国从中国进口的商品总值从33亿美元增加到了5026亿美元，年平均增长高达17.6%，占美国全部进口货物价值的22%；同时，中国从美国进口商品总值从39亿美元增加到了1505亿美元，但美国商品占中国进口的份额在逐步降低。中国海关数据显示，2018年中国贸易顺差为3517.6亿美元，其中对美货物贸易顺差高达3233.3亿美元，服务贸易逆差485.0亿美元。[①] 然而，美国的单方面指责和叫嚣完全没有道理。众所周知，中美间贸易不平衡的局面是双方经济结构、产业竞争力和全球产业链长期分工协作造成的。这一局面事实上得到了双赢的结果：外贸行业在推动中国经济高速增长的同时创造的大量的就业机会，不仅改善了数亿中国人的生活，也使美国企业和人民受益良多。一方面，中国巨大的市场为美国跨国企业提供了可观的利润：2016年，美国跨国公司在华销售额为3453亿美元，对华直接投资额为973亿美元，这意味着每1美元的直接投资产生了约3.55美元的销售额，而

[①] 张军、王永钦主编《大转型：中国经济改革的过去、现在与未来》，格致出版社、上海人民出版社2019年版，第257页。

2009年只有2.67美元。相比之下，在美国跨国销售和对外直接投资的核心区域欧洲，这一比例则要低得多。2016年，美国跨国公司在欧洲的销售额为2.8万亿美元，对外直接投资额达到3.3万亿美元，意味着每1美元仅仅产生约0.85美元的销售额。[①]另一方面，美国的劳动者还受惠于出口行业提供的就业机会。美中贸易全国委员会数据显示，即便是受新冠疫情影响的2020年，美国对华出口支撑的工作岗位有所下降，但也达到858486个。[②]商务部2019年6月发布的《关于美国在中美经贸合作中获益情况的研究报告》指出，2009—2018年10年间，美国对华出口支撑了超过110万个美国就业岗位。牛津研究院估计，美国自中国进口低价商品在2015年帮助美国降低消费物价水平1%~1.5%。该报告还指出，贸易逆差与美国经济、就业不存在必然联系。美国商务部经济分析局研究显示，美国就业岗位流失的情况在北美自由贸易协定生效和中国加入世贸组织之前就已出现。美国卡托研究所发布的报告指出，美国制造业岗位减少的原因在于产业升级，与中美贸易不平衡没有直接关联。

从客观上讲，贸易摩擦在任何具有较深贸易关系的两个国家之间都会发生，中美之间的经贸摩擦的起因更增加了复杂的地缘政治和意识形态因素。与20世纪80年代美国联合欧洲国家对付崛起的日本一样，作为经济霸主的美国，试图通过遏制中国以维护其全球优势地位，但与当年的日本不同，美国对中国启动贸易、技术、政治以及军事等全方位的遏制策略，又包含了资本主义世界霸主无法接受社会主义国家崛起而带来的意识形态对抗。从中国自身角度来看，这也是再一次展开去依附行动之必然。一方面，为应对贸易平衡和外交压力，中国主动采取了相关措施以改变经常项目和

[①] 《中美冲突下的美国企业》，http://cn.chinausfocus.com/finance-economy/20190627/40745.html。

[②] "US Export Report 2022," https://www.uschina.org/sites/default/files/us_export_report_2022_full.pdf.

资本项目双顺差局面，逐渐出台了调低出口退税率等抑制出口的政策；另一方面，"十一五"期间（2006—2010年），中国全面落实"走出去"战略，2013年提出"一带一路"倡议，启动多元化去依附策略。总之，随着国内和国际形势的巨大变化，又一次从依附到去依附的"超经济突破"已在进行当中，以外循环为主导的中国经济已在悄悄转型。但是，这一次与上一次已完全不同了，正如习近平总书记所强调的："中国开放的大门不会关闭，只会越开越大。"①"我们将坚持对外开放的基本国策，坚持以开放促改革、促发展、促创新，持续推进更高水平的对外开放。"②

正是在这样一个大背景下，加快构建以国内大循环为主体、国内国际双循环相互促进的新发展格局走向舞台。

第四节　第三次突破：摆脱世界体系依附陷阱

2020年7月，中国率先走出第一波新冠疫情阴霾，7月16日，中国经济交出的半年成绩单显示，相比一季度下降6.8%，二季度经济增长3.2%。此时，各国新冠疫情仍在扩散和蔓延，全球产业链几近断裂。以美国为首的西方国家对华态度正在急速滑向对抗：7月21日，美国要求中方限时关闭驻休斯敦总领馆；此前的7月14日下午，英国政府宣布禁止该国移动运营商购买华为5G设备。在日益复杂的国际国内背景下，习近平总书记在2020年7月21日召开的企业家座谈会上指出："在当前保护主义上升、世界经济低迷、全球市场萎缩的外部环境下，我们必须充分发挥国内超大规模市场优势，通过繁荣国内经济、畅通国内大循环为我国经济发展增

---

① 《习近平著作选读》第二卷，人民出版社2023年版，第143页。
② 《习近平外交演讲集》第二卷，中央文献出版社2022年版，第227页。

第四章　双循环，避开依附陷阱

添动力，带动世界经济复苏。要提升产业链供应链现代化水平，大力推动科技创新，加快关键核心技术攻关，打造未来发展新优势。"①这不是习近平总书记第一次强调双循环。2020年的全国两会期间，他指出中国要加快构建完整的内需体系，要逐步形成以国内大循环为主体、国内国际双循环相互促进的新发展格局，培育新形势下我国参与国际合作和竞争新优势。

双循环战略一提出，就引发海内外媒体的热烈讨论。一些海外媒体将其解读为中国将施行自给自足策略，甚至有海外媒体不怀好意地说，中国准备放弃已经实行了几十年的对外开放政策。2020年11月，在第三届中国国际进口博览会开幕式上，习近平总书记再次提到双循环战略时强调："这决不是封闭的国内循环，而是更加开放的国内国际双循环，不仅是中国自身发展需要，而且将更好造福各国人民。"②

正如有的学者指出的，双循环战略是中国改革开放政策的深化和发展，是中国劳动力增幅下降、自然资源短缺和资本富裕等要素禀赋持续改变，以及经济总量和国内需求规模持续扩大之下，外循环的地位由升到降，内循环地位持续提升之下所作的战略选择。③发展双循环至少包含了三层重要的含义：一是中国并不寻求脱钩，但是面对脱钩以及恶劣的国际大局势，中国首先要好好练内功，集中力量办好自己的事；二是坚持自主创新，培育新形势下我国参与国际合作和竞争新优势；三是中国将推动高水平对外开放，继续造福各国人民。

正如之前回顾70多年中国发展历程时描述的，中国发展道路形成的去依附特性，使得中国的发展既不同于"中心"发达国家依赖外围国家提供

---

① 《习近平著作选读》第二卷，人民出版社2023年版，第324页。
② 《习近平外交演讲集》第二卷，中央文献出版社2022年版，第275页。
③ 江小涓、孟丽君：《内循环为主、外循环赋能与更高水平双循环——国际经验与中国实践》，《管理世界》2021年第1期。

原材料和初级品的掠夺式发展模式，也不同于"外围"发展中国家靠提供初级产品和原材料的依附式发展路线。中国所坚持的去依附式发展路线，体现在建立完整的工业体系、不断改善贸易结构、不断寻求经济发展动力内外均衡、强调自主创新能力、通过"一带一路"倡议扩大"朋友圈"等方面。与一些发展中国家仅仅依赖出口能源和初级产品不同，自1978年改革开放以来，中国的出口结构实现了从初级产品向劳动密集型、技术密集型制成品的转变。到1991年，中国初级产品的出口比重由1980年的50.3%下降到22.5%，工业制成品的出口比重由1980年的49.7%上升到77.5%，纺织、鞋类等轻纺产品开始成为新的出口主导类产品。2001年以来，出口重心由劳动密集型产品向技术密集型产品跃升，机电产品的出口增速超过了出口平均增速。2003年，机电产品出口首次占中国出口总值的50%以上。①

从经济发展动力来看，国内循环对经济发展的带动作用愈加明显。2021年，我国社会消费品零售总额超过40万亿元，比2020年增长12.5%；固定资产投资规模超过50万亿元，比2020年增长4.9%。内需对经济增长的贡献率达79.1%，比2020年提高4.4个百分点，经济增长还是以内需拉动为主。②与此同时，外贸依存度也有明显下降，从2008年的57.61%下降到2019年的35.68%。同期，出口依存度从32.6%下降到18.42%，进口依存度从25.01%下降到17.26%。③

当前，科技战是美国遏制中国的重要手段之一。截至2021年12月18日，中国共有611个实体被纳入美国黑名单，涉及生物技术、人工智能和机器学习技术、定位导航、微处理器技术等14大类新兴技术。④在此背景

---

① 岳云霞：《中国对外贸易70年：量质并进》，《中国经济学人》（英文版）2019年第4期。
② 《国家统计局局长就2021年国民经济运行情况答记者问》，http://tjj.shannan.gov.cn/xwzx/tjyw/202204/t20220413_103227.html。
③ 江小娟、孟丽君：《内循环为主、外循环赋能与更高水平双循环——国际经验与中国实践》，《管理世界》2021年第1期。
④ 《被美国拉黑的611家中国公司》，https://mil.sohu.com/a/794472602_121976271。

下，大力提升自主创新能力，通过科技创新驱动国内循环，已经成为关系国家经济安全的重中之重。

作为中国强国战略的一部分，自2006年全国科技大会上提出自主创新、建设创新型国家战略以来，中国已经重点部署了一批关键科技项目。如2006年，中国制定《国家中长期科学和技术发展规划纲要（2006—2020年）》，确定了"核高基"（核心电子器件、高端通用芯片、基础软件）项目、极大规模集成电路制造技术及成套工艺、新一代宽带无线移动通信、大型飞机等16个国家科技重大专项；"十四五"规划中，中国也已经把美国"卡脖子"清单变成科研任务清单进行布局。然而，自主创新能力需要长期积累，中国要在关键技术上改变受制于人的局面，还需要时间。

中国既是全球化的受益者，也是全球贸易保护主义的受害者。全球贸易预警（global trade alert）数据显示：美国2018年发起的贸易保护措施达到197项，占全球新出台贸易保护措施总数的1/5多，其中对中国发起的就有129项，占其全年全部举措的75%；中国是贸易保护措施的重灾区，自2008年11月以来，中国受到2344项贸易保护措施影响。[1]面对全球贸易保护主义、"逆全球化"泛起，中国积极应对形势的变化。2013年，中国发起"一带一路"倡议，这既是避免中国在全球贸易格局中被西方夹击的举措，又是中国寻求推进更加公正合理、包容正义的新型全球化，积极主动探索多极化世界格局的重要战略。

"一带一路"倡议以发展中国家为主，并面向全世界。"一带一路"倡议发出以来，成效卓著。截至2023年底，中国已经跟150多个国家和30多个国际组织签署了共建"一带一路"合作文件。英国剑桥大学资深研究员马丁·雅克指出："'一带一路'倡议想要解决的是自1945年以来的全球核

---

[1] 张宇燕主编《中国对外开放40年》，经济管理出版社2019年版，第91页。

心问题——占世界人口85%的发展中国家的转型问题。"[①]"一带一路"沿线国家总体上仍处于工业化进程中，转型发展任务重。基础设施建设，贸易与投资便利化，摆脱贫困，推进平衡、包容、普惠、可持续发展等对解决落后地区的发展问题和转型问题具有巨大帮助。依托"一带一路"这一重要载体，连接国内国际两个循环，既有助于推动中国更高水平的开放，实现中国经济的发展，又可以实现与"一带一路"伙伴国的共享和共赢，真正践行人类命运共同体理念。这与中心－外围论中的世界体系不同，中国通过实施双循环战略，不仅可以一举摆脱依附陷阱，而且让联合其他发展中国家共同打破依附陷阱成为可能。这也充分体现出中国式"超经济突破"模式的世界意义。

以上论述了新中国成立70多年来在多个极为重要的领域所实现的"超经济突破"。作为一种推进整个国家发展战略的主要手段，这种综合了政治、经济、社会、科技和文化多种手段的"事业型"的突破，是中国发展全面取得成功的最重要因素，也体现出中国发展进程中的真实逻辑。实际上，成功实现了"超经济突破"的领域远远不止本书所论述的这几个方面，在其他一些重要领域，如环境保护、科技创新、数字经济、国际合作等方面也莫不如此。

---

① 《共建"一带一路" 开创美好未来》，《经济日报》2022年7月6日。

理论编

「超经济突破」如何超越西方经济学

▸▸▸

西方国家的经济发展从未离开过政治、军事、思想和文化,后发国家想要赶超先发国家,更需要整合各方面的资源,集中力量办大事,推动具有本国特色的"超经济突破"。因此,可以说,各国的经济发展无不是通过不同形式的"超经济突破"推动的。但是,这种常规的、普遍的做法之所以被视为反常的、另类的,以至于不得不创造出新的概念进行特别的解释和说明。如前所述,问题并不在于实践,而在于理论,归根结底是因为西方自由市场经济学这一理论先天就带有理论与实践之间的脱节缺陷。正如熊彼特所指出的,社会过程实际上是一个不可分割的整体,把一个事实称为经济的事实是一种人为的抽象。一个事实决不完全是或纯粹是经济的,总是存在着其他的,并且常常是更重要的方面。所谓经济学,从一开始就把经济与更重要的方面割裂开了,接下来沿着"科学"的方向继续抽象下去,结果就是与现实中社会进程的洪流越来越远。[1]这个理论与实践的割裂,在一个社会进程的确可以称得上是洪流的大型经济体当中尤其显著,例如在中国。

1980年,美国芝加哥经济学派的领军人物、1976年诺贝尔经济学奖得主米尔顿·弗里德曼第一次访问中国。此后的13年里,他又曾于1988年和1993年两次访问中国,自认为其经济理论直接影响了中国的改革开放进程。

第一次踏上中国土地之前,他的那本《选择的自由》繁体中文版刚刚出版,透过他头脑中的"自由意志主义"经济学理论来看当时的中国,这个正在重新向世界开放的古老国度似乎很像是一个等待着西方经济理论在此验证其效力的理想试验田。正如他在日后写的自传中所说:"对中国的三

---

[1] 约瑟夫·熊彼特:《经济发展理论——对于利润、资本、信贷、利息和经济周期的考察》,何畏、易家祥等译,商务印书馆1990年版,第5页。

次访问是我们一生中最神奇的经历之一……我们有一个独特的机会从实践中观察我们一直在理论上倡导的主张——实施自由市场会同时在繁荣经济与促进自由两方面产生作用。"①他对这个前景很自信，以至于早在20世纪80年代初他就公开预言，中国将会复制二战后日本和德国的经济高速增长模式。考虑到当时中国实际的国民经济状况以及中国88%的人口还处在贫困当中，他的这个预测可算是石破天惊。

作为一个有着"经济学家的经济学家"之美誉的理论大师，弗里德曼对中国经济起飞的信心当然主要来自他的自由市场经济学理论。在西方经济学界看来，刚刚开始实行改革开放政策的中国，经济理论几乎是空白，用来作为行动指南的，不过就是邓小平的那两句短语——"摸着石头过河"和"实事求是"。如果理论可以比作武器的话，那么，一旦全套的西方自由市场经济学理论蜂拥而入，简直就好比是当年的列强飞机加大炮对中国"小米加步枪"。

弗里德曼的理论简单而直接：经济繁荣只能通过扩大私有产权和推动自由市场来实现，因此政府必须逐步退出，管制必须逐步解除。他给中国提供的成功范例就是香港。假如中国只相当于一个香港，或与"亚洲四小龙"体量相当的另一条"小龙"，或者更大一些，中国只是今天的广东省那么大，那么，弗里德曼很可能会桂冠加身，在成为世界上最早预测了中国经济高速增长的人之后，又成为在中国的经济表现上最成功地验证了他的经济学理论的人。但遗憾的是，事实并非如此，他即使提前预测了中国的经济起飞，也和绝大多数经济学家一样，并未真正理解他们所预测的这个对象到底是什么、到底有多大的发展潜力。从1980年到2020年，短短40年里中国不仅成为世界第二大经济体，而且将1980年的88%的绝对贫困率

---

① 《弗里德曼自传：三次中国行》，https://www.ruanyifeng.com/calvino/2006/11/milton_fredman_s_autobiography.html。

降到了0！这个数字变化所对应的人口总数相当于整个欧洲的总人口，或者说是将近全世界贫困人口总数的一半。这个人类历史上史无前例的经济社会整体发展和巨大变化，早已超出了各种西方经济学理论对其的解释能力。曾服务于世界银行、专注于解决全球不平等问题的塞尔维亚裔经济学家布兰科·米兰诺维奇曾用一组非常易于进行对比的数据描述了中国近几十年来的国民收入增长：

> 将1亿人口的实际收入翻一番定义为人类福利的一个单位增量（为简洁计，或称为一个"效用"）。这可是一个巨大的数目：比如，美国为了获得一个效用，就必须使1/3的国民收入翻番。那么在过去的30多年里，中国"生产"了多少效用呢？以平均人口过10亿计，因人均GDP增长了12倍，故中国已生产了约38个效用。美国自1950年以来实际人均GDP增长了两倍，而在这段时间内的平均人口是2.2亿，故只生产了不到4个效用。日本从1945年至今生产了18个效用。因而，就提升人类福利而言，中国的表现比美国几乎好出10倍……[①]

米兰诺维奇与他的同事克里斯托弗·拉克纳于在一份世界银行的研究报告中提出了著名的"大象曲线"（The Elephant Curve）（或称"Lakner-Milanovic曲线"），也突出地反映了中国经济高速发展对世界经济的决定性影响，因为曲线中那个高高隆起的大象躯干，主要就是中国的贡献。"就提升人类福利而言，中国的表现比美国几乎好出10倍"，到目前为止，尚无任何"西方主流经济学"理论能够对这一人类有史以来最重大的现象作出解释，更不用说预测了。而且恰恰相反，在有关世界经济的最为重要的几个方面，包括缩小欠发达国家与发达国家之间的国民收入差距、降低全球收

---

① 布兰科·米兰诺维奇：《全球不平等逸史》，李楠译，中信出版社2019年版，第74—75页。

人不平等、减少贫困人口等真正的"提升人类福利"方面,"西方主流经济学",也包括主流的发展经济学,不仅未能提供任何帮助,反而由于"新自由主义革命"政策的冲击,在很大程度上恶化了总体形势。这一点,从"大象曲线"的形状中可以清楚地看出来——类似于大象尾部的10%~15%世界上最贫穷人群,几乎没有从全球化中受益,收入累积增长极小,被"锁死"在极度贫困状态中;与之恰成鲜明对照,从第80到第100百分点类似于翘起的象鼻子的部分,代表全球最富有的人群,在20年里他们的收入增长了60%左右,而全球收入最高的1%人口还有更高的收入累积增加。

经过这一场新冠疫情全球大流行,西方国家整体上应对失败,甚至让一个早在1999年就被创造出来的新词westfailure(西方失败,源自westphalia一词)重新流行起来。与此同时,"新自由主义革命"也再次受到了来自各方面的严厉批评。当西方国家仍然纷纷采取非常规手段,比如"直升机撒钱"这种极端货币政策来应对新冠疫情导致的经济衰退时,人们看到的却只是比2008年国际金融危机时期范围更广、手笔更大的新自由主义式的操作。正如世界经济论坛创始人兼执行主席克劳斯·施瓦布与"每月晴雨表"管理合伙人蒂埃里·马勒雷指出的,疫情加剧了社会不平等,让社会弱势群体不成比例地暴露在健康与经济风险中,这一现象在盎格鲁-撒克逊国家中尤其严重。因为这些国家最热衷于推行新自由主义政策,也就是倡导竞争、忽视团结,强调创造性破坏、反对政府干预,推崇经济增长、抑制社会福利的各种政策。[1]

一方面是中国经济的"神奇实践"稳步走向成功,通过在强国、富民、政商关系、合作共赢等发展战略问题上相继实现"超经济突破",保持了经济的高速发展,并成功进入新发展阶段;另一方面是西方自由市场经

---

[1] 克劳斯·施瓦布、蒂埃里·马勒雷、林子人:《世界经济论坛创始人谈后疫情时代:新冠疫情敲响了新自由主义的丧钟》,https://www.jiemian.com/article/5608056.html。

济学这一"神奇理论"迅速走向失败，西方国家的经济不断地陷入危机。两方面巨大的反差让世界终于来到了这样一个转折点：西方自由市场经济学，这一基于亚当·斯密的学说，经由一大批西方经济学家如弗里德里希·冯·哈耶克和米尔顿·弗里德曼等人大力发展和推广的经济学理论，不仅已经失去了其作为一种对社会经济现实提供解释、预测甚至对经济政策提供指导的基础理论的基本功能，而且已经成为阻碍一国经济平稳健康发展、破坏各国正常经济合作的理论陷阱！新冠疫情迫使严肃的西方学者不得不正视现实：

——在西方世界，国家的作用在过去几十年持续大幅下降。但是这次注定要有所改变，因为我们很难单纯依靠市场化解决方案来应对新冠疫情这般规模的外来冲击。几乎是一夜之间，新冠病毒让人们重新认识了私营领域和公共领域之间复杂而微妙的平衡关系，并且让天平倾向了后者。

——新冠疫情让政府再次变得重要，不仅是再次强大，而且是再次变得至关重要（那些不可一世的企业已经放下身段，祈求政府的帮助）。真正能够发挥巨大作用的是，你的国家能否提供良好的医疗服务，是否拥有强大的政府机构和有效的财政体系。政府能否做到善治，直接决定人的生死。[1]

人们不禁要问：是什么力量让人们容忍"国家的作用在过去几十年持续大幅下降"的趋势？是什么力量让人们相信单纯依靠市场化解决方案即可以应对任何冲击？是什么力量让人们不能及时调整私营领域和公共领域之间的平衡关系？是什么力量让人们接受"不可一世的企业"对社会生活的主宰？是什么力量让人们直到危机造成的破坏已无可挽回才意识到"政府能否做到善治，直接决定人的生死"？

---

[1] 克劳斯·施瓦布、蒂埃里·马勒雷、林子人：《世界经济论坛创始人谈后疫情时代：新冠疫情敲响了新自由主义的丧钟》，https://www.jiemian.com/article/5608056.html。

回顾地看，假如中国也像大多数国家一样想当然地拥抱了西方自由市场经济学的理论，那么可以想象，今天的中国必定不会实现一系列重大的"超经济突破"，而会面临与大多数国家同样的问题，甚至会由于一些固有的原因而陷入更大的危机。这也就意味着，新中国成立70多年来的一系列重大的"超经济突破"实践，事实上正是在避开了西方自由市场经济学本身构成的一系列陷阱，包括去工业化、贫富分化、资本至上、零和博弈等，才最终得以实现的。

本书的主旨，并不在于针对主流经济学理论进行系统性批判，而在于通过揭示西方自由市场经济学对于中国经济发展事实上构成的"陷阱效应"，更清楚地透视中国经济独特的"突破效应"，阐明中国经济自身的深层历史逻辑及其在类型上的独特性。

第五章
新古典经济学构成的陷阱

新古典经济学解释中国经济上的全面失败，早已是一个公认的事实。实际上，自2008年的国际金融危机之后，坚持继续使用新古典经济学理论框架解释现实经济活动的这一部分经济学家已经不能被视为严肃的学者了，他们要么是真的脱离现实、深陷于理论教条不能自拔，要么就是带着某种企图，将这套经济理论当成隐蔽的政治武器使用。长期以来，这一派经济学家在谈论中国经济时，永远不超出这样三句话：

第一句话——中国经济的成功，原因并不复杂，不过就是政府作用越来越小、国有部门越来越小、市场自由越来越大的结果。

第二句话——中国经济若要继续成功，就要继续自由化、放松管制、缩小国有部门；只有市场才是最有效率的，才是唯一合理的资源配置方式；政府管制和国企垄断就是自由市场的对立面，就是经济发展的最大障碍。

第三句话——中国如果不这样做，就不能称为市场经济；中国的经济学家如果不坚持自由市场经济理论，就不能叫作经济学家。

几十年里，此派人物的这套"三句经"从来未变，他们刚从海外留学回来时这么说，目睹了中国经济高速发展的现实后也还这么说，国际金融危机爆发后，中国经济再次"一枝独秀"，他们仍然这么说，新冠疫情导致各国经济负增长而中国再次率先实现"V"形反转，他们还是这么说。他们

第五章　新古典经济学构成的陷阱

就好像没看见不受约束的自由市场给整个社会造成的祸害，就连各种危机后纷纷涌现出的最新经济学观点也都充耳不闻。要让这一批人理解什么是"超经济突破"模式，为什么中国经济必须实现"超经济突破"才能平稳健康发展、抵御危机冲击并实现国家赶超和民族复兴的大目标，为什么中国越来越有能力实现"超经济突破"，而西方国家越来越丧失这种能力等问题，难上加难。其中一些人可能是真的听不懂，另一些人则是装作听不懂。

2020年以来，世界经济一再出现历史急转弯，危机接踵而至，但在中国的经济学课堂上，还在飘荡着这样一些听起来很是"空灵"的声音：

> 穷国和富国的主要区别，其实不在于企业家资源的丰富程度，而在于企业家资源的配置，在于这个国家的企业家资源究竟是用在什么地方。在我看来，中国过去几十年的经济高速增长，主要来自于资源配置效率的提高，特别是企业家资源的重新配置。这是我们两千多年来发生的一个历史性的变化。[①]

而在2022年中国式现代化的概念提出之后，人们又听到了新的说法，大意是：曾经被信奉的经济学原理不合时宜了，一般而言不是这些原理本身过时了，而是时代退步了，历史倒退了。考虑到那些所谓的"经济学原理"在中国并未真正"合时宜"过，这种论点几乎意味着，一些人要抱着他们所坚信的原理，与中国的时代和历史彻底告别了。在他们心目中，除了西方新自由主义所指引的这条"历史的终结"之路，其他的路都是倒退和逆行。这样一种完全不顾现实、固守理论教条的态度，不禁令人们产生这样的联想：他们并非真的忠于他们所信奉的理论，也许他们能够敏锐地

---

① 《张维迎：什么决定企业家资源的配置？》，http://jer.whu.edu.cn/jjgc/3/2021-05-08/5081.html。

133

感知到与这种特殊的理论相联系的另外一些更大的事务，他们会被这种大的事务所吸引，因为那里不仅有学者的荣誉，还隐藏着通往财富和权力的道路。

无论如何，中国经济不可能按照他们的设想发展。历史见证，基于这些人所信奉的新古典经济学在是否要坚持制造业立国的问题上，他们理所当然地代表着"去工业化""服务业优先"的主张；在是否需要走共同富裕道路的问题上，他们理所当然地代表着"效率优先""企业家优先"的主张；在是否需要节制资本的问题上，他们理所当然地代表着"资本至上""市场至上"的主张。总之，在中国经济发展的"突破－陷阱"二元范式上，他们注定会坚定地代表着陷阱一方。因为今天仍然流行的新古典经济学，无论在其他国家的应用情况如何，在中国，这个学派提供的理论确确实实就构成了中国经济在实现"超经济突破"时横亘在突破方向上的各种理论陷阱。

为什么会这样？为什么一种在世界上流行甚广，被视为"显学"的理论在中国经济宏大的实践大潮中不仅完全不能适用而且还会现出其伪理论原形？要理解这个问题，需要重新探求新古典经济学这门学科的本源，看看它到底是一门什么样的学问。

第一节 作为一种"小理论"

首先，新古典经济学实际上并不具有成为一个普遍适用的理论所必需的基本要素，或者说它根本不能作为一种宏大理论而成立。事实上，它是一种只能在很小的范围内解释很小一部分人类行为的"小理论"，或称"低层理论"。这一点，追根溯源，要从亚当·斯密等人所处的那个时代、那

第五章　新古典经济学构成的陷阱

个社会所面对的特殊问题说起。

哈耶克曾在1976年的一篇题为《亚当·斯密在今日语言中的意义》的文章中引用《爱丁堡评论》编者弗朗西斯·杰弗里在1803年写的一段话，来说玥亚当·斯密等苏格兰道德哲学家在创造其理论时，心目中想象的"伟大"目标：

> 从社会史中寻找最简单、最普遍的因素——将几乎所有实在的制度确定为都是某些显而易见的原则自发而不可抗拒的发展，并且证明，大多数复杂的、显然是人为的政策方案的制定，并不需要多少发明和政治智慧。①

哈耶克在连续用了两个"伟大"之后，继续充满崇敬地写道：

> （亚当·斯密）伟大之处就在于他认识到，当人们各自的努力不为周围同胞已知的需求和能力所左右，而是受抽象的价格信号——市场上的各种物品，就是按这种价格被需求和提供着——支配时，他才能够为"任何人类智慧和知识都不足以掌握"的"大社会"这个广阔的领域提供服务。②

说来说去，日后犹如江河泛滥一般席卷了社会科学界的"大学问"——西方自由市场经济学，其最基本的理论范式在亚当·斯密的时代无非就是这样被创立的，那些被提出的、被观察的、被组织的和被解答的问题，全

---

① 弗里德里希·冯·哈耶克：《经济、科学与政治——哈耶克思想精粹》，冯克利译，江苏人民出版社2000年版，第226页。
② 同上。

都散落在这样一个很狭小的问题领域之内。与很多人深信不疑的"伟大"正好相反，这个被无数后代经济学家和经济学爱好者吹捧为可以适用于整个人类社会经济活动的基本规律，其实只是常识范围内的简单规律，而且有着极大的局限性，只适用于很少几个类型的社会。

亚当·斯密等人试图通过"从社会史中寻找最简单、最普遍的因素"以证明"几乎所有实在的制度"都是最简单原则的自然发展，并且证明"大多数复杂的、显然是人为的政策方案"都是故弄玄虚，在为从事这个学术而努力时，他们的视野和格局并不会超越18世纪后期的苏格兰和英格兰社会。他们身处其中并且有所了解的"大社会"，不过就是一个人口只有几百万人，种族构成和社会文化都非常单一的"个别"社会；他自认为很了解并试图从中寻求普遍规律的"社会史"，自"黑死病"之后算起也才只有几百年。这样一个很具体、很特殊的时空范围，在"西方文明"这个范畴内也只是一个小部分，远远谈不上代表全人类和全部人类历史。这种极大的局限性，注定了这种理论在应用于解释和预测中国社会时，自始至终都格格不入。因为相较于18世纪苏格兰和英格兰的那个小社会，自秦汉以来已持续2000多年的中国社会，其宏大、丰富和复杂，是亚当·斯密和他的继承者根本难以想象的。

在中国汉代，司马迁也曾尝试从他所身处的社会以及过往的历史中发现一些基本因素，总结一些基本规律。但是，与亚当·斯密不同，司马迁并未试图将人的经济行为从其所处的政治、社会、文化环境中单独抽离出来，作为某种"显而易见的原则自发而不可抗拒的发展"，并与"政治智慧"相对立。

司马迁首先发现了人追求利益和富裕这个普遍现象："天下熙熙，皆为利来；天下攘攘，皆为利往""富者，人之情性，所不学而俱欲者也""不召而自来，不求而民出之"。但司马迁真正的伟大之处当然并不是像哈耶克所理解的，从逐利、逐富这两点出发，无限扩大到以此代表人类所有行为、构成人类社会的全部"自发秩序"。他真正的伟大之处在于不仅看到了逐利、逐富这一人类本性，同时还看到了这一本性与社会道德秩序之间的冲突。因此，必须对经济活动进行管理，管理的措施可以分为五等，"善者因之，其次利道之，其次教诲之，其次整齐之，最下者与之争"。

受新古典经济学理论思潮的影响，中国学者在分析研究司马迁经济思想时，往往将他在这个方面的论述简单归结为"国家干预主义"，甚至对司马迁明明早于亚当·斯密约1900年时间就已经有了"自由放任主义"思想，却未能将其发扬光大，从而使中国错失了成为自由市场经济学开山鼻祖的历史机遇而惋惜不已。这真是一个莫大的误读。

一个理论并不会仅仅因为抽象化程度更高而获得更大的正确性，对原本密不可分的关系强行加以分离，即使因此而更加理论化和专业化，也并不必然代表"好的"理论可以由此确立。司马迁之后，即1900多年后，匈牙利思想家卡尔·波兰尼在论述经济问题时也特别强调了经济与社会两者之间不可分割的关系。他发明了"嵌含"一词，意在点明经济本身并非如经济学理论所称的是一个自主体，实际上经济必须服膺于政治、宗教及社会关系。他写道："这就是何以市场对经济体制的控制会对社会整体产生决定性的影响，即视社会为市场的附属品，而将社会关系嵌含于经济体制中，而非将经济行为嵌含在社会关系里。"①

但是，波兰尼等人的这种声音渐渐地被掩盖了，大批的经济学家发现了哈耶克等人将"小理论"无限放大后所展现出来的这个新世界。美国经济学家加里·斯坦利·贝克尔代表了20世纪后期新古典经济学的主流观点，被称为第三代芝加哥经济学派领军人物，并于1992年获得了诺贝尔经

---

① 卡尔·波兰尼：《巨变：当代政治与经济的起源》，黄树民译，社会科学文献出版社2017年版，第22页。

济学奖。关于经济学,他是这样表达的:

> 经济学的方法是分析行为的方法之一。它研究的是一种经济、一个社会的运行……一种看待和判断行为的方法。它特别假定在大多数情况下,人们的行为是理性的,在某种意义上,在既定的机会和资源下,人们都试图使自己的利益最大化。当理性的个人都试图这样做的时候,就形成市场,从而使不同家庭、不同企业、政府及其他参与者的资源都按市场价格进行协调。这就是经济学方法,用于分析人类行为的方法。①

这段话很典型,很能代表这一派经济学家的"经济学帝国主义"态度。前半段话的意思没什么问题,经济学理论可以通过理性假定而成为一种分析工具,作为"一种看待和判断行为的方法",也可以认为一群始终保持理性行为的人可以共同构成一个"市场"。但是比这个单纯模型更复杂的任何情况都不能再应用这个简单理论了,因为将每个人都视为理性的并始终保持理性行为这个假定太强了,人类社会的经济活动现实,无论从哪个方面看,都远比这个想当然的假定要复杂得多。"不同家庭、不同企业、政府及其他参与者的资源都按市场价格进行协调",是任何一个社会在任何一个时代都从未发生过的事。而最后一句,将经济学径直上升到"用于分析人类行为"的方法论的高度,正是贝克尔等人长期以来的学术努力方向。

无论是司马迁的"求富有正道,奸富不可取",熊彼特的"一个事实决不完全是或纯粹是经济的,总是存在着其他的,并且常常是更重要的方面",还是波兰尼的"将经济行为嵌含在社会关系里",这些对于经济学适

---

① 高小勇主编《为什么是中国:诺贝尔经济学大师眼中的中国与中国经济》,贵州人民出版社2017年版,第68页。

用范围最重要的约束，都莫名其妙地消失在了将经济学方法用于分析人类行为这一虚妄企图之下，更不用说将这种理论应用于作为大国发展战略的"超经济突破"了。

一个"小理论"，不具备基本理论要素也无力指导实践的理论，如何在亚当·斯密之后的200多年时间里，被一代又一代的学者沿着"伟大"理论的方向推波助澜、逐级放大，直到成为一个蔚然成形的"显学"？这是围绕新古典经济学的另外一个问题，即"小理论"在某种情况下产生了大影响。

第二节　作为一种"坏主意"

新古典经济学理论之所以被无限放大，最终成为无人不知、无人不受其影响的一股思潮，其中一个原因是诺姆·乔姆斯基发现的一个"坏主意"现象。乔姆斯基在1998年发表的一篇批判新自由主义的文章中，引述了伦敦皇家国际事务所"代表性的人物"鲍尔·库格曼提到的几个观点，其中一个观点是：新自由主义推行的经济发展政策主要是建立在"坏主意"基础之上的，而"坏主意"之所以盛行，是因为它们符合权力集团的利益。很多关于经济发展政策的"坏主意"也许不能达到目的，但它们总可以成为那些"总建筑师"的妙主意。这些"总建筑师"总是试图按照某种理论将经济发展的实验做得很好，但实验的主体经常遭受打击。乔姆斯基举了200年前印度的例子，他写道：

当时的英国统治者在印度建立了"永久殖民地"，准备做一些不同凡响的事情。40年后，实验的结果由一个官方委员会进行评估，得到的结论是"精心策划建立的殖民地,很不幸地使下层阶层受尽了无穷的压迫",造成的悲惨结局"在整个贸易史上都难以找到可以与之比拟的事例",因为,"在印度平原上堆满了纺织工人的白骨"。[①]

乔姆斯基讲的这个事例,指的是18世纪末英国棉纺织业革命爆发后,为了弥补机械化制造业的需要和前现代农业所能提供的供给之间的鸿沟,英国在印度实行的以强行获取土地和劳动力为目的的一系列帝国主义政策。众所周知,英国的不列颠群岛不生产棉花,亚洲、非洲和美洲各地才种植棉花,因此英国棉纺织业制造商的原料,甚至包括技术,完全依赖进口。为了取得原料,也为了获得市场,英国人必须建立一个整合全球资源的制造行业。一位历史学家写道,"从18世纪80年代开始,他们形成了一个实力雄厚且影响力巨大的压力集团,致力于使各地种植者以及英国政府认识到他们的要求"[②]。印度人的悲惨故事就是在这个"要求"之下发生的,因为对原棉这种当时被称为"白色黄金"的需求,就是对殖民地土地和劳动力的需求,而飙升的原棉价格和扩张的纺织品市场,只有全面的奴隶制才能作出与之相匹配的响应。斯文·贝克特写道:

奴隶制不仅可以在非常短的时间内动员大量劳动力,而且催生了以一种暴力监督和几乎无休无止的剥削为特征的体制,只为了满足作物种植的需要,用经济学冷冰冰的术语来说这就是"劳动密集型"[③]。

[①] 诺姆·乔姆斯基:《新自由主义和全球秩序》,徐海铭、季海宏译,江苏人民出版社2000年版,第10—11页。
[②] 斯文·贝克特:《棉花帝国:一部资本主义全球史》,徐轶杰、杨燕译,民主与建设出版社2019年版,第138页。
[③] 同上书,第143页。

第五章　新古典经济学构成的陷阱

如何才能将罪恶的奴隶制装扮成合理合法而且"自由"的"劳动密集型"产业？将野蛮的奴隶主装扮成合理合法而且"自由"的"经济人""企业家"？将赤裸裸的殖民掠夺装扮成合理合法而且"自由"的国际贸易？自由市场经济学理论大展身手的时代就这样到来了。可以说，没有为现代奴隶制打掩护这个重大的"历史任务"，经济学这个"小理论"原本是没有机会一路上升到具有帝国主义性质的"显学"这种地位的。就这样，背负着创建"第二次奴隶制"这一重大"历史任务"的"坏主意"，开始像瘟疫一样在印度流行：一方面杀人无数，祸害无穷，制造出无数的奴隶和他们的累累白骨；另一方面却在一小群人当中制造了奇迹般的成功。当时英国的印度总督评论说：

> "永久殖民地"在某些方面和关键要素上的确是失败的，但它也有成功之处：至少，它创造了很多富有的土地拥有者，他们对英国的持续统治抱有浓厚兴趣，并且已经能够实行对印度人民的绝对控制。[1]

对印度人民的绝对控制，指的就是英国人通过经济政策对无数印度"合同制工人"的控制，这是所有"成功"的前提，因为这些被经济学理论归入"劳动密集型"产业类别中的劳动力人口，实际上起着与早期的奴隶人口同样的作用。

除此之外，英国的印度总督还有一些事情没有提到。在印度的经济政策实验中展现出来的其他几个方面显而易见的好处是：第一，在印度的英国投资人群体通过这些经济政策实验而大发横财；第二，印度作为一个经济体，为英国的出口产品提供了一个排他且专享的市场，同时还负担了英

---

[1] 诺姆·乔姆斯基：《新自由主义和全球秩序》，徐海铭、季海宏译，江苏人民出版社2000年版，第11页。

国40%的贸易赤字；第三，印度还成为向中国出口鸦片的主要基地。

18世纪与19世纪之交在印度发生的这个具体事例，是此后一系列类似事例的开始，因为这种加入了"科学"理论的巧取豪夺对于一些人来说是一种新游戏，仅仅通过一系列"坏主意"就可以大肆榨取一个殖民地的财富，在创建"第二次奴隶制"并导致"下层阶层受尽了无穷的压迫"的同时却不会受到批判，这很神奇。从此以后，罪恶之手可以轻而易举地漂白了，最悲惨的经济灾难也可以得到高深莫测的"科学"理论辩护。历史证明，这种绝妙的"坏主意"实验，极大地刺激了近200年来一代又一代的英国和美国经济学家。通过这些人的妙笔生花，"坏主意"一批又一批地从大学和研究所里流出，在诺贝尔经济学奖的大力推动下，以"作为一门科学的经济学理论"的名义畅行天下。

二战后，美国取代了大英帝国成为新的全球帝国，与当年的印度作为大英帝国的财富之源一样，资源丰富的拉丁美洲成了美国的财富之源。于是，曾经用在印度身上的"坏主意"便理所当然地用在了巴西、阿根廷、墨西哥等国家身上。乔姆斯基写道：

> 从1945年开始，美国就将巴西作为"牢固地建立在资本主义基础上的、为实现工业发展的现代科学方法的实验场"。进行这个实验的意图是好的，外国投资商受了益，但是策划者"衷心地相信"巴西人民也会得到收益。用商业报刊的话来说，巴西在军事统治下成为"国际商业社会的拉丁美洲宠儿"，对此我无需描述它是怎样受益的；而世界银行的报告却说，三分之二的巴西人没有足够食物来进行正常生活。[①]

---

① 诺姆·乔姆斯基：《新自由主义和全球秩序》，徐海铭、季海宏译，江苏人民出版社2000年版，第11页。

第五章　新古典经济学构成的陷阱

尽管在二战后的时代，人们不会看到巴西平原上堆满工人的累累白骨这种景象了，但贫富分化的程度是类似的。在美国，巴西政策被吹嘘为"一个真正的美国式的成功故事"的时期，商业利润连年翻番，但事情的另一面是：已经属于世界最低工资水平的巴西工人工资又下降了20%；联合国2020年发布的《人类发展报告》，在人类发展指数排名中将巴西排在了阿尔巴尼亚之后。乔姆斯基说："要理解巴西取得的这一成就，人们必须记住，它曾经长期被认为是世界上最富有的国家之一，具有巨大的优势，其中包括美国对其近半个世纪的统治和管理；当然这些优势同样又在无意中满足了少数人的利益，而使民众处于水深火热之中。"[①]

实际上，自新古典经济学开始大行其道以来，诸如200年前的印度和二战后的拉美这样的经济政策实验就开始到处上演了，结果也都大同小异——"无意中满足了少数人的利益，而使民众处于水深火热之中"。当然这并不是说新古典经济学理论就是为了产生"坏主意"而发展起来的，但那些在世界各地到处制造出坏结果的"坏主意"，的的确确都是以这种本不该享有"显学"地位的"小理论"作为理论基础的。既然理论基础与"坏主意"本身密不可分，那么就可以说，新古典经济学理论之所以大行其道，也正是因为这个理论符合权力集团的利益。

就是这样一个在历史上作为一种"坏主意"问世的理论，一旦被全面应用到当下的中国，那么中国经济作为一个整体，除了重蹈200年前的印度或100年来的巴西的覆辙，难道还会有其他命运吗？难道还会有什么特别的奇迹让中国不受"坏主意"伤害，阻止少数人权力集团对大多数人的掠夺吗？如此看来，这不是一个将中国经济推向印度化或巴西化的陷阱又是什么呢？更直白地说，如果美国带有重建一个更大的巴西、将中国作为

[①] 诺姆·乔姆斯基：《新自由主义和全球秩序》，徐海铭、季海宏译，江苏人民出版社2000年版，第12页。

最新的一个"牢固地建立在资本主义基础上的、为实现工业发展的现代科学方法的实验场"这样一个战略企图,那么,本身就是服务于这种"坏主意"的经济理论怎么可能不在中国大行其道呢?

第三节　作为一种"反政府理论"

2016年5月,国际货币基金组织(IMF)的3位经济学家在该机构最新一期刊物《金融与发展》上发表了一篇题为《新自由主义:已超卖?》的论文,对"新自由主义"经济政策提出了批评,呼吁各国政府重新考虑财政紧缩和对外资开放这两个重要经济政策的适用性。文章一出,立即引发轩然大波。因为IMF正是当年力推这些政策的重要参与机构之一。[①]

这篇文章的3位作者开宗明义,直接给出了结论:部分新自由主义的政策并没有实现经济增长,反而加剧了不公平,进而危及了经济体量的持久扩大。文章认为,在新自由主义提倡的金融贸易自由化当中,资本流入的确有助于经济发展,比如外商直接投资。但证券投资及债务类资金流入对一个国家的经济发展没有帮助。同时,开放资本账户等金融市场化手段则会导致经济波动加剧,令金融危机更加频繁。也有研究显示这与社会不平等有关。有足够证据显示,开放资本流动需要付出巨大代价。文章提供的统计显示,自1980年以来,在超过50个新兴市场经济体中,出现过大约150次的大规模资本流入,其中约有20%以金融危机告终,大多与产出大

[①] 新自由主义的政策理念,集中体现在1989年诞生的"华盛顿共识"中。"华盛顿共识"是一整套针对当时陷入经济困境的拉美国家和东欧转轨国家的政治经济理论,主要包括压缩财政赤字、重视基建、降低边际税率、实施利率市场化、采用具有竞争力的汇率制度、实施贸易自由化、放松对外资的限制、实施国有企业私有化等十个方面。提出者是美国,参与者为国际货币基金组织、世界银行、美洲开发银行和美国财政部的研究人员。

幅度下降有关。

考虑到新古典经济学在为新自由主义经济政策提供理论说明乃至哲学基础方面付出了多少宣传方面的努力、制造了多少貌似真理的说辞、改变了多少人的思想观念，以及最终导致了多么严重的经济后果、损害了多少普通民众的切身利益，IMF经济学家的这篇文章对于新自由主义政策的批判，简直不像是批判，倒像是文过饰非、敷衍了事。

文章没有提到的真实世界是：正是在"新自由主义革命"狂飙突进的近半个世纪里，世界范围内的贫富两极分化达到了惊人的程度。联合国发布的《人类发展报告》早在20世纪90年代中期就拉响了警报。1996年世界上最富裕的358个人的资本净值"相当于世界最贫穷的45%的人（23亿人）的收入之和"。1998年世界上最富裕的200个人在过去的4年里资本净值翻了一番，超过1万亿美元，而其中最富裕的3位顶级富豪的资产超过了全部最不发达国家及它们的6亿人口的国民生产总值之和。发达国家内部也是如此，在最近的30年里，90%的美国人口总收入增长了约15%，而1%最富人群的总收入则增长了150%！[①]

文章没有提到的真实历史是：2008年国际金融危机爆发，对新自由主义的反思和批判应声而起。2008年7月，诺贝尔经济学奖获得者约瑟夫·E.斯蒂格利茨以《新自由主义终结了吗？》为题发表文章，他写道："新自由主义不再讨人喜爱了……在四分之一个世纪里，发展中国家相互竞争，但胜负已定：那些实行新自由主义政策的国家，没能赢得增长大奖。"他指出："自由市场这套说辞一直在被有选择地运用——当符合某些特殊利益时就拥抱，不符合时就不提。""新自由主义的市场原教旨主义始终一套服务于某种特殊利益的政治学说，它从来没有得到过经济理论的

[①] "The Price of Inequality by Joseph Stiglitz Review," https://business.columbia.edu/sites/default/files-efs/imce-uploads/Joseph_Stiglitz/Price%20of%20Inequality%20for%20Sustainable%20Humanity.pdf.

支持。"①

文章没有提到的更深的一层是：一直以来，新自由主义以经过精雕细琢的新古典经济学为其经济理论基础，一大批"芝加哥学派"学者和诺贝尔经济学奖获得者，在几十年的时间里创造出一套又一套新古典经济学理论模型，让新自由主义理论体系看起来如同科学真理一样。然而，面对如下追问，那几根最主要的经济理论支柱顷刻倒塌：银行作为追求利益最大化的机构，依照最纯粹的市场规则经营，为什么未能实现整个人类社会的共同福祉呢？当今不受规制的金融市场是最自由的市场形式，被最先进的经济理论证明具有自我矫正的功能，怎么可能遭遇如此重大的麻烦呢？既然宣称"政府就是问题本身"，政府对市场的干预越少越好，那为什么金融危机期间银行要跑去政府那里索求巨额资金，央求政府把他们从困境中解救出来呢？

早在2005年就著有《新自由主义简史》一书的大卫·哈维认为，新自由主义本质上就是一个"阶级项目"（class project），是国际垄断资本集团在经历了二战后政治上的社会民主主义和经济上的凯恩斯主义的双重压制之后，借助20世纪70年代的经济危机实施的一次强力反扑，使其阶级统治权力得到恢复。乔姆斯基和罗伯特·迈克杰斯等人的看法也与之类似，认为新自由主义就是"这样一些政策和过程：相当一批私有者能够得以控制尽可能多的社会层面，从而获得最大的个人利益"②。在任何一个正常和健全的当代社会，企图实现这一点都是非常困难的；因为只要是真正基于民主和共和原则而建立的政府、一个真正体现"权为民所赋，权为民所用"的政府、一个真正以"为人民服务"为宗旨的政府，都不会允许一个阶级剥削

---

① "The End of Neo-Liberalism？，"https://www.project-syndicate.org/commentary/the-end-of-neo-liberalism.

② 诺姆·乔姆斯基：《新自由主义和全球秩序》，徐海铭、季海宏译，江苏人民出版社2000年版，第7页。

第五章　新古典经济学构成的陷阱

压迫另一个阶级的"阶级项目"发生。

所以，新古典经济学在为新自由主义经济政策提供理论基础的时候，就一定要包含抵制政府、抵制公权力、抵制国家的功能建构方面的内容，就一定会用"政府就是问题本身""取消管治""国退民进"等口号作为行动指引。当然，新古典经济学作为一种理论，不会在表达上直接使用这些口号，它的功能是让这些口号可以从它那些理论中自然而然地引申出来。举例来说，哈耶克在为他的信徒准备其反政府武器时，并不直接攻击政府本身，因为在某种情况下，政府也会被改造成为落实"坏主意"的有效工具。他会巧妙地选择"计划"这个政府体现其统筹协调、综合平衡等重要功能作为靶子，因为少数私有者的"阶级项目"最为敌视的，就是政府在全社会进行统筹协调和综合平衡的总体计划。哈耶克将"计划"的概念置于自由主义者和社会主义者之间的意识形态争论当中，并对"计划"一词的不同含义作了区分。他强调，自由主义者和社会主义者各自所说的"计划"，不是同一个概念。前者是每个人、每个机构和每个政府都有的那种希望尽可能合理地处理共同问题、尽可能运用可获得的预见的那种一般意义上的计划，这种计划只有好的和坏的、聪明的和愚蠢的之分，严肃的经济学家并不反对这种计划。但是，社会主义者认为这种计划远远不够，也不能算是计划，他们要的那种计划是"按照一个唯一的计划对一切经济活动进行集中管理，规定社会资源应当如何以一种明确的方式被'有意识地用于'为特定目标服务"。这种计划必须根据某种自觉构造出"蓝图"，对整个社会的全部活动进行集中管理和组织。[①]哈耶克表达得很清楚，意思就是部分人群的个别计划是好的，关于整个社会的总体计划是坏的，前者可以有，后者不能要。但为什么不要总体计划呢？哈耶克提出的理由是，

[①] 弗里德里希·奥古斯特·冯·哈耶克：《通往奴役之路》，王明毅等译，中国社会科学出版社1997年版，第39—40页。

社会主义者并未能够证实"这是处理我们的事务的唯一合理的方式"[①]。

　　大多数新古典经济学的理论家没有这么高明，他们通常会忍不住地直接推出各种反政府、反管治、反统筹协调的理论，以至于另外一些经济学家为了反对这些"坏主意"不得不几十年如一日地重申一个极为浅显的道理：政府在经济发展中是具有重要作用的。例如斯蒂格利茨，这位2001年诺贝尔经济学奖的获得者，早在20世纪90年代担任克林顿政府的首席经济顾问期间，就从当时已被称为"东亚奇迹"的东亚经济发展模式中观察到了政府的重要作用。他在1996年8月世界银行的《研究观察》杂志上发表文章宣称：政府对促进经济增长负有主要责任，不应"迷信"市场的功能。受到很多类似观察的影响，同一年的联合国《人类发展报告》也强调了政府决策在传播技术和满足社会基本需要中的重要性，并把其看作"维持经济增长的跳板"。自此以后，斯蒂格利茨几乎年年都要重复关于政府作用的观点。即使在亚洲经济遭受了金融危机和市场疲软的严重打击之后，他仍然强调，目前东亚的危机并不能否认"东亚奇迹"，他认为基本的事实仍然存在，即世界上没有任何一个地区能够在短时间内使得收入水平急剧增长，并使如此多的人摆脱贫困，这是史无前例的成功，而这种成功主要得益于这些国家"政府的积极参与"。

　　当然，这种强调并不是在"东亚奇迹"之后才开始的，事实上，在新古典经济学诞生和成长的历史上，人们对它的批判始终没有停止过。例如，波兰尼、罗素、爱因斯坦等人也都曾从不同角度提出了他们的批评意见。

　　波兰尼的《巨变：当代政治与经济的起源》一书出版于二战期间，他当时就指出，自由市场经济学家所宣扬的"自律性市场"本质上是一个全然空想的社会体制，这样的一种诉诸人性本质及自然本质的乌托邦

[①] 弗里德里希·奥古斯特·冯·哈耶克：《通往奴役之路》，王明毅等译，中国社会科学出版社1997年版，第40页。

制度，实际上无法存在于任何时期，而且它会摧毁人类，并将人类的生存环境变成荒野。他指出，现代经济学理论建构于谎言之上，因为它故意混淆土地、劳动力与金钱这些虚拟商品与那些为市场销售而生产的真实商品之间的区别，辩称这两种不同性质的商品按同一规则运作，是一种会带来致命后果的诡辩，会将人类社会推向危机。而政府的作用主要就是管控土地、劳动力与金钱这些虚拟商品，并成为这三个最重要市场的核心。

在2017年再版的《巨变：当代政治与经济的起源》一书中，斯蒂格利茨写了一篇序言，这位当时的世界银行首席经济师说道："然而，今日学术界已无人会支持自律性市场必导向高效率且均匀的资源分配这一论点。只要在信息不全或市场机制不完整的状况下（这可以说是全球常态），国家的干预就必然存在，以有效改善资源分配的效率。时至今日，吾人已能采取较为公允的立场，即承认市场的力量与限制，以及政府在经济治理上所扮演的必要角色。"

那些"原教旨主义"的新古典经济学理论家肯定不能入围斯蒂格利茨所说的"学术界"，也不能与斯蒂格利茨们并称为"吾人"，因为他们决不能承认政府干预可以"有效改善资源分配的效率"，否则他们的社会地位、既得利益甚至那个不便明说的"政治前途"就都没了。

斯蒂格利茨的文章中还提到"经济学与经济史学界都已认可波兰尼中心意旨的正确性。但公共政策，尤其反映在'华盛顿共识'中认为发展中国家及其经济改革应如何达成巨变的政策，却对此视若无睹。如前所述，波兰尼揭发了自律性市场神话的真相，人类史上从未有过真正自由的自律市场。即便是今日高度工业化的国家，在其转变过程中，政府都曾扮演积极的介入者的角色，不但以关税保护其工业，也保护其新兴科技"。

"假若波兰尼今天撰写本书，将会有更多证据支持其结论。譬如，在当今世界发展最快速的东亚地区，政府都扮演着中心的角色，明确或隐微地表明保存社会和谐的重要性，不只保护社会与个人资本，同时更加以提升。在此区域，不但可见快速经济成长，也同时可见贫穷明显减少。假若共产主义在苏联和东欧的失败，证明市场制的优越性胜过社会主义，那么东亚的成就也充分证明，一个政府积极参与介入的经济体，绝对优于自律性市场。"

综上所述，新古典经济学，或称自由市场经济学，或称亚当·斯密经济学，无论表面上看起来多么像"科学"理论，也无论被多少人当作"伟大"思想来追捧，其实不过就是不属于任何国家、不服从任何政府的少数人权力集团的一种理论工具，不仅对于大多数国家来说是不适用的，而且对于任何作为一个整体的经济体来说都是有害的。由于它的"成功"总是与某些特别的"权力集团"的利益关系相联系，总是导致剥削关系的产生并严重地撕裂社会，从社会主义者的角度看，本质上就是围绕着经济政策的各种"坏主意"而存在的一套理论。之所以表面上看起来很像是"科学"理论，不过是因为有人一直激励学者大量制造理论；之所以受到很多人的追捧，不过是因为有人一直推动和操纵它的广泛流行；而之所以有人一直在做这些事情，正如乔姆斯基所说，不过是因为这套理论"符合权力集团的利益"。

2017年，一位曾在三大洲多个发展中国家大学任教长达20年的英国学者约翰·拉普利（John Rapley）出版了著作《货币之神的黄昏》，在这本书中，作者讲述了经济学是如何成为一种新宗教的故事。在作者看来，随着经济学越来越披上科学的外衣，它就越来越不是一门科学；随着经济学越来越试图指导人们生活的一切行为，它就越来越像一种宗教。作者将亚当·斯密、约翰·凯恩斯、米尔顿·弗里德曼等人比喻为宗教先知，近两个世纪以来，这些"先知"试图让人们相信他们的经济学理论中隐藏着

第五章　新古典经济学构成的陷阱

人们一直在寻找的密码,掌握了这些密码的人们会踏上通往应许之地的道路。然而,作者将经济学比作新宗教的本意,不是要贬低经济学,而是要指出它的危险性。在他看来,经济学家不仅是规律的观察者,也是规律的创造者。如果政府当真接受"经济学教士"的怂恿,改变社会的激励机制,使之与人们自私的心理相一致,那么人人都会变得自私起来;如果人人都被灌输了贪婪是好的、自私是美德之类的想法,那么他们也就很可能会按照这样的准则生活。而在西方国家,这些"经济学教士"恰恰就是这样做的,他们在政客和公众之中发展一波又一波的经济学信徒,就像在一个基督教教区发展教徒一样。

从拉普利的这个角度看,也可以理解为什么这套东西在中国不可能像西方国家那样盛行一时。对于像中国这样一个巨型经济体来说,一旦任由这套理论全面渗入政治系统当中,就会对政府施政产生严重的干扰。正如拉普利所指出的,只要谨记经济学的目的是什么,它能做什么、不能做什么,人们就能用好这种力量。在具体的实践中,从这套理论中发展出来的大量分析工具,还是有一定实用价值的,对于一些边界清晰、内部关系相对简单的局部经济活动,可以提供较好的解释和预测。甚至在一些较小的、较发达的经济体中,关于市场的新古典经济学基本假设也在很大程度上是成立的。但是一旦所面对的经济体大到一定的规模,其中所包含的社会关系和政治关系复杂到一定的程度时,其适用性就大大降低了,其固有的危险性和破坏性就暴露出来了。

这个问题也可以借用经济学家中更有良知的少数人的论述来说明。美国经济学家罗伯特·索洛因经济增长理论和"技术变化与总生产函数"而闻名,并于1987年获得诺贝尔经济学奖。关于一种经济学理论模型,他特别强调,一定要将其视为一种"寓言"。他解释道:

中国经济发展的逻辑

  一则寓言之所以成为寓言,不是因为它的确是真实的,而是因为人们把它讲述得很好。即使是一则讲述得很好的寓言,它的适用性也是有限的。一个简化的故事,总是以一些不言而喻的或明确的假定为基础。对于寓言竭力要表达的论点来说,这些假定也许对它们没有什么影响。这正是使寓言成为可能的东西。但当这些假定对它们的确有影响时,这种寓言又可能将人们引入歧途。经济生活中总会有一些方面是任何简单的模型无法涵盖的。因此,会存在着一些根本就没有得到说明的问题。更糟糕的是,会有一些看起来得到了说明的问题,但这种说明却在传播错误。有时候,很难把这两种情况区别开来。任何人所能做的,是真正争取将寓言的运用限制在它不会使人误入歧途的范围内。[1]

  遗憾的是,并没有哪个大学的经济学课程会把索洛的这段话作为第一节课的开场白,以便让学生知道他们接下来将要听到的内容与其说是"科学",不如说是"寓言",而且稍有不慎就会被引入歧途。好在中国这个巨型经济体是一个真正的社会进程的洪流,即使充斥着各种经济学伪理论,也不会造成太大的负面影响。而中国的经济正是通过"超经济突破"实现更均衡、更健康、更可持续的发展,从来没有发生像西方国家那种经济对社会的"反噬",这也是观察和理解中国经济明显区别于其他中小经济体的主要视角之一。

---

[1] 罗伯特·M.索洛:《经济增长理论:一种解说》,胡汝银译,上海三联书店、上海人民出版社1994年版,第2页。

第六章
发展经济学构成的陷阱

西方的发展经济学立意很高，抱负很大，它勇敢地直面这样一个巨大的现实——世界上各个不同国家、不同社会群体或不同阶层，相互之间存在着生产力和收入水平的巨大差异，而且这种差异长期存在。发展经济学试图通过对那些发达国家的成功经验进行总结和概括，告诉人们存在这些差距的原因，再开发出一套范例和政策工具，指导各个发展中国家如何实现经济发展、如何赶超发达国家。从表面上看，这套理论应该是"好主意"了。发展经济学致力于在不同国家间进行横向比较，特别是通过大量经济数据进行分析，有很多专业分析工具。但是问题还是不可避免地出现了。首先，在归类为发展经济学的早期著作中，作者所说的"落后国家"或"后发国家"并不包括广大的殖民地国家，主要是指在英国工业革命和法国大革命这"两座火山"爆发之后，被英国和法国两个突飞猛进的工业国甩在了后面的其他一些刚刚开启工业化进程的国家，如德国、意大利、俄国、日本等。所以，根据这些著作所形成的发展经济学理论主要是针对这些国家如何加快经济发展并实现赶超的理论。正如国务院国资委研究中心副研究员周建军在他2019年出版的《赶超的阶梯：国企改革和产业升级的国际比较》一书的前言中所说的：

（发展经济学中）最有影响力的经济学家当以美国开国财长汉密尔顿、德国经济学家李斯特、奥地利籍哈佛大学教授熊彼特、俄籍哈佛大学教授格申克龙等为代表。汉密尔顿、李斯特、熊彼特和格申克龙，分别以《关于制造业的报告》《政治经济学的国民体系》《经济发展理论》《经济落后的历史透视》等传世名作，推动了不同历史时期对于经济赶超问题的讨论甚至实施。

二战后，前殖民地纷纷独立建国，受到发展主义思潮影响，整个世界分为发达国家和欠发达国家两大"板块"。这时，被视为欠发达国家的亚非拉中心地区前殖民地国家，变成了真正的"落后国家"。这些国家相对于整个发达国家集团的落后，与德意俄日等国在18—19世纪相对于英法美等先进国的落后，完全不可同日而语。从历史上看，前殖民地国家可以说是三重落后的叠加：首先是被英法两个最先开始工业化的国家拉开了距离；接下来由于没有顺利启动工业化进程便开始遭受包括"后期现代化国家"在内的各个工业国的殖民侵略和剥削，被新老工业国一起当作了殖民地；再接下来，即使到了二战后的和平年代，也由于未能实现快速追赶而继续遭受先进工业国在经济、技术、文化上的"新殖民主义"侵略与剥削。这些国家由此而形成了一种三重落后叠加、距离越拉越大的"绝对落后"。这可以说是世界范围内发展主义所必须面对的最大的现实，任何号称研究发展问题的经济学都不可以忽视这个现实。

但是令人不解的是，主流的经济学家都不正视这个现实，他们似乎假定无论是老的殖民主义还是二战后的"新殖民主义"都未曾发生过。他们把历史割断，把世界各国放在一个从现在作为T0[①]的起点上，把所有人均收入较高的国家（不分大小，也不论历史长短）做成一个板块，把所有其

---

① T0，数字用语，代表时间为0的计时起点。

他国家（不分大小，也不论历史长短）并成另一个板块，然后动用各种数据分析工具进行对比研究，并命名为发展经济学。例如，在一项由美国宾夕法尼亚大学和加拿大西安大略大学几位经济学家作的专题研究中，研究者将中国与印度、巴西、墨西哥等几个同为人口过亿的发展中国家放在一起，用同一个统计表格将一系列与经济发展有关的数据填进去，其中包括人口数据，资源、能源和环境数据，经济产出数据，支出分配数据，经济结构数据等，然后进行各种对照比较，并运用一些经济学理论对其中的差异作出解释。[①] 这样做的理由，正如项目作者所说，"我们的调查把发展经济学视作一个透视镜，通过它可以看到中国有力而不完善的发展。我们通过观察发现，最近中国某些发展方面偏离了主要发展模式的标准特点。这一发现确保了中国在未来几十年会继续向发展经济学提出建设性的挑战"[②]。

　　这就是发展经济学典型的思维方式：设定一个东西为"主要发展模式"，所有发展中国家的经济发展都应该向这个模式靠拢，否则就是"偏离"。那么，这个模式是从哪里来的呢？当然就是从西方发达国家的经济发展中总结归纳出来的。所以，发展经济学的中心任务，就是找出发展中国家经济发展过程中的那些不符合发达国家经济发展"标准"的地方，然后按照经济学家的建议加以改正。也许这种思维方式以及由此产生出来的政策建议或多或少有些道理，从"后期现代化国家"的角度看，只要少一点亚当·斯密的自由放任、多一些弗里德里希·李斯特的贸易保护主义和亚历山大·格申克龙的政府推动作用，也就真的是一种可以指导赶超战略的正确理论了。但是可以肯定，从那些在二战后越来越"绝对落后"的第三

---

　　① 劳伦·勃兰特、托马斯·罗斯基：《伟大的中国经济转型》，方颖、赵扬等译，格致出版社、上海人民出版社 2016 年版，第 21—55 页。
　　② 同上书，第 50 页。

世界国家的角度看，这种发展经济学无异于虚无缥缈的"空中楼阁"。

第一节　虚假的标准

在"经典"的发展经济学中，经济发展的理念是从经济增长这一现实中衍生出来的，经济增长带来了"进步""进化"等观念，又逐步综合成了一种以经济增长为核心的同时带动制度变革和社会进步的经济发展理念。而这一过程首先是在欧美"先发"国家中发生的。

根据熊彼特的经济发展理论，一国的经济进入了"经济发展状态"，是指该国长期"循环流转"的经济静止状态被打破，生产过程不再是总收入等于总支出的循环往复、周而复始，而是由于不断有生产要素和生产条件的新组合进入生产体系，新的生产函数得以建立，导致经济结构不断发生"创造性破坏"的内部革新，促成了连续不断的"产业突变"。在这种持续变动的状态下，生产活动的总收入持续大于总支出，企业持续获得利润、资本持续获得利息，整个国家的经济开始持续发展。[1]

被熊彼特等经济学家当作一个不言自明的真理的是："经济发展状态"一定是在"资本主义社会"中才会发生的。这个"社会"具有如下几个特征：第一，生产与消费分离，经济活动中的大部分甚至全部，都由以获利为目的的资本投资所驱动，整个经济高度依赖资本投资；第二，社会被经济反噬，为了形成资本，各种社会制度都转化成为资本服务的制度，也就是将各类不同资产转换成资本的制度，如资产所有权界定和转让、资产价值测算、资产交易市场等制度；第三，资本与劳动分化，资本和劳动两者

---

[1] 约瑟夫·熊彼特：《经济发展理论——对于利润、资本、信贷、利息和经济周期的考察》，何畏、易家祥等译，商务印书馆1990年版，第72—77页。

都因为与具体的经济活动相分离具有了抽象性和流动性，在原则上能被投入任何可获得报酬的经济活动中；第四，危机成为常态，企业对利润的无度追求导致道德和法律的约束一再被打破，人们对市场运作的信心一再发生动摇，经济的稳定发展反而成为危机周期中的短暂例外。[①]

困境就是这样出现的：一方面，一国的经济状态必须不断发生变动，不变动就没有经济发展，而没有经济发展就没有社会变革和进步，也就没有持续的工业化和现代化，因此必须采取各种政策措施促使经济状态发生不断的变动。另一方面，资本主义作为促成经济变动的一种最主要的形式或方法，虽然可以通过自由竞争刺激企业内部革新、产业突变、结构升级的持续发生，但同时也带来一系列负面效应，包括贫富分化、劳资对立、道德沦丧、危机频发，这已经为世界各国无数历史案例所证明。

从理论上看，如何摆脱这个困境属于一个典型的社会科学问题。围绕经济发展这个好事和资本主义的负面效应这个坏事两者之间的矛盾，人们运用科学方法应该可以找到一种能够扬长避短、趋利避害的，既要经济发展又不要经济危机和社会危机的最佳模式。但在现实中，这成了一个天真的幻想。因为在资本主义社会，特别是在西方自由民主这样一个政治制度安排下，不同利益集团、不同政治党派的私利高于一切，并不存在一个全社会共同寻求最正确或最适合的经济发展模式的公共意志。换句话说，在这样的社会里，所谓"好的"经济政策都只是相对于不同人群而言的，而且这些政策往往是相互冲突和对立的，不存在属于全社会共同的"好的"经济改策，在面临危机的时期尤其如此。

斯蒂格里茨在其《美国真相：民众、政府和市场势力的失衡与再平衡》中分析了这个问题。一方面，他仍然是乐观主义者，坚信美国仍然有希望找到一个最佳的经济发展模式，"只要遵循正确的改革机制，美国的经济就

[①] 詹姆斯·富尔彻：《资本主义》，张罗、陆赟译，译林出版社2013年版，第13—30页。

会突飞猛进,最终实现全民共同繁荣,让大多数美国人所向往的生活不再只是黄粱美梦"。他甚至认为,"事实上,有一套十分'实惠'的政策可以带领美国重返中产阶级社会的辉煌……"。另一方面,他也深切地感受到,"理想的生活方式"只在20世纪中期的美国出现过,"而现在离美国越来越遥远"。为什么呢?他认为思想认识方面存在问题,因为"许多保守主义者的意识形态是错误的,他们认为单纯依靠不受干预的自由市场便可以驱动经济(健康)运行——这种如信仰宗教一般对市场力量强大程度的笃信,并没有任何理论基础或科学依据作为支撑"。另外,也要归咎于美国政治和经济体制的失败,"在面对日益严重的公平缺失问题时,美国似乎正逐步演变为一个1%的国家——美国的经济和政治都只为那1%的人而存在,也被那1%的人操纵着。过去的经验和研究都清楚地表明,经济和政治是密不可分的,特别是美国这种'金钱至上'的政治体制"。2020年暴发的新冠疫情显然进一步拉大了斯蒂格利茨的理想和现实之间的距离。他在同年10月的一篇访谈中针对新冠疫情对美国造成的冲击时说,"这种病毒不是'机会平等'的病毒,所造成的经济影响也不是'机会平等'的影响"。人们希望政府能够提供足够的保护,但是特朗普政府以及保守派实际上"正在破坏我们集体应对风险的能力"[①]。

在这种"经济和政治都只为那1%的人而存在,也被那1%的人操纵着"的社会里,出现这种状况几乎是必然的。无论是哪个方面的发展,首先冒出来的问题都是"谁的发展?"无论是哪个方面的危机,首先冒出来的问题都是"谁的危机?"2020年的圣诞节,美国是在平均单日新增新冠确诊病例超过20万人、每分钟就有2人死于新冠病毒的世界疫情最严重形势下度过的,而背后的首要问题却仍然是——谁的疫情?谁的失业率?谁的经济衰

[①] "How the Republican Party Threatens the US Republic," https://www.theguardian.com/business/2020/oct/03/how-the-republican-party-threatens-the-us-republic.

第六章 发展经济学构成的陷阱

退？如果疫情、失业率、经济衰退不仅没有影响到那1%的人群，甚至他们还有机会从中获益，那么，每个指标都再恶化一倍或数倍，又有什么关系呢？这就是问题所在：如果说在发达国家的一国之内，不同阶层和不同群体之间都不可能有共同认可的"主要发展模式"，都不可避免地会陷入"谁的发展""谁的增长""谁的危机""谁的落后"这些最根本的问题中，那么，放大到全球社会，怎么可能指望西方发达国家真心实意地从本国的经济发展历史经验中总结出一套标准的发展模式，然后手把手地教给所有发展中国家，帮助它们尽快地赶超自己？

从今日中国的角度看，今日美国根本不具备形成本国"主要发展模式"的能力，甚至连形成独特的发展模式所必需的学习能力和适应能力也都在迅速丧失，在中国已经逐个实现的节制资本、绿色经济、和平发展等发展战略目标，在美国一个都实现不了。哪怕是工业化这个曾经傲视全球的战略性发展进程，也早已不具有任何对后发国家的启示和借鉴意义。

工业化问题作为经济发展问题的一个子问题，长期以来被后发国家视为必须加快解决的问题。它们普遍认为只有尽早实现工业化，才能走上追赶发达国家的发展之路。但是，当后发国家的学者和决策制定者希望追根溯源，从英国工业革命的成功中寻找原因时，注定会面对一团乱麻。美国经济史教授格里高利·克拉克曾将解释工业革命称为"经济史学上一项难以到手的终极大奖"，在他看来，情况很可悲，一代又一代的学者倾毕生之力进行研究，但还是无果而终。

关于工业革命的不同解释，目前大体上可以归纳为三类：第一类认为主要是产生了某种"激励"，认为工业革命的诱因在于18世纪的英国国内因经济增长而创造的激励。第二类则归因于文化和观念，认为是当时英国社会中一种特殊的文化或意识形态的引入诱发了工业革命。第三类比较笼统，认为工业革命是一个多元价值体系的产物，而这些价值的形成又是资源和人口压力的结果。

美国经济史学家戴维·S.兰德斯在其名著《国富国贫》中提出了一组问题,将工业化对于后发国家的主要意义进行了归纳:在那些缺乏资本和熟练劳动力的原始落后国家,如何创造现代资本密集型工业?它们如何获得相关的高科技知识和管理技术?它们如何克服妨碍这些现代企业运作的社会、文化和体制障碍?它们如何建立与之相适应的组织和制度?它们如何应对各种剧烈的社会变化?这些问题可以作为后发国家推动工业化的标准吗?事实上,在理解了这些问题的全部内涵之后,绝大多数的后发国家就望而却步了。

按理说问题不至于如此难解。工业革命发生至今不过才200多年,史料丰富,证据充足。之所以出现无人能够成功解释其原因,而且后发国家无从着手复制其成功的复杂情况,是因为这个问题的真实原因被掩盖了,绝大多数的研究者都被误导到一个相反的方向上去了。英国历史学家杰弗里·帕克在《军事革命:1500—1800年的军事创新与西方崛起》中说过,西方的崛起,不是像宣传的那样在其思想、文化、价值观、宗教等方面具有优越性,而是依赖于下述事实:欧洲人及其海外对手之间的军事力量对比稳定地有利于前者……西方人在1500—1750年成功地创造出第一批全球帝国的要诀,恰恰在于提升了发动战争的能力,它一直被称为"军事革命"[①]。斯文·贝克特在《棉花帝国:一部资本主义全球史》中说得更清楚:

> 对西方崛起有很多传统解释,例如技术革新、文化倾向,以及聚集在不列颠群岛的偏远角落的一小群棉布制造商所处的地理和气候环境,相比这些因素,欧洲各国及其资本家重新安排全球经济联系的能

[①] Geoffrey Parker, *The Military Revolution: Military Innovation and the Rise of the West, 1500—1800* (London: Cambridge University Press, 1988), p.4.

力和依靠暴力攫夺土地和劳动力的能力，就算不是更重要，也至少同等重要。

"依靠暴力攫夺土地和劳动力的能力"，是英国工业革命为何率先取得成功的一个正确解释，但是，这个带着血腥味道的黑暗解释是不可能进入西方发展经济学教科书的。既然如此，那些装扮成"科学知识"堂而皇之地进入了发展经济学教科书的内容，则必定是虚假的，必定会带有诱导后发国家在赶超之路上走入歧途、跌入陷阱的功能，也必定会带有掩盖西方国家财富来源和快速崛起的真相的功能。

第二节　不可能达到的标准

西方版发展经济学教科书不讲历史，更不讲真的历史，决不会说英国是先有了"军事革命"才有了工业革命，不会说资本主义的第一阶段是"战争资本主义"或者"奴隶资本主义"。这些发展经济学教科书都是一个模板，基本套路是把历史割断，把所有国家都放在一个横向比较的平面框架中。其实这是西方社会科学各个领域内的普遍做法。台湾大学政治系的朱云汉教授在2021年的一篇文章中分析了西方比较政治学的问题，他写道：

> 许多高大尚的西方比较政治学的理论与实证是有明显破绽的，经不起严格的检视。例如西方文献中积累了大量围绕政体分类（例如Folity IV）概念与评比的跨国分析经验发现，这些发现都是套套逻辑（tautology）的自我循环。因为他们用的资料与分析方法都一成不变，这些跨国分析的资料结构都被两大区块所决定——一块是接近30个大

大小小的、但同质性极高的西方国家，各种指标都是先进的；一块是他们的前殖民地，特别是非洲国家，各种指标都是严重落后的，统计分析的结果已经被这两个版块基本上决定了。

把中国放入这种跨国分析完全不会影响结论，因为在没有国家规模的加权下，中国的作用跟任何一个欧洲小国家是等量齐观的，也就是一个比利时抵得上一个14亿人口的中国，而在真实世界中国抵得上150个比利时。[1]

西方版发展经济学也是一样，将所有的发达国家归入一个区块，所有的发展中国家归入一个区块，无论使用了多少貌似科学的统计分析方法，实际上"统计分析的结果已经被这两个区块基本上决定了"。

发展经济学将整个世界解释成了一个围绕"发展"这个问题，根据经济的"发达"程度或财富的"贫困"程度而划分为两个截然不同部分的分裂世界。发达国家是"富裕"的和"先进"的，欠发达或发展中国家是"贫困"和"落后"的。在另一种"世界体系"理论的划分中，发达国家被归为"中心"国家，欠发达或发展中国家则归为"外围"国家。这种划分完全基于经济和社会发展的标准，各种历史的、主义的、种族的、文明的划分都不见了。世界上所有国家都在一种被称为"发展主义"的思维模式之下还原成了可以用"贫困"或"发达"的量化指标进行衡量的客体。但是，发展经济学并不会坦白这样一个基本事实：这个二元世界的形成，恰恰就是"发展主义"导致的结果。

关于贫困，存在着一个根本差别，古代的贫困和现代的贫困并不是一个概念。前者是由于生产力水平很低，人类社会普遍处在物质产品相对缺

---

[1] 《朱云汉：西方比较政治学有明显破绽，中国和小国一个分量？》，https://www.sohu.com/a/463188325_115479。

乏的状态，但仍然可以享受到各种"缺乏中的富足"。例如今天仍然可以见到的某些热带岛国社会，虽然缺乏各种现代生活设施，但衣食住行等基本生活资料仍有富余，居民的幸福感并不低。但是现代的贫困，则是一个被人为建构的、与富裕生活互为因果的相对概念。正如一些经济史学家所指出的，世界范围内的"现代贫困"是历史上两次突变的结果，第一次因欧洲资本主义的出现而发生，第二次则因第三世界的"发展"而发生。也就是说，自资本主义出现以来，与人类社会的现代化相同步的是一个贫困的"现代化"。正如波兰尼所说，"贫困、政治经济以及对群体的发现都是紧密交织在一起的"。"现代贫困"的两次突变是有历史数据支撑的。根据经济学家的经济计算，在16世纪初到18世纪末的300年里，发生了欧洲的人均GDP超过世界其他地区的"大分流"；而更重要的是，自1820年至今的约200年间，全球人均收入的不平等状况并未减小，反而进一步扩大了。

所以，当二战后的20世纪40年代后期到20世纪50年代，西方突然"发现"了世界范围内的贫困，并将世界分为发达地区和欠发达地区两部分时，他们所发现的这个"第三世界"，绝非仅仅因自身原因而没能实现西方的发达和富裕，在一个更大的程度上其实恰恰是西方资本主义实现发达和富裕所造成的一个结果。说白了，就是西方资本主义运动在世界范围内制造的废墟。

阿图罗·埃斯科瓦尔是美国北卡罗来纳大学教堂山分校人类学系教授，他在1995年出版的《遭遇发展——第三世界的形成与瓦解》中写道：

> 可以肯定的是，只有当市场经济的扩展割裂了人们与社区之间业已建立的纽带，并且剥夺了千百万人民使用土地、水和其他资源的权利之后，现代意义的大规模贫困才开始出现。随着资本主义的巩固，系统性的贫困化成了不可避免的现象。

千百万传统社区中的人民被什么东西剥夺了其千百年来使用土地、水和其他资源的权利呢？当然就是侵入了这些社区当中的全球资本主义，由于资本主义的到来，无论是生产资料还是生产者本身，都被当作资本家用于赚取利润的商品。

认清了这一点，就可以理解为什么说"现代贫困"的第二次突变正是由于第三世界的"发展"。事实上，在1820年已经成为富裕国家的那些国家，在全球资本主义盛行200多年后的今天，变得更加富裕了，与大多数第三世界国家的收入差距更大了。而讽刺的是，这个贫富分化进程，在二战后发展经济学大行其道的几十年里却一直在加速。

发展经济学被当作一种贯彻发展主义理念、指导发展主义实践的科学理论在发展中国家广为流行。1948年2月，联合国成立了拉丁美洲经济委员会，集结了包括劳尔·普雷维什等著名经济学家在内的一个精英团队，开始提出一系列日后被称为拉美结构主义或拉美发展主义的理论和政策建议，其中心思想是应用世界资本主义经济的中心-外围理论，将拉美经济作为"外围"的发展前景与欧美这个"中心"的经济活动连接起来并成为其中的一部分。1949年，普雷维什撰写了被称为"拉美经委会宣言"的《拉美的经济发展和其主要问题》，由于他还担任了联合国拉丁美洲经济委员会第一执行书记，因此该书中的重要思想也影响了拉美以外的很多第三世界国家。根据普雷维什的定义："发展主义可以解释为相信不需要大的变革就能加速当前的发展步伐，并确信社会不均将会在发展的强大动力中逐步消除，重要的是发展。"而根据他的理解，发展的强大动力主要来自"技术进步及其成果"，但是由于涉及技术进步在整个经济结构中的合理分布，也离不开政府的主导。他说："发展主义为了发展的目的而要求大量增加政府开支……。国家被当成了通过经济计划化和工业化而推动发展中国家现代化

第六章　发展经济学构成的陷阱

的先锋。"①

在当时，这看起来是一个大有希望的方向，通过发展中国家自身的国家力量推动技术进步和经济结构的升级调整，无论快慢，总是可以逐步发展起来的，而各种社会问题也总归是可以通过发展来解决的。但是，事后看来，这个"普雷维什主义"显然是低估了"中心"国家对于"外围"国家的支配力量。一个超出发展主义理论之外的不可言说之理，是对于前者来说，后者是否应该发展以及如何发展，都是由前者的利益所决定的。

回顾历史，拉美发展主义诞生的同时，源自"中心"国家的另一个发展主义也问世了。1949年1月，美国总统哈里·杜鲁门发表了"四点行动计划"，其中的第四部分成为著名的"第四点计划"，其中的主要内容之一就是解决全球"欠发达地区"的问题。他说道：

> 世界上有超过一半的人口的生存环境近乎悲惨。他们面临食物短缺和疾病的侵袭。那些地方的经济生活还处于原始阶段。贫穷不仅让当地人民饱受折磨，也阻碍并威胁着那些较为发达的地区的发展。人类历史上第一次掌握了让人们摆脱贫困折磨的知识和技能……我相信我们掌握的科技知识应该惠及那些爱好和平的人，从而帮助他们实现对更好生活的追求……

从表面上看，这也是一种主要靠科技知识而"不需要大的变革"就能加速的方案，而且是一种超越国家和地区差异、直接面向全人类中的贫穷人口的"普世主义"救助计划，与源自"外围"国家的发展主义并无根本冲突。

发达国家和欠发达国家有史以来第一次为了全人类的福祉肩并肩走

---

① 徐世澄主编《拉丁美洲现代思潮》，当代世界出版社2010年版，第196—197页。

到一起来了。以杜鲁门演讲中的"第四点计划"为指导思想,发达国家对欠发达国家的援助和贷款项目,都集合在发展主义的大旗下,成为以加快发展为总目标的一整套战略、规划和方案。但是很快,西方主导的发展主义的黑暗本质就暴露出来了。虽然发展主义都以经济增长、工业化、城市化、现代化为目标,但在二战后"三个世界"的全球政治经济格局中,随着西方全球霸权的重建,前者逐步蜕变为一种建立在发展主义话语和政策之上的新型殖民主义,而后者则分化为拉美的"依附发展"(dependent development)和东亚的"发展型国家"(developmental state)两种本土实践。

具有新型殖民主义本质的发展主义运动,结果当然就是殖民主义的。一方面是世界上大多数国家都完成了从"该不该发展"的问题到"如何发展"的问题的跨越,通过经济增长解决社会变革问题成为一个普遍信仰;另一方面却是"现代化"的贫困、"现代化"的落后、"现代化"的经济危机和生态危机大规模发生。在这种情况下,所谓的欠发达国家"追赶"发达国家,就成了不可能实现的幻想。根据经济学家们的计算,基于欠发达国家人均收入在经济起飞之前是发达国家20%~25%的水平线,在发达国家保持年增长率2%的情况下,欠发达国家要想在两代人(60年)的时间内赶上发达国家,国内生产总值的年增长率就必须在60年里始终保持在6%以上。[①]

从二战后全球经济发展总的情况来看,这显然是一个极高的要求,因为这意味着进行追赶的这些欠发达国家必须在工业化、城市化、基础设施现代化等各个方面实现比发达国家更快的而且必须持续几十年的"突进式"发展;这又意味着这些国家必须具有在各个方面全面推进"突进式"发展的宏观统筹管理能力;这又进一步意味着这些国家必须持续几十年的外部和平和内部稳定,不能出现严重的政治和社会动乱。这是一个不可能实现

---

① 罗伯特·C.艾伦:《全球经济史》,陆赟译,译林出版社2015年版,第132页。

的幻想，甚至现实还恰恰相反。在二战后发展主义浪潮的冲击之下，大多数欠发达国家陷入了与追赶方向背道而驰的多重恶性循环：经济上，原本的低工资导致出口产品价格低廉，而低廉的市场价格进一步压低了劳动力工资水平，贫困状态被世界市场所固化；金融上，原本的资本短缺导致资本积累成本居高不下，这又进一步导致在接受外国资本的同时不得不接受更多的附加要求，本国的贸易条件进一步恶化，"外围"地位进一步固化；政治上，原本的贫困和落后状况导致内乱外患不断，而长期的政局不稳和社会动荡又进一步加剧了贫困和落后，不要说实现全面发展并追赶发达国家，本国的危机频频发生且日益深重。不仅如此，与二战后"马歇尔计划"所推动的北方阵营一体化恰成对照，杜鲁门"第四点计划"之后的40年里第三世界中发生了150场战争，其中很多都有发达国家的力量直接或间接参与。最终结果就是当今第三世界的普遍状况：债务危机与经济危机频发、失业率与犯罪率居高不下、生态失衡加剧、贫富分化严重、与发达国家之间的差距越来越大，陷入了一种被埃斯科瓦尔称为"遭遇发展"的困境。埃斯科瓦尔在他的书中问道："今天的发展，难道不就如同上一个时代的殖民主义一样吗？"[①]在他看来，通过一整套发展主义话语，如市场、规划、人口、环境、生产、平等、参与、需求、贫困等，西方发达国家成功将亚非拉大多数国家作为"欠发达国家"的主体建构起来，但"其建构方式使得西方权力能够凌驾其上"[②]。

　　这种发展经济学看起来很是讽刺。发达国家与大多数发展中国家之间的差距，一方面是由于西方的发展而越拉越大，另一方面是在发展经济学理论的不断应用和实践中越拉越大的。

---

　　① 阿图罗·埃斯科瓦尔：《遭遇发展——第三世界的形成与瓦解》，汪淳玉、吴惠芳、潘璐译，社会科学文献出版社2011年版，第13页。

　　② 同上书，第8页。

西方自身的发展，靠的是"依靠暴力攫夺土地和劳动力的能力"，或者说是"战争资本主义"和"奴隶资本主义"，这个真实历史一方面需要加以掩盖，另一方面需要变相地延续下去。对后发的非西方国家来说，若按照恰恰就是为了掩盖这一事实真相、让后发国家继续成为变相的奴隶而编造出来的教科书制定本国的发展规划，其结果不要说实现赶超，几乎注定继续落后、永远落后、越来越落后。在如此严峻的"新殖民主义"形势之下，中国除了采取适合本国国情的"超经济突破"之外，还有其他道路可走吗？这就是中国式"超经济突破"的世界意义所在。历史证明，世界上所有二战后开始实施赶超式发展战略的后发国家，其发展战略在两代人的时间里没有被打断，连续保持了平均6%以上的GDP增长率并最终实现了对先发国家赶超的国家，除了几个情况特殊的小型经济体之外，只有中国做到了。中国的发展没有依靠对外战争和掠夺，没有牺牲本国主权和资源，依靠的是什么？依靠的是中国式的"超经济突破"！

第三节 与中国无关的标准

围绕"遭遇发展"的反思导致了这样一种共识：西方中心的发展战略正在成为陷阱，第三世界正在这种新殖民主义中沦落为比当年的老殖民主义更严重的"超级剥削"的对象。

20世纪80年代在拉美地区兴起的新发展主义，作为一种新的改革学派应运而生。巴西经济学家鲁伊·毛罗·马里尼指出，要用新发展主义取代20世纪六七十年代该地区以进口替代工业化战略为核心的"古典的"发展主义，因为后者导致该地区经济受到了资本主义体系"中心"国家的"超级剥削"。另一位新发展主义的代表人物、巴西经济学家路易斯·卡洛斯·布雷塞尔-佩雷拉，将新发展主义定义为一种更适用于"外围"国家的发展战略，其宗旨仍然是"能使所有外围国家逐渐达到中心国家发展水平"，"它以市场为基础，但它将主要作用赋予国家"。①新发展主义不认为市场能够解决一切，也不认为制度仅仅应该保障私有财产及合同的实施，总体上带有国家主义和社会主义的性质。

尽管这些经济学家将新发展理论理解为一种介于国家发展主义和新自由主义之间的"第三种理论"，这些人却不能从根本上反对新自由主义，他们甚至非常真诚地宣称自己是自由主义者。②回顾地看，正是由于这种模棱两可的立场所导致的"革命的不彻底"，使西方经济霸权不仅没有被削弱，反而伴随着拉美债务危机在20世纪80年代的频频爆发而进一步强化，结果是：原本大有希望的新发展主义刚刚起步就被同时期席卷而来的"新自由主义革命"浪潮淹没了。

新发展主义强调国家的有形之手，新自由主义则强调市场的无形之手，其与新发展主义在国家的作用这一点上正好针锋相对。而新自由主义在世界范围内攻城略地的最重要战术，恰恰就是自由化、市场化和私有化的"三化"主张，而这些主张正是对新发展主义政策主张的否定。

结果无须赘言，全世界都看到了新自由主义在各个国家的狂飙突进，包括在拉美国家的胜利。这一席卷全球的经济和社会变革潮流在一国之内取得胜利的标志既清楚又直接，其实就是看该国最富人群财富总量的增加程度和全体国民的贫富两极分化程度。据统计，以1978年为起点，美国收入最高的0.1%人口，其收入占国民收入的比例从当年的2%上升到1999年的6%以上，而行政总裁与工人的平均收入比率则从1970年的30∶1上升到

---

① 徐世澄：《拉美学者对"后新自由主义"和"新发展主义"的探索》，《毛泽东邓小平理论研究》2011年第4期。

② 爱德华多·古迪纳斯、刘海霞：《拉丁美洲关于发展及其替代的论争》，《国外社会科学》2017年第2期。

了2000年的将近500：1。[①]可悲的是，由于西方在拉美地区的金融、经济和文化强权，这一社会变革潮流在该地区所导致的后果就成了灾难性的金融危机、债务危机，甚至经济崩溃。

在重重危机之中，拉美地区再次涌现大量新的政治和经济思潮，包括委内瑞拉乌戈·拉斐尔·查韦斯·弗里亚斯的"21世纪社会主义"、玻利维亚胡安·埃沃·莫拉莱斯·艾玛的"社群社会主义"和"后新自由主义"、哥伦比亚经济学家何塞·安东尼奥·奥坎波的"新结构主义"和巴西经济学家鲁伊·毛罗·马里尼新发展主义的复兴等。拉美知识分子承认，这些偏向于马克思主义和社会主义的新思潮的兴起，在很大程度上是受中国成功实现了全面发展和赶超这一巨大历史事件的强烈影响。为什么同样经历了近现代世界历史上的财富大转移和贫困"现代化"的两次突变，同样成了二战后的第三世界国家，同样被发展主义话语定位在了欠发达国家的地位上，同样在很低的起点上启动了赶超发达国家的国家发展战略，却只有中国作为最大的发展中国家和世界主要经济体，没有落入发展主义陷阱，没有成为新型殖民主义殖民地，真正实现了后发国家的全面发展，甚至历经多次全球性、地区性的重大危机而仍然"一枝独秀"？为什么在决定赶超型发展战略成败的制造业立国、共同富裕、节制资本、内外双循环等关键问题上，中国都实现了"超经济突破"？中国真正的独特性到底是什么？为什么无论是"古典的"发展主义还是新发展主义的基本思想，甚至包括新自由主义的部分主张，都在中国的发展中贡献了各自的积极成分，没有成为"陷阱"而导致拉美式或非洲式的失败？

主流经济学家无力解释这些问题，经济学伪理论的错误框架决定了他们必然会陷入一个研究误区：分析研究中国的经济发展，他们总是将中国比作一个规模更大的"亚洲四小龙"，或者迟后起飞的另一个日本，希望

[①] 大卫·哈维：《新自由主义简史》，王钦译，上海译文出版社2010年版，第19页。

第六章　发展经济学构成的陷阱

从这些国家和地区二战后的经济起飞中找到类似的规律。这个误区的问题在于忽视了二战后"三个世界"政治经济格局分化的本质，日本从来不是第三世界国家，而"亚洲四小龙"也不属于第三世界的中心地区，这几个国家和地区在二战后实现的经济快速发展，本质上是美国在东亚的地缘战略的产物。而中国和亚洲的东南亚、南亚国家以及拉美国家和非洲国家则同属第三世界的中心地区，不同程度地陷入了三重落后叠加、距离越拉越大的"绝对落后"困境中的地区。不认清这一点，就无法通过在同属第三世界中心地区各国的分析对比中发现中国取得成功的根本性因素。

与非洲和拉美这两个最早受到欧洲殖民主义剥削压榨的地区相比，中国最突出的一点，正如后面将要论述的，就是当中国在19世纪中期遭遇到欧美列强的冲击时，已是一个有着数千年连续历史的伟大文明、一个有着广袤土地的多民族国家、一个内含了天下结构的国家。这个基本事实，使得中国在面对西方入侵这一刺激时，所发生的反应与其他国家迥然不同。无论中国遭遇到的刺激和冲击多么强烈，历史深处那种"吾闻用夏变夷者，未闻变于夷者也"的文明自信都不曾消失。回顾1840年之后的中国近代史，可以看到，最早从魏源"师夷长技以制夷"的主张开始，中国特色的发展理念就开始萌芽了。然而，从一开始这就是一种通过学习和掌握西方列强富强之术来实现本国富强并应对列强侵略和欺压的总体战略，而正是由于拥有独一无二的连续不断的文明和独一无二的"广土巨族"，中国的发展天然带有更加宏大的文明复兴和民族复兴使命。其根本目标决不仅限于经济增长、摆脱贫困、实现现代化转型，而是必须包括摆脱受列强欺负的命运并重建中华民族在世界上的应有地位。

这是在亚非拉第三世界国家中难以见到的特殊性，是拉美"普雷维什主义"中所不具有的东西，也正是中国发展主义中的中国特色之主要根源。1924年，孙中山在说明他的"三民主义"主张时说："民族主义是对外人争

171

中国经济发展的逻辑

平等的，不许外国人欺负中国人。"①1951年，毛泽东在全国政协一届三次会议上向全世界郑重声明，"……由外国帝国主义欺负中国人民的时代，已由中华人民共和国的成立而永远宣告结束了"。1992年邓小平视察南方途经顺德并发表讲话时说："我们的国家一定要发展，不发展就会受人欺负，发展才是硬道理。"由此可见，"不可受人欺负"这六个字是中国要发展的深层原因。从中可见世界近现代史上内含的一个深层逻辑：西方首先发生了经济高速发展，但是当这个巨大的浪潮波及中国之后，这些凭借经济发展突然强大起来的国家在中国土地上首先做的事情是欺负和压榨中国，因此它们在作为被中国模仿和学习的对象的同时，也成为被中国反抗和打倒的对象。或者反过来说，中国既要完成追赶西方先进的任务，又必须完成摆脱西方枷锁的任务。而正是这一点，恰恰成了中国特色发展理念的逻辑起点。

法国历史学家费尔南·布罗代尔在他的《文明史：人类五千年文明的传承与交流》一书中论述了这个问题，他写道：

> 为了摆脱西方强加给中国的枷锁，中国首先需要实现现代化，也就是说在某种程度上使自身"西方化"。改革和解放是两项往往相互矛盾的任务，不过都必须加以完成。
>
> 中国花了很长时间，历经了很多磨难，经过许多犹豫和实验，才终于弄清楚奋斗的含义。中国是不可能像日本在明治维新时期进行现代化那样在一夜之间学会西方的方式的。它要学做的两件事都非常困难。

也就是说，对于近100年来的中国来说，要为之奋斗的远不止通过高

---

① 《孙中山选集》，人民出版社1956年版，第903页。

于发达国家的GDP增长实现国民收入水平的追赶这一个单纯的经济目标，比起第三世界大多数国家，除了经济增长以及包括工业化、城市化、基础设施升级等工程在内的现代化转型等任务，中国还要同时完成整个社会的现代化改造、彻底的民族解放和国家独立，直至中华文明的伟大复兴等一系列重大任务。

经济增长和现代化转型需要保持长期的外部和平和内部稳定，因此决不能任由外国势力插手本国事务，必须确保国家主权完整；社会的现代化改造需要将本国"国际化"，因此又决不能闭关锁国，必须实行改革开放；民族解放需要国家自强自立，因此决不能成为"依附性国家"，必须坚持独立自主的发展；文明复兴的任务则更加艰巨，需要在文化上连接传统和现代、历史和未来，因此必须保有"四个自信"并坚持多元、平等、包容的文明观。这其中的每一个任务，都需要统筹和平衡，也都需要保持稳定和持续，非如此不要说用几代人时间完成所有的任务，连其中的经济增长这一项也难以完成。理解了这一点，也就真正理解了1921—2021年中国共产党的这一个百年的奋斗历史。

环顾整个第三世界，不可能找到第二个这样的政党——在整整100年时间里，为了中华民族"不可受人欺负"、为了延续5000多年未曾中断的中华文明的伟大复兴，完成了如此之多又如此之困难的一系列"相互矛盾的任务"。

意味深长的是，埃斯科瓦尔在1995年的惊天发现——今天的发展与上一个时代的殖民主义并无不同，在中国特色发展理念当中，要么是此种困境早已不存在了，要么是相关问题早已解决了。今天已经大步开启中国式现代化新征程的中国，不再纠缠于这种非常过时的问题。党的二十届三中全会通过的《中共中央关于进一步全面深化改革、推进中国式现代化的决定》中写道："到二〇三五年，全面建成高水平社会主义市场经济体制，中国特色社会主义制度更加完善，基本实现国家治理体系和治理能力现代化，基本实现社会主义现代化，为到本世纪中叶全面建成社会主义现代化强国奠定坚实基础。"全会进一步提出"七个聚焦"：聚焦构建高水平社会主义市场经济体制，聚焦发展全过程人民民主，聚焦建设社会主义文化强国，聚焦提高人民生活品质，聚焦建设美丽中国，聚焦建设更高水平平安中国，聚焦提高党的领导水平和长期执政能力，继续把改革推向前进。全会关于中国发展总体指导思想的最新表述是：完整、准确、全面贯彻新发展理念，加快构建新发展格局，因地制宜发展新质生产力。

对比地看，中国的新发展理念，不是拉美国家学者提出的"新发展主义"，也不是某些西方学者提出的所谓东亚国家的"发展型国家"理论。根据习近平总书记在2015年党的十八届五中全会第二次全体会议上的讲话，中国的新发展理念即创新、协调、绿色、开放、共享。关于创新，用一句话概括，就是"抓住了创新，就抓住了牵动经济社会发展全局的'牛鼻子'"。关于协调，就是"五位一体"总体布局和"四个全面"战略布局。关于绿色，就是人与自然和谐共生。习近平总书记说："环境就是民生，青山就是美丽，蓝天也是幸福，绿水青山就是金山银山。"[①]关于开放，已经不再是早期的"向世界打开国门""与国际接轨"，而是主动顺应世界发展潮流，不但能发展壮大自己，而且可以引领世界发展潮流。关于共享，实质就是坚持以人民为中心的发展思想。

自发展主义思想诞生以来，几百年里曾出现过各种不同类型的思想，也经历了几个不同阶段，包括西方中心的发展主义、外围资本主义的发展主义、西方主导的新自由主义、拉美的新发展主义和后新自由主义等。而中国在当今世界提出的新发展理念，实际上相当于概括了上述各种不同类型发展主义的主要诉求，也集中了不同阶段发展主义的精华。这不仅表明

---

① 《习近平著作选读》第一卷，人民出版社2023年版，第434页。

中国已经进入了自身发展的新发展阶段，对于整个世界来说，也是几百年来发展主义运动的最新阶段。

"会当凌绝顶，一览众山小。"中国之所以能够走到今天，不是接受了西方发展经济学理论指导的结果，恰恰是避开了西方发展经济学教科书设置的陷阱并发挥本国的优势在一系列战略性的领域实现了"超经济突破"的结果。由是观之，西方发展经济学之于中国并不适用。经济学家所作的那些横向比较研究，无论将中国与哪些不同组的发展中国家相比，都不会得出什么有意义的结论。特别是在经历了多次全球和地区重大危机之后，在中国全面进入新发展阶段、构建新发展格局并在中国式现代化道路上继续保持在重大领域上实现"超经济突破"强劲势头的形势下，这些对比研究绝大多数都不再有借鉴的价值。

第七章
诺贝尔奖获得者：迷惑与清醒

长期以来，解释中国经济高速发展的原因，解释为什么是中国而不是其他国家取得了这样的奇迹，一直是世界级的难题。经济学家多年来矢志不渝地想要寻找中国的经济表现与西方经济学理论之间的一致性，却总是失败，在解释方面怎么说也不对，在预测方面也一次次落空。结果就是，西方的经济学理论以及诺贝尔经济学奖获得者的那些发现，其实一直停留在经济学家自己的话语世界里，从来没能与真正的中国经济产生实质性的关联。一方面，一些经济学家将这些形式上很精美的理论当作真正的"科学理论"，似乎只要将他们那些玄而又玄的理论弄通弄懂，就一定可以用来指导中国的经济；另一方面，中国经济在没有任何适用的指导理论的情况下，不仅连续高增长而且一次又一次地克服危机，创造了几乎不可能的奇迹。到了今天，理论与现实之间的距离，已经大到不可能再发现其中相关性的地步了。

1994年前后，《经济学消息报》组织了一次名为"诺贝尔大追寻"的采访活动，组织了一批中国经济学家和记者采访了20位诺贝尔经济学奖获得者，包括保罗·萨缪尔森、米尔顿·弗里德曼、詹姆斯·布坎南、罗纳德·H.科斯、劳伦斯·克莱因、弗兰科·莫迪利阿尼、肯尼斯·阿罗等人，邀请他们就中国经济问题发表看法和意见。

第七章 诺贝尔奖获得者：迷惑与清醒

自那次采访之后至今，中国经济的发展超出了世界上所有经济学家（包括这20位当年接受采访的诺贝尔经济学奖获得者）最大胆的预测。但是，中国经济学家中的一部分人仍然不肯相信，西方自由市场经济学理论或所谓新古典经济学理论其实并非科学，而且内在地含有误导和欺骗的功能。

关于中国经济发展的前景，这20位"大师"里，在20世纪末作出的最乐观和大胆的预测，是中国在20年后能够接近日本和韩国的水平。劳伦斯·克莱因（1980年诺贝尔经济学奖获得者）说得最清楚，他断言20年后，"中国与日本会成为旗鼓相当的两个大国"[1]，他说：

> 如果中国沿着现在的路子走下去，到2010—2020年，就会跟日本现在的情形一样，在贫困的地区四处投资，而且，也会从一个逆差国变成一个顺差国或收支平衡国。
>
> 当然，中国还要对经济的周期性反复有所准备，因为中国的经济正在与世界经济接轨，世界经济的周期变化及中国国内经济的周期变化会使得中国整体经济出现波动，所以中国不要期待"年年好时光"，要对出现的困难有所准备。[2]

而现实却是，在他作出预言之后的20年里，中国经济无论是与西方发达国家经济平均水平还是与世界经济平均水平相比，都是"年年好时光"。困难当然有，危机也不少，但结果是中国经济持续高增长。到了2020年，日本GDP总量是539.3万亿日元，约为5.1万亿美元；中国2020年GDP总量

---

[1] 高小勇主编《为什么是中国：诺贝尔经济学大师眼中的中国与中国经济》，贵州人民出版社2017年版，前言第5页。

[2] 同上书，第9页。

中国经济发展的逻辑

为101.6万亿人民币，约为14.7万亿美元，中国GDP不是与日本"旗鼓相当"，而是超过了日本将近2倍。

另一位"敢想敢说"者是莫迪利阿尼，在这位1985年诺贝尔经济学奖获得者眼中，中国大地上不会发生什么史无前例的奇迹，最多只是日本、韩国等类似历史的重现，所以他说：

> 从日本、韩国等的经历，可以预测中国也将增长得非常快。资本对你们是很重要的。基于生命周期模型，有相当程度的增长时，会产生大量的储蓄。事实上日本就是这样的情况，并且一段时间后储蓄导致了更多资本的形成。在日本，即使是现在，其大量的顺差也主要来源于高储蓄。我认为这也将在中国发生，可能再过10年左右就会发生。我很难说，中国的经济增长究竟能有多快，但这是一条规律，我们已经看到日本是这样，韩国是这样，中国台湾也是这样。这些国家和地区都经历了高速的经济增长，产生了大量的贸易顺差，我想中国也将有类似的情况。[1]

弗里德曼也一样，对中国经济体在规模上的意义视而不见。他把中国和俄罗斯并列，把中国看作正在通过向外输出大量低成本劳动力参与到国际贸易中的机会主义国家。他认为有希望复制中国香港和中国台湾地区及新加坡、马来西亚、印度尼西亚等国的成功，但也有可能遭遇强大的国内压力而要实行保护主义。中国今后几十年如何发展，很大程度上就取决于开放政策和保护主义之间的矛盾的结果。[2]而现实却是，在2020年，

---

[1] 高小勇主编《为什么是中国：诺贝尔经济学大师眼中的中国与中国经济》，贵州人民出版社2017年版，第11页。

[2] 同上书，第3—4页。

第七章　诺贝尔奖获得者：迷惑与清醒

中国经济规模超过了100万亿人民币，是弗里德曼提到的中国香港、中国台湾和新加坡、马来西亚、印度尼西亚这5个榜样经济体的经济规模之和的5倍多，是俄罗斯经济规模的整整10倍！这岂是仅仅靠抓住输出低成本劳动力的机会就能创造出来的增长奇迹？全球化时代，同样的"机会"所有人口众多的后发国家都在抓，但除了中国，没有其他后发国家能做到在20年时间里GDP年均增长9%以上且平均每8年翻一番；没有其他后发国家能做到在20年里工业制造业占比连续超越各个先进工业国，自2010年之后保持世界第一；没有其他后发国家能做到在20年时间里按现行贫困标准每年减贫人数均在1000万人以上。

也有少数几位受访者在发表看法时更谨慎、准确一些。例如科斯，他首先强调了一点：中国和俄罗斯不可相提并论。他认为某些因素只能在中国找到，在俄罗斯是没有的。第一个因素是家庭的重要性，尤其是家庭的联系，"社会活动可以围绕家庭关系展开"。这一点区别了中国的农村组织和俄罗斯的集体农庄，"当俄罗斯放弃集体农庄时，他们遇到的问题是一大群失业工人无法安置，还有一大群不适宜做企业家的官僚，俄罗斯无法围绕家庭做转变，这就是非常明显的不同之处"[1]。第二个因素是中国拥有众多的海外华侨，俄罗斯没有这么多海外俄侨。"中国的海外华侨生活在市场体制下，仍与大家庭保持着联系，保留着中国人的民族观念，又了解中国的体制，所以他们能与中国大陆的企业家合作。这是一个巨大的优势。中国引进的外国直接投资大部分是海外华人的投资。很明显，你们得到了这种帮助是非常重要的。"[2]第三个因素是中国的改革有上层的支持，也有来自底层的支持。中国大多数老百姓从改革中获得了实惠，提高了生活水平，因而不希望改革发生逆转，所以中国可以在保持当前体制不变的情况下推

---

[1][2]　高小勇主编《为什么是中国：诺贝尔经济学大师眼中的中国与中国经济》，贵州人民出版社2017年版，第16页。

行市场经济。他认为这也是俄罗斯所缺乏的。

萨缪尔森也说了一些在今天看来较准确的话。他对中国很有信心，在当时的他看来，中国大陆还是一个沉睡的巨人，但他完全没有预测到此后20年里中国连续保持了如此高的年增长率。可是萨缪尔森说的一段话很准确：

> 中国目前最需要的，不是纽约证券交易所、芝加哥商品交易所一类的组织，而是从基础的农业开始，引导人们追求利益或利润，这比建立一个有组织的市场，进行股票、债券交易，进行担保和买进卖出等重要得多。而且对中国来说，市场还很原始，股票是一种赌博，那一张纸并不足以代表相应的生产价值。今天买一张这样的纸，到后天卖掉它，其价值可能翻了一番，但结果是，在这种赌博中，第一个取得这股票的人将剥夺其后的所有者的钱。[①]

这段话说明萨缪尔森认识到中国只有形成有效的市场、发挥出正常的生产力，才可以保障持续的经济增长，不必过早地学习那些金融资本主义的东西。这个针对中国经济的建议，在中国的资本市场经过了几十年曲曲折折的发展后的今天看来，还是有道理的。

最值得肯定的是肯尼斯·阿罗的看法，这位1972年诺贝尔经济学奖获得者在接受采访的一开始就说，他好像应该去中国学习，而不是去教导。因为就当时的经济数据来看，很多进行转型的国家其生产总值下降了20%左右，而中国却蒸蒸日上。尤其是在政治对经济的影响这个方面，他觉得自己并未想明白，他坦白地说：

[①] 高小勇主编《为什么是中国：诺贝尔经济学大师眼中的中国与中国经济》，贵州人民出版社2017年版，第27页。

第七章　诺贝尔奖获得者：迷惑与清醒

> 我对中国的认识是十分不足的，我应花一些时间去研究一些中国问题，尤其想知道中国的企业是如何取得成功的，如果只是从外部看我是无法弄清楚的，另外，也许不应这样说，但我也很想知道中国共产党人是如何在现在的环境下起作用的。我想政治会对经济生活产生某种程度的影响，在捷克，它导致了经济上的成长，而在波兰，情形则相反。①

不难看出，无论专业领域在哪个方面，这些"大师"只要认识到了中国经济现实远远超出了西方经济学基本理解框架，所发表的意见都更禁得住时间的检验，也更贴近现实。而那些把西方经济学基本理论视为普世真理并自认为可以指导一切的经济学家，可以说禁不住时间的检验。

与之形成对照，对于中国经济发展问题具有真知灼见、能够发表有价值的见解的学者，有时并不是经济学家。

哈佛大学费正清东亚研究中心前主任傅高义在《邓小平时代》一书中，对中国和苏联及东欧的经济发展作了比较，从中归纳出中国经济发展相对于后者的8个优势：

（1）中国有漫长的海岸线，更靠近世界主要的海洋运输通道；

（2）数千万海外华人作为资本和知识资源为中国所利用；

（3）中国大陆潜在的巨大市场吸引了全世界的商人，使他们愿意帮助中国发展以便今后能够更好地进入这个10亿人规模的单一市场；

（4）中国对抗苏联的政治姿态使得西方国家愿意向中国提供资金和技术；

---

① 高小勇主编《为什么是中国：诺贝尔经济学大师眼中的中国与中国经济》，贵州人民出版社2017年版，第17—18页。

（5）在包产到户等政策的激励下农业产出大幅度提升，使改革从一开始就得到了大多数人的拥护；

（6）中国的民族问题比苏联解决得要好很多，大多数边疆地区都在中央政府长期管辖的范围内，不像苏联那样有很多新近纳入的少数民族地区；

（7）中国人始终抱有中国乃是文明中心的信念，而苏联上至国家领导人下至普通民众长久以来抱有苏联大大落后于西方的自卑感；

（8）与中国大陆同处一个文化圈的日本、韩国、新加坡以及中国台湾和中国香港地区，不久前都先后成功转型为富裕的现代国家或地区，可以作为效仿的榜样。

用这个简单的归纳，人们至少可以很好地理解为什么1978年之后中国和苏联及东欧的经济表现差别巨大。而且这个归纳比起科斯的那个归纳更完整、更全面，其中还包含了几个根本性因素。

然而，即使如此，仅仅用这8个方面解释新中国在70多年时间里所创造的"人类历史上空前的发展奇迹"，解释中国历经多次区域和全球性的危机却屹立不倒且在复苏过程中"一枝独秀"，还是不够全面。这8个方面的优势，有5个方面是其他国家也具有的，比如印度也有漫长的海岸线，也有人口规模很大的海外印度人，也有巨大的国内单一市场，也有西方主动提供的资金和技术。甚至第8个方面，印度、东盟等也都不同程度地与中国共享，而非中国所独有。但是，无论是东盟还是印度，都无法与中国取得的发展成就相比较。8个方面去掉了非独有的5个方面，剩下的3个方面是只有中国才具有的。简单地说就是：人民同心、民族团结、文明自信。

为什么只有中国取得了成功，只有中国能够实施赶超式的发展战略并不断实现"超经济突破"？破解这个问题，通过向西方经济学家包括诺贝尔经济学奖获得者这一级的经济学家寻求答案，无异于缘木求鱼。虽然也有一些专门研究中国问题的西方学者可以在扩展视野、横向对比等方面提供一些有价值的帮助，但仍然不够。中国的经济发展问题仍然是典型的中国问题，从来没有因为是经济问题而脱离中国问题。中外各国经济学家认为中国经济发展方面总体上的"大失败"，根本原因就在于未能充分认识到这一点。

思辨编

「超经济突破」背后的文明因素

▶▶▶

　　与哈耶克、弗里德曼等经济学家相比，亨利·基辛格等的治学态度要正确得多。基辛格是二战后新型中美关系最主要的重建者之一，此后几十年里他频频访问中国，与几乎所有中国重要的领导人都打过交道。这一特殊的经历，加上他渊博的学识和严肃的治学精神，使他成为西方政治家中少有的认识到中国具有独特的历史而且这种独特性始终影响着当代中国方方面面的人。在他的《论中国》一书中，虽然主要记录他亲自参与的那些与中国的外交互动，但他也努力像一个真正的汉学家一样，尽可能地深入中国的深层历史运动。

　　在西方的汉学界，一直就有一个"中国历史起源之谜"。西方学者发现，与其他国家的历史有一个很大的不同，中国的历史找不到一个明确的起源。基辛格在《论中国》的开篇就直接提到了这个问题，他写道："早在黄帝之前，就已经有了中国。在历史意识中，中国是一个只需复原，而无须创建的既有国家。"然后，在提到孙中山将临时大总统职位让给袁世凯时他又写道："然而，冥冥中似乎有一条法则，注定帝国必须统一，孙中山只当了3个月的临时大总统就让位给了袁世凯——一个掌握唯一一支能统一中国的军队的统帅。"

　　为什么在"历史意识"中中国的实体先于中国这个国家而存在？这个实体到底是什么？为什么在"冥冥"中会有某种法则，注定中国这个国家必须统一？这个法则又是什么？这都是令很多研究中华文明的学者困惑不已的问题。

第八章
天下与天下事业

从整个人类文明史上看,国家是作为文明发展的一个重要阶段而出现的。由于国家创建之前的早期人类社会往往是一些居无定所、四处迁徙的游团,所以大多数国家的创建历史往往能追溯到某个长期定居下来的强大部落,然后人口繁衍,逐渐强盛,形成国家。例如在欧亚西部,现代欧洲各国的起源,都可以追溯到公元4—5世纪欧亚大陆上发生的那一次民族大迁徙。正如哈尔福德·麦金德在1904年《历史的地理枢纽》的演讲中所说的:"欧洲和欧洲的历史是从属于亚洲和亚洲的历史的,因为正是那个时期从东向西来自欧亚大陆腹地的'亚洲人入侵',让欧洲的不同民族在其反抗斗争中建立起了各自的国家。"如他所说,西方历史的起源是这样的:

> 盎格鲁-撒克逊人很有可能就是在那时被驱赶过海,在大不列颠岛上建立了英格兰。法兰克人、哥特人和罗马帝国各省的居民被迫第一次在夏龙的战场上并肩战斗,进行反抗亚洲人的共同事业;他们不自觉地结合成近代的法国。
>
> 奥地利正是作为抵抗这些人的边境地带而建立的,维也纳要塞则是夏尔曼尼(Charlemagne)战役的产物。

在最后，北部森林带的俄国作为蒙古钦察汗国或"草原汗国"（The Steppe）的属国达两个世纪之久。

就是说，欧洲部分主要国家的起源，归根结底都是这一次从东到西逐级传递的民族大迁徙浪潮的结果，用麦金德的话说，就是"亚洲大锤随意越过虚空实施的一击"。正是这个来自亚洲的锤击，各个欧洲国家就此诞生，欧洲历史从此开始。

欧亚大陆西部国家历史的起源是这样。而在欧亚大陆中部，那些创造了欧洲各国历史、被欧洲人惊恐地称为"上帝之鞭"的"亚洲人"，并不是欧亚东部定居文明中的亚洲人，而是欧亚中部"图兰语系的游牧民族——匈奴人、阿瓦尔人、保加利亚人、马扎尔人、哈札尔人、帕济纳克人（Patzinak）、库曼人、蒙古人和卡尔梅克人"。这是一个分布在欧亚大陆干旱地带中心部位的自成一体的游牧民族世界，他们在比欧亚西部更晚的时间定居下来，成为东欧和俄罗斯等国家的起源。

这个历史和地理大图景说明了什么呢？说明整个欧亚大陆，除了长城以内的中原汉地，其他大部分地区的民族和国家，都是在大迁徙浪潮中逐步形成的，在很长的时间里都是运动的行国，而不是从一开始就定居在一个地方永不移动的居国。唯独中国这个以中原汉地为中心建立起来的国家不是这样。中国人说自己的始祖是轩辕黄帝，可是根据传说，黄帝之前早就存在有巢氏、燧人氏、伏羲氏、神农氏，然后是共工氏霸有九州，再然后是蚩尤氏和有苗氏争夺中原，直到黄帝的子孙入冀豫、迁三苗，再霸九州。这个神秘的"九州"好像一直就在那里。

以上是书本上的传说。在地下方面，近几十年来中国的考古工程发现的大规模的、连续的、多元一体的定居区域，也就是苏秉琦等考古学家所说的新石器晚期遗址在中华大地上犹如"满天繁星"一样地分布，揭示出在中华文明早期阶段，的确有一个幅员广大、地理上近乎圆形的定居中心区和生产中心区，先于任何征服者和国家建立者而存在。还有近几十年古DNA研究或称分子遗传学研究提供的佐证。在复旦大学跨学科研究项目"中华民族形成及其遗传基础"中，金力、李辉、姚大力等遗传学家得出结论："中国早期国家就这样从成百上千的一大群酋邦社会中诞生了"。

很显然，在整个欧亚大陆，先有了一个大规模的、连续的、多元一体的定居农耕区域，而后才有了从中脱颖而出的早期国家，这个距今约5000年前发生的文明发展进程，只在欧亚大陆东部的黄河流域和长江流域出现了，而大约同时期的其他地区大都没有发生类似的过程。虽然东地中海地区也有一些定居农耕社会发展为早期国家，年代也很早，但无论从区域面积上、人口规模上还是从持续时间上看，都不能与早期中华文明相比。至于印度河流域的早期文明哈拉帕和摩亨佐-达罗，虽然也出现的很早、规模很大，但是未能延续下来，可能在距今约3800年前亡于雅利安人的大入侵。

而这个在5000年前的世界就已经形成，直到今天未曾消失、未曾中断的大规模定居农耕区域，正是基辛格所说的中国"只需复原，而无须创建"的那个基础。

对比一下同时期其他文明古国的早期历史，都不是这样，都没有一个巨大的定居中心区、生产中心区作为国家复原的基础。其他地区的早期王朝或帝国，尽管其全盛时期控制的疆域也非常巨大，但其广大的疆域之内没有形成一个类似于几何学里面的"内切圆"作为核心根据地的定居和生产中心区。由于没有这样一个先于国家而存在、大于国家而存在甚至独立于国家而存在的核心根据地，这些王朝和帝国在崩溃之后，就会像没有存在过一样彻底分崩离析，需要等待未来的新征服者重新建立。

中国经济发展的逻辑

第一节　认识天下

追根溯源，天下并非只是一个空洞的想象，这个在地图上看起来就像是"内切圆"一样的定居和生产中心区，就是中国传统政治哲学中天下这个观念得以产生的"物质基础"。为什么中国人一直在称自己这块土地为天下，其他文明中却没有产生过这个概念？根本原因即在于此。

据史书记载，早在夏朝，其共主即被称作天子，而诸侯则以"国"作为封号。在殷墟甲骨卜辞中，已频繁出现"中商""四方""四土"等词，表示商朝人认为自己位于被东土、西土、南土和北土所环绕的中土。西周早期，天下一词即开始大量见于器物典籍中，与之相关的"四方""万邦"等用语被反复使用，将洛阳平原作为天下之中的"中国"概念也开始出现。"天子居中国，受天命，治天下"的理论便逐渐成形了。

天下这一观念一旦形成，就固定了下来，再也没有从中国的史书中消失过。于是人们看到，史书上在讲述夏朝时，就有"当禹之时，天下万国"的说法，甚至在讲述更早的始祖黄帝时，也讲"天下有不顺者，黄帝从而征之，平者去之"。可见，在中国古人的观念中，天下理所当然就应该是一个先于一切的天然存在。

但重要的是，若从观念本身上看，天下这个观念的诞生，实际上是一个特殊现象，而不是普遍现象。因为该现象的发生需要多个外部环境条件，缺一不可。第一，大量氏族很早就从游居采猎转为定居农耕；第二，定居农耕的地点一定是分布在一个广阔且相对平坦的地理区域内，全部定居农耕区域本身构成了一个可以通达交往的中心——四方地理格局；第三，定居农耕区域内人口众多、可从事生产、自成一体。很显然，这些条件在中华文明发育的早期阶段正好都具备，如黄河中下游和长江中下游地区。相

第八章　天下与天下事业

比较之下，那些虽然地域广阔且平坦但始终处在游居采猎状态的，或居住在高山、海岛、河谷、森林等破碎狭小地理环境中的，或孤立于众多蛮族包围之中的古代社会，都不具备上述这些环境条件，所以也就难以形成天下的观念。

北宋时的石介写过一本名为《中国论》的书，书中将"中国"作为论题进行介绍，他是这样描述中国的：

> 夫天处乎上，地处乎下，居天地之中者曰中国，居天地之偏者曰四夷，四夷外也，中国内也，天地为之平内外，所以限也。

直到"地球是圆的"这个科学认识普及之前，石介所代表的世界观始终成立，中国始终被想当然地认为就是天地之中。不仅是因为中国正好占据了一个特殊的地理位置，还因为只有中国很早就产生了天下这个观念，并在这个观念的作用下发展成了一个天下国家，成了天下的代表。

很多人没有意识到，天下这个观念是一个伟大的思想创造。天下先于国家、天下大于国家，这两点为一种全新的政治哲学奠定了基础，也从根本上决定了中华文明的独特性。

第一，由于天下先于国家，所以任何一个国家在建立之初就只是天下之内的列国之一，而不能是天下本身。例如中国的先秦时期，列国中的每一个都只作为天下的一个部分、一个单元，既可以专指华夏各诸侯国，也可以包括蛮夷戎狄各国，无论大小，都只在天下当中占一个具体的位置。而从列国之一的角度看天下，又有广义和狭义两种含义。狭义的天下等同于"九州"，即所有诸侯封土建国所立之国家全部合起来的那个最大的疆域范围；广义的天下则是"九州+四夷"，是指被普遍的秩序原则所支配的人类全体，这在中华经典著作里被称为"配天"，如《中庸》里面写道：

是以声名洋溢乎中国，施及蛮貊，舟车所至，人力所通，天之所覆，地之所载，日月所照，霜露所坠，凡有血气者，莫不尊亲，故曰配天。

第二，由于天下大于国家，列国就不再是独立的政治实体，更不具有至高无上性，而成了天下体系之内的一些并列的政治单元。于是，整个天下被理解为一个完整的政治存在，于是在国家政治之外，不仅有国际政治，还有天下政治，政治首先从天下问题开始。对于这个从天下到列国再到每个家一个层级、一个层级排列下来的政治体系，中国的先秦诸子早就有所描述。管仲曾说："以家为乡，乡不可为也；以乡为国，国不可为也；以国为天下，天下不可为也。以家为家，以乡为乡，以国为国，以天下为天下。"老子更进一步地把每个人与天下联系了起来，他说："以身观身，以家观家，以乡观乡，以邦观邦，以天下观天下。"

东周列国几百年，最终秦朝实现了大一统，这是历史上出现的第一个具有天下含义的新局面。一方面，在狭义的天下之内，秦朝消灭了列国，完成了"九州"范围的天下大一统，本身成了一个天下；另一方面，在广义的天下之内，秦朝将"中国"的疆域扩大到了比列国之和的"九州"更大的范围，"中国"开始大于"九州"，成了真正的天下国家，或称"内含了天下结构的国家"。始皇帝想当然地认为他的圣德超过了五帝，他治下的"中国"即等于"天下"。琅琊刻石用这样的文字颂秦德：

器械一量，同书文字。日月所照，舟舆所载。皆终其命，莫不得意。……六合之内，皇帝之土。西涉流沙，南尽北户。东有东海，北过大夏。人迹所至，无不臣者。功盖五帝，泽及牛马。……（《史记·卷六·秦始皇本纪》）

第八章　天下与天下事业

"人迹所至"当然就是广义的天下，所谓"天下无外""王者无外"，意思是只要中国之外还有外，天下就不是完整的，平天下的事业就还要继续，直到所有的夷狄都被纳入中华秩序，达到天下归一。这实际上就是基辛格所说的那个"冥冥中"的统一法则之产生根源。这是认识和理解天下这一概念的关键。正如当代中国学者赵汀阳教授所说，在夏、商、周这三个朝代的中国，都不是一般意义上的国家，"而是一个世界性的'无外'天下，是一个在理论上潜在地容纳世界万国的天下体系，或者说是一个世界政治秩序。尽管当时的中国只是世界的一部分，却被想象为世界，并且以世界性的格局而存在……"[①]因此，在天下叙事中，三代的历史，甚至上溯到尧、舜、禹、汤乃至黄帝的历史，既是中国历史，同时也是世界历史，因为并不存在天下之外的任何历史。赵汀阳教授写道：

> 虽然秦汉以来的历史格局不再是世界史而收敛为中国史，然而秦汉以来之大一统中国却仍然保留了天下的观念遗产，并将天下精神转化为国家精神，将世界格局浓缩为国家格局，于是，中国成为一个内含天下结构的国家。这个"内含天下的中国"继承了天下概念的"无外"兼容能力，或者说，"无外"的内部化能力。[②]

事实上，历史上的中国从未能全取天下，将四夷全部纳入大一统。无论中国将天下的疆域扩大到多么大，如西汉昭宣盛世时期的疆域，唐朝的贞观、开元和清朝的太平一统之盛，中国的概念也没能等同于广义的天下，而且每次都会遭遇其他的对等天下，例如西汉时的匈奴，唐朝时的突厥、

[①] 赵汀阳：《惠此中国：作为一个神性概念的中国》，中信出版社 2016 年版，引言第 11 页。
[②] 同上书，引言第 12 页。

吐蕃、天竺和大食，清朝时的俄罗斯和欧美列强等。这就意味着，自秦以后，中国的疆域始终在狭义和广义的两个天下之间伸缩变化。大部分历史时期，中国实际上都是"小天下"，有时比"九州"还小，有时则完全是四分五裂的多极天下。前者如两宋时期，后者如五胡十六国时期和五代十国时期。但即使如此，即使中国在自秦朝之后的2000多年历史上的很多时期"收敛"成为很小的列国，甚至有时连三代的"天下之中"根据地都丢了，还有待于"王师北定"，可是就像是一种每个局部都能复制整体的海星，一个偏安的中国仍然因"内含天下的结构"而保持为一个"天下国家"。对此，赵汀阳教授写道：

  正因为中国内含天下结构，所以中国成为一个配天的神性概念，谓之"神州"。孟子曰："充实而有光辉之谓大，大而化之之谓圣，圣而不可知之之谓神。"内含天下结构的中国也就不能削足适履地归入民族国家或者帝国之类的概念，这些概念的政治含义相对于内含天下的中国来说都过于单薄了，甚至是概念错位。[①]

因此可以说，世界上再也找不出第二个在长达几千年的时间里始终处于天下政治中的国家。除了中国，其他国家要么是从来没有超越过列国政治阶段，国家的全部历史就是作为列国之一的历史，从不知天下为何物；要么也曾建立过类似于秦汉的大帝国，但是由于帝国疆域之内并没有一个相对独立、自成一体、类似于"内切圆"一样的"天下结构"，在帝国崩溃后天下也随之崩溃，无法再次复原。

---

① 赵汀阳：《惠此中国：作为一个神性概念的中国》，中信出版社2016年版，引言第12—13页。

第二节　既是天下，又是国家

今天人们在试图理解"中国奇迹"，试图回答为什么只有中国连续取得成功、为什么只有中国有能力实现一系列"超经济突破"等问题时，首先要做的，并不是如何更近地走进中国，而是如何更远地离开自身的认识误区。

在这个认识误区中排在第一位的误解就是将中国简单等同于西方"威斯特伐利亚体系"内的列国之一，由此，中国崛起也被简单理解为近现代国际体系中再次出现的一个大国兴衰现象。这种认识带来的最大问题是，无论是将中国类比为当年的德国和日本，还是类比为历史上与美国争霸的苏联或者与大英帝国争霸的美利坚，都不能解释中国经济的连续成功，以及中国政治制度与中国经济成功之间的关联性。

中国首次提出"和平崛起"的时间是2003年，两年后中国提出的人均GDP目标是2020年达到3000美元。但是到了2020年，人均GDP实际达到10500美元，大幅超预期，而且在未来一段时间之内，中国的GDP总量超过美国，成为全球第一大经济体，也未可知。这是无论哪个"威斯特伐利亚国家"都未能做到也不可能做到的。

美国的世界第一经济体地位主要是依靠美元、美军、美媒这几大垄断性霸权支撑的，不太可能被其他任何一个"威斯特伐利亚国家"所超越，如此看来，中国的这个超越就更加不可思议了。而这只能说明中国不是一个"威斯特伐利亚国家"。

本书所提出的新的理解框架，就是将中国与一般的"威斯特伐利亚国家"区别开来，认识到中国这个国家自诞生之初就有一个先于国家而存在并大于任何国家的天下开始伴随国家的诞生和成长，使得中国在数千年历史的大部分时间本质上是一个独特的"天下国家",即使自秦朝之后多次"收敛"成为"内含了天下结构"的大一统国家。

西方人对于中国的特殊性也并非全无认识,却偏向于从"中央之国"这个字面上解读中国的天下观,将其理解为一个自认为处于中央位置的"王国"(kingdom)所特有的优越意识,而且认为,随着在地理上这个中央位置的消失,这种优越意识也就没有了基础和根据。大多数人不能理解到的一点是:中国的天下观是由中华文明在起源上的特殊性所决定的,是这个文明本身的一部分,无论国际体系是什么样,也无论中国在国际体系中处于一个什么位置,中国都不是一个西方人所理解的"王国",而是一个"内含天下结构"的国家。简单地说,中国始终具有两重性,它既是天下、又是国家。

为什么说到中国和中国的历史文化就一定要提到孔子和儒家?归根结底,这也正是由于中国自古以来的天下与国家二重性。梁启超在《春秋中国夷狄辨序》中写道:

> 《春秋》之治天下也,天下为公,选贤与能,讲信修睦,禁攻寝兵,勤政爱民,劝商惠工,土地辟,田野治,学校昌,人伦明,道路修,游民少,废疾养,盗贼息。自乎此者,谓之中国;反乎此者,谓之夷狄。

也就是说,对于什么是中国,主要不是由土地、人民和官府等国家要素决定的,而是由一套天下要素所决定的。而天下就是世界本身,也就是文明本身。孔子认为,只要是由人组成的社会,自有一套恒久不变的标准,他通过作《春秋》将这一套标准制定了出来。在这一标准之下,种族之别、血缘之别、家族之别都没有了,只有文明之别。符合孔子《春秋》标准的,

第八章　天下与天下事业

就是中国；不符合或者违反的，就是夷狄。《论语·为政》中记载了这样一段对话：

> 子张问："十世可知也？"
> 子曰："殷因于夏礼，所损益，可知也；周因于殷礼，所损益，可知也。其或继周者，虽百世，可知也。"

孔子集华夏上古文化之大成，被后世尊为孔圣人、至圣先师、万世师表，这一点并不能仅从所谓的智慧方面来理解。他的学说既然跨越了上古和后世，历经百代而不朽，必定是与中国历史中最根本的东西相联系的，而这个东西也不可能是别的什么，无非就是天下。他为什么说礼仪制度经过夏商周各代的损益之后，即使再过百世也是可知的？因为一种被他认为适应于整个天下的社会秩序，经过了周初的创制之后已经以"天道""周礼""王制"的形式相对固定下来了，既然"天不变，道亦不变"，那么虽百世也是可知了。

从今人的观点看，由于孔子当年所认识的天下只是欧亚大陆东部的中原地区，如前所述，就是人类文明早期大规模的、连续的、多元一体的定居农耕区域，因此，他的学说的适应性也主要是关于定居农耕的，而不是关于游居采猎的。从这里可以看到中华哲学传统的边界。为什么说中华文化是"礼文化"？为什么孔子说"为国以礼"？中国的儒道释传统，无论有多少内部分殊，却一致强调礼制，一致信奉"任天者定，任人者争；定之于天，争乃不生"？是因为所谓礼不是别的，就是秩序，正如《左传·隐公十一年》里所说："礼，经国家、定社稷、序民人、利后嗣者也。"礼，是定居农耕文明得以生存和延续的必需，是秩序主义的集中体现，而不是关于游居采猎文明和运动主义的。

孔子的伟大之处在于早在中华文明的先秦时期就发现了这个天下型定居农耕文明得以延续和发展的基本原则，只要这个文明不变，这些基本原则也不会变，因此他被尊为万世师表。但是，对于与定居文明截然不同的游居文明来说，这些基本原则并不适用。

然而，中国自秦汉之后2000多年里，随着大一统中央集权控制疆域范围的一次次扩大，定居农耕社会的范围也呈漩涡形由中心向四周不断扩大，客观上也推动了孔子学说适用范围的扩大。宋朝之后，"大居正"与"大一统"两大观念合一，如欧阳修所说："正者，所以正天下之不正也；统者，所以合天下之不一也。"也就是说，充分意义上的大一统必须兼备四海与民心两种大一统。而元朝之后，四海大一统实现的疆域越来越大，不仅在地理上远远超出了中原汉地的范围，在种族和文化上也越来越多元，华夏与夷狄、定居与游居、农耕与采猎和游商、基于秩序的社会与基于运动的社会都已经统合在了同一个天下之内，实现了"合天下之不一"。在这种新的政治现实之下，"正天下之不正"的标准因越来越脱离实际而变得名存实亡了。明末清初的顾炎武更进一步，将亡国与亡天下两种情况明确区分开来，"易姓改号，谓之亡国。仁义充塞，而至于率兽食人，人将相食，谓之亡天下"。这是一种更为宏大的天下观，其含义是：由任何一个国家、一个种族甚至一个文化传承所确立的正统性都不再能代表全天下，一个政权只要能够施行仁义，即可自为天下。显然，这种以"仁义充塞，而至于率兽食人，人将相食"为唯一"负面清单"的天下观已经大大超越了孔子作《春秋》时以"大道之行"为标准的天下观，成为一种能够最大限度适应元朝之后明清大一统的新型天下观。

为什么说作为一个现代民族国家、处在"威斯特伐利亚体系"之内的当代中国，仍然兼具天下和国家两重性？回顾近代以来的历史，可以说，现代中国正是从围绕亡国与救国、亡天下与救天下的各种运动的激烈冲突

第八章　天下与天下事业

当中建立起来的。

一方面,清王朝实现了中国历史上空前的四海大一统,一个覆盖"九州+四夷"的大天下。其以汉地十八省和入关之前与蒙古的联盟政策为依托,历经康、雍、乾三朝,连续运用政治、军事和外交的组合手段,将实际控制疆域扩展到了极大。另一方面,清朝内部因疆域和人口扩大带来的社会多元化和因西方文明带来的文化多元化,导致在民心大一统方面出现了历史上空前的危机。传统的家国天下伦理秩序开始瓦解,顾炎武所说的"亡天下"从可能的前景变成了当下的现实。

自1840年鸦片战争以来的中国,竟然从"四千年中二十朝未有之奇变"这一"亡天下"大乱之世中浴火再生。若要真正理解这一长达一个多世纪的极为艰苦卓绝的建国过程,就要从天下与国家的合一、四海大一统与民心大一统的合一这个角度来理解。从这个角度来理解人们就会认识到:自清末到中华民国再到新中国,无论哪个主义、哪个政党、哪个领袖,尽管相互之间主张各异、政策分殊,且斗争无休无止,都是在致力于完成一个共同的历史任务,就是将一盘散沙似的旧中国重新整合为一个大一统的国家。正如基辛格所观察到的,"冥冥中似乎有一条法则,注定帝国必须统一"。基辛格不能完全明白的是,他所说的"帝国",其实就是贯穿整个中国历史的那个天下,而"冥冥中"的法则,其实就是天下与国家的合一。

1895年康有为连续上书清帝建议实行变法以图强,他坚信,凭借中国"地方二万里之大,人民四万万之多,物产二十六万种之富,加以先圣义理入人之深,祖宗德泽在人之厚,下知忠义而无异心,上有全权而无掣肘,此地球各国之所无……",必能胜过泰西和日本等列强。1898年,他在《进呈日本明治变政考序》的奏折中写道:

中国经济发展的逻辑

若以中国之广土众民，近采日本，三年而宏规成，五年而条理备，八年而成效举，十年而霸图定矣。

通过变法而重回世界第一，在当时是改良派的共识。孙中山于1894年在他的《上李鸿章书》中写道：

间尝统筹全局，窃以中国之人民材力，而能步武泰西，参行新法，其时不过二十年，必能驾欧洲而上之，盖谓此也。

康有为的"霸图"和孙中山的"驾欧洲之上"，并不是西方意义上的称霸，而是基于中国传统天下观的一种关于重建天下的表达。其内在的逻辑是：对于中国所理解的天下，不可以有任何一个国家或一群强国依靠霸权而凌驾于天下之上。一旦天下被列国所凌驾，天下就不存在了，也就是"亡天下"了。这一点，从春秋战国时期的"天下乃天下之天下"时起就是确定无疑的。而在列强争霸的局面中，这一逻辑就体现在不能容许任何一个霸权独擅天下。当年努尔哈赤在写给明朝万历帝的信中就有这样的表达：

天地之间，上自人类下至昆虫，天生天养之也，是你南朝之养之乎？……普养万物之天至公无私，不以南朝为大国容情。……天命归之，遂有天下。

从孙中山时代起，历代政治领袖"反霸"的方针一以贯之，无论使用的表述如何不同，其内在的逻辑仍是"天下乃天下之天下"。这也就意味着，之所以在中国100多年的近代史上建国事业与反霸事业必须合一，正是因为救国与救天下必须合一。今天的中国，"坚持永不称霸""坚持和平发展""构建新型大国关系""构建人类命运共同体",仍是重建天下这一未竟之事业的延续。

第三节　以天下为己任

国家始终与一个先于国家、大于国家的天下共存,在国家政治之外始终存在着天下政治,这一点从根本上决定了中国这个国家的独特性。其他国家似乎没有这个独特性。英国的王室和政府内阁只将英国这个国家作为一切政治活动的终极目的,不会再管其他。英国与其他强国的争霸战争,也并不关心各国之外某种"普天之下"的事情。法国国王路易十四的对外战争甚至纯粹被他个人的虚荣所驱动;"袭击成功了,国王军队开进被征服的城市,旋即又折回宫廷。主要是这种胜利班师的荣耀,宫廷的羡慕,使他感到高兴。"[①]表面上看,这种情况和中国的春秋战国时代类似,都是列强混战,征伐不已。但是,两者是有根本区别的。因为在先秦时期各个诸侯国的争霸混战当中,每个国家的政治和军事行动都不是单纯的国家行为,而是同时在天下和列国这两个层面进行的。一旦出现某位国王像路易十四那样纯凭个人喜好为所欲为,就必会受到士大夫代表天下人的指责。

《孟子·梁惠王上》记载了孟子与魏王魏䓨(梁惠王)的对话。孟子劝说魏王,不要只想着利益,"上下交征利而国危矣",要多讲仁义,"王亦曰仁义而已矣,何必曰利"。这种话在今天的西方世界很不入流,西方主流国际关系理论中,国家被假定为只为利益而存在,是一个追求国家利益的行为体;在国际交往中,也普遍遵循"没有永恒的敌人和朋友,只有永恒的

[①] 兰克:《世界历史的秘密》,复旦大学出版社 2012 年版,第 168 页。

利益"的信条。但为什么在中国的春秋战国时期,士大夫会指导君王讲仁义而不讲利呢?这就是因为在士大夫看来,君王讲利也许能一时有利于国家,而讲仁义却可以永远赢得天下。正如《孟子·梁惠王上》所说:

> 今夫天下之人牧,未有不嗜杀人者也,如有不嗜杀人者,则天下之民皆引领而望之矣。诚如是也,民归之,由水之就下,沛然谁能御之?

所以:

> 王之不王,非挟太山以超北海之类也;王之不王,是折枝之类也。老吾老,以及人之老;幼吾幼,以及人之幼。天下可运于掌。

如果没有这个永恒的天下存在于国家之外,就不会诞生出这一套关于天下政治的政治哲学,就不会有孔子的"为政以德""政者正也"。而对于一个只关注本国利益、无视天下苍生的国王来说,政治完全可以与道德脱钩,成为一种关于权力的技术。这正是马基雅维利从中古意大利"城邦政治"中发现的道理,自15世纪之后影响了世界500年的"马基雅维利主义"不过是一种将政治还原为技术的策略。所以可以说,正是由于周朝开启的天下政治,让中国走上了一条与其他任何国家都不一样的道路。最突出的特点是整个国家的统治集团始终受到"平天下"理想的指引,整个士大夫阶层都以"平天下"为终极事业。

1. 理解事业

很多人没太注意一个史实,今天汉语中的商人、商业、商品、商务这些词中的"商"字，就来源于商朝。①也就是说，武王灭商之后，前殷遗民作为一个氏族整体，在失去了贵族地位和王畿土地之后，与"行商坐贾"这个职业联系了起来，成了专门从事商业的奴隶，于是发生了氏族名和职业名的重合。

在古代世界，一个氏族或部落集体从事某一个职业是普遍现象。印度种姓制度就起源于雅利安人入侵之后对全社会进行的阶级分层和职业分工。②但为什么殷商遗民会成为商业奴隶而不是其他职业的奴隶？这是两个方面原因造成的。第一，在殷人方面，殷商贵族原本就是一种"自然状态"的贵族，既从事军事征伐，也从事长途贸易，与前现代的欧洲贵族很像，贸易与掠夺不分，所以商贸很发达，货币也大量出现。汉字中与钱财和交换有关的字，很多都是"贝"字旁，如繁体字的買、賣、貴、賤、贏、負、賺、賠、資、財、貨、賬等，即源自商代用海贝做货币的时期。甲骨文中就有很多从"贝"的字。第二，在周人方面，"小邦周"推翻了"大邑商"之后，并没有简单换代成为"大邑周"，而是非常进取地甚至超前地建立起了一个"天下宗周"大一统，一个范围广阔、"协和万邦"的天下国家。这很伟大，因为如前所述，这不再是一般的治国，而是平天下，本质上就是在当时的有限地域内越过诸侯层次的国家政治直接建立一种"世界性"的政治秩序。③这意味着什么呢？意味着新王朝的统治者集体转型成了一种心怀天下的"事业型"贵族，格局升级，视野扩大，从此远离俗事，不再直接涉足唯利是图的商业。这是一个影响极为深远的分化。一方面，武庚之乱被平定之后，殷商遗民地位更低，沦为了专门从事商业的职业奴隶；另一方面，由官府管理工商业的"工商食官"制度出现了，商业被列为"九

---

① 吴慧：《商业史话》，社会科学文献出版社2011年版，第12页。
② 迈克尔·伍德：《印度的故事》，廖素珊译，浙江大学出版社2012年版，第44—45页。
③ 赵汀阳：《天下的当代性：世界秩序的实践与想象》，中信出版社2016年版，第52页。

职"之一，由官府设贾正、工正进行监督管理，从此"士大夫不杂于工商"。整体而言，中华天下国家独特的政商关系自此滥觞：士大夫官府从事着"高尚"的平天下事业，奴隶商贾从事着"低贱"的商业，自此之后上下两隔。

西方学者一直看不懂这个问题，即使是研究中国问题的大学者，也都深感迷惑。费正清这位美国的中国学大学者就曾问道：在中国历史上，美国人迫切想得出答案的一个问题是，为什么中国的商人阶级不能冲破对官场的依赖，以产生一股独立的创业力量呢？[1]法国历史学大家费尔南·布罗代尔也认为，中国社会政府的权力太大了，使富有的非统治者不能享有任何真正的安全，商人们对任意征收的恐惧始终挥之不去。很多中国学者也持类似看法。如王亚南在《中国官僚政治研究》一书中说："秦汉以后的历代中国商人都把钻营附庸政治权力作为自己存身和发财的门径。"《中国皇权制度研究》一书的作者王毅写道："托庇于官僚政治之下，是制度环境对于中国商人生存出路的根本性规定。"由此可见，关于中国官僚集团和商人集团的关系这个问题，几乎是众口一词，都认为中国历史上商人不得不依附于官僚，工商业发展备受压制，属于不正常的现象。而且普遍认为造成这一情况的主要原因是统治者的狭隘和自私，应当被视为中国社会的一大弊病，也是中国在近代之后落后于西方的一大原因。哪怕到近年来关于"国进民退"的争论、关于政府在市场中的作用的争论、关于国家产业政策的争论等，也大都延续了这个定论。

这里显然有个巨大的认识误区，产生这个误区的根本原因在于未能理解何为天下国家，何为平天下。很多人没有认识到，正是由于中国很早就开启了天下政治的传统，所以中国政府的基本性质就是由一群怀抱平天下理想的官僚士大夫组成的事业联合体，而不可能是西方自由主义理论中的

---

[1] 费正清：《美国与中国》，张理京译，世界知识出版社2001年版，第46页。

"守夜人"政府，完全退化为一个为商人集团提供基本服务的行政机构。

在儒学传统中，根据朱熹在其《大学章句》中的解释，平天下是作为君子人生实践"三纲领八条目"的最后一条。所谓"三纲领"就是"明明德""亲民""止于至善"；所谓"八条目"就是"格物""致知""诚意""正心""修身""齐家""治国""平天下"。周朝时期，做一个君子，15岁之后就要开始学习《大学》，以"三纲领"为指导，按"八条目"逐步进行，前四条是追求"内圣"的四个步骤，后四条是追求"外王"的四个步骤，最后达到平天下的境界。这是一种完全不同于旧式贵族的新型精英人物，成为这种人物不是通过血缘关系中的继承，而是通过学习《大学》、按照"三纲领八条目"不断提高自身修养并逐级进行政治实践。

2.士大夫集团

中国历史上有着持续长达2500多年之久的"士"的传统。《说文解字》训：'士，事也。"《汉书·食货志》记："学以居位曰士。"可见，这就是一种通过学习而职掌事务的专门人才，如《白虎通·爵》所说："古今辩然否，谓之士。"

春秋早期，士的构成主要是低等贵族中那些文武兼备之士。但在贵族内部，一方面礼乐文化日益繁密精细，贵族中能够掌握礼乐的人越来越少；另一方面以经书为载体的学术日益发达，贵族中发生了文人和武人的分化。这两方面导致士人群体作为低等贵族中的"文化事务专家"群体日益壮大。而在平民当中，由于频繁的战争，庶民因与战事有关的功业而上升为士人的人也越来越多。于是，到了春秋晚期，士农工商四民社会形成，士人阶层成为贵族群体和平民群体之间的交接点。自从这种专门人才群体诞生之后，就成了中国社会中的一个流品。

孔子的学说正是在士人阶层兴起的历史时期应运而生的。如前所述，这种学说的本质就是关于天下国家和天下政治的，是超越诸侯国家的，君主不能屈"士"为"臣"。所以自孔子之后，无论哪一流派的士人，也无论处在何种时局中，"士志于道""明道救世""以天下为己任"的"士风"都始终保持不变。余英时在其《士与中国文化》中用杜牧《注孙子序》的"丸之走盘"比喻这种"万变不离其宗"的特征："丸之走盘，横斜圆直，计于临时，不可尽知。其必可知者，是知丸不能出于盘也。"①这个"盘"归根结底就是治天下、平天下的事业，各个流派都一样，都在"盘"中，正所谓"夫阴阳、儒、墨、名、法、道德，此务为治者也"。这是永恒的事业，其他一切都要让位，而能够最终完成这个事业的，只能是士大夫官僚集团，不可能是商人集团。这一点甚至在关于君子修身的第一个步骤中就有了严格的要求，即所谓"德本财末""君子喻于义，小人喻于利""仁者以财发身，不仁者以身发财"等。这就是中国历史上政商关系的关键。也就是说，不能想当然地认为是由于官僚士大夫集团的狭隘和自私造成商人集团受到了压制，真正导致中国商人集团不能冲破对于官场的依赖成为一支独立力量的决定性因素，不是别的，正是中国的天下政治传统本身。

自由主义经济学家只看到中国商人集团对于官僚集团的依附性，同时又想当然地认为中国自古以来就有着巨大的统一市场，这其中明显存在着逻辑上的不一致。难道不需要问一问：巨大的统一市场这个得天独厚的经济发展条件是天然具备的吗？中国历史上如此之多四分五裂和兵荒马乱的时期，如秦末乱世、五胡十六国、唐末五代十国，包括元初和元末的中央政权真空时期，有人会认为这些时期是人民的好光景吗？是经济发展的好时期吗？那些大崩溃性质的黑暗时期，到底是如何结束的，又是如何重建了统一、恢复了和平呢？

秦朝大一统覆盖的疆域不到今天中国面积的1/3，而2000多年里两汉、

---

① 余英时：《士与中国文化》，上海人民出版社2003年版，第5页。

第八章　天下与天下事业

隋、唐、元、明、清等各次大一统后覆盖的疆域均会增大。这也就意味着，总体上看，每一次大一统的重建都表现为分治地区的减少，而每一次大一统的解体都表现为分裂地区的增加。分裂指的是一个政权的一部分脱离了它的统治，成为一个独立政权，或者一个政权解体了，分成若干个互不统属的政权，但终究是从"一个政权"变化出来的，而这一个政权一旦得以重建，就一般是比前一个政权更大的政权。显然，这意味着自周朝开始的由中国官僚士大夫主导的平天下事业，从3000多年来的历史整体上看，是一个通过大一统的多次重建而不断扩大、不断取得成功的事业。一句话，历代以来"上马为将，下马为师"的士大夫干得不错！

这个事业的推进，体现在三个方面：一是天下政治对于列国政治的超越，二是中央集权郡县制覆盖范围的扩大，三是官僚集团对于商人集团的压制。中国历史上，平天下事业大力推进的时期，这三个方面往往是齐头并进的。这就是中国历史中的基本事实：天下型经济体并不是商人开创的，而是政府打造的；被天下国家的制度固定在一个低下地位上的商人集团，并不与事业型的士大夫官僚集团共享同一个远大抱负，也不属于天下一统事业的主要力量，而是只专注于商业和企业。由于天下一统事业过于宏大，不容挑战，事业与商业之间实际上存在不可跨越的鸿沟，所以在中国历史上，商人集团尽管也有过强盛的时期，却从未成为国家事务中的独立部分，也从未主导国家事务。

根据余英时的观点，中国历史上持续2000多年的"士风"，随着清末科举的取消而烟消云散了，士的这一"流品"也逐渐被当代的"知识分子"所取代。因为传统的"三纲领八条目"这个《大学》的知识体系已经不能继续适应科学和民主时代的新思潮，2000多年来一直稳稳地托着所有"丸"并创造了无数"丸之走盘"思想活动的"盘"终于彻底被倾覆了。但是，事情也许并不这么简单，一个延续2500多年未曾中断过的传统，不太会戛然而止。历史证明，接受了西学教育的中国新生知识分子由于正逢"三千年未有之大变局"，面临亡国灭种的危机，亲历"天下无道"的黑暗，其固有的"明道救世"情怀不仅没有泯灭，反而在救国、救天下的紧迫中变得更加炽热了。而且，这一次，在"德先生"和"赛先生"两面大旗的感召下，他们的"平天下"理想也不再寄托于皇帝，而是名正言顺地要靠自己的双手通过民主和科学的革命实践来实现。经过了这个大转折，"士不可以不弘毅，任重而道远""士当先天下之忧而忧，后天下之乐而乐"等，直接融入革命者的革命豪情当中，转变成了为率领民众共同建设理想社会而奋斗终身的全新信念。在与西方传统的"现代性"浪潮合流之后，终于形成了一种中国特有的"现代性"。

3. 近代建国事业

今天的中国，整体上已经是一个现代国家了，与百年前的中国相比，已经具有了典型的前现代和现代之间的巨大差异。这种巨大差异的出现，以及出现的深层根源，也可以通过西方学术传统中所谓现代性的发生加以解释。

在西方社会，现代性被认为与圣经信仰有关，根据列奥·施特劳斯的定义："现代性乃是世俗化了的圣经信仰；彼岸的圣经信仰已经从根本上此岸化了。最简单的表述就是：不再希冀天国的生活，而是要通过纯粹属人的手段，在尘世上建立天国。"[①] 意思是说，之所以在前现代社会人们无所事事、听天由命、一切顺其自然，是因为人们都在希冀着救世主降临人世，给人们带来美好的天国生活。而之所以现代社会人们都风风火火、只争朝夕、努力战天斗地，是因为人们放弃了对救世主的等待，决心依靠人类自己的力量，在尘世上建立天国。这个从指望彼岸永生到专注此岸幸福的大

---

① 贺照田主编《西方现代性的曲折与展开》，吉林人民出版社2002年版，第86页。

转变，就是现代性的本质。

那么，在中国这个并没有圣经信仰传统的东方社会，这样的一个非常类似的大转变——从无所事事、听天由命、一切顺其自然，到风风火火、只争朝夕、努力战天斗地，又是如何发生的呢？换句话说，中国的现代性又是如何形成的呢？

有一点很明确，依靠人类自己的力量，在尘世上建立天国，这不是别的，恰恰是马克思主义的主张。也就是说，无论历史上的中国社会是一个怎样的社会、有着怎样的信仰体系，当马克思主义进入中国之后，中国社会有了一个与其他社会类似的远大理想和奋斗目标——依靠自己的力量建立一个理想社会，即所谓的人间天国。

当然，马克思主义的这个精神指向，被西方的现代性理论当作西方社会自15—16世纪开始的"现代性浪潮"的最后一波浪潮的一部分，与马基雅维利、霍布斯、洛克、卢梭、康德、尼采等人同在一个被称为"现代性谋划"的思想脉络中。但是，与其他谋划者大不相同的一点是，对马克思来说，无阶级社会的到来是必然的，所以，人间天国的建立只能由无产阶级来领导，而不是由超人来领导。而正是这一点让他的革命理论最终在古老的中国引起了最大的响应，取得了最大的成功，并变身为中国社会中的现代性。

对应于西方版"圣经信仰世俗化"现代性的这个"中国版"现代性，其理论公式就是：依靠中国工农自己的力量，在中华民族自己的土地上，由中国无产阶级政党自己来领导，建立一个中国人民自己的国家。

塞缪尔·亨廷顿在研究中国问题时注意到了这一点。他发现，在中国革命运动中知识分子与"革命性的农民"成功地结盟了。亨廷顿认为，一般来说，知识分子激励农民的努力几乎总是失败的。在俄国革命中，虽然列宁认识到了农民的关键作用并调整了布尔什维克的纲领和策略，以争取农民的支持，但布尔什维克依然主要是一个城市与知识分子的集团。亨廷顿写道：

> 中国共产党人的情况则相反……在城市斗争失败后，根据毛泽东自己对农民革命特点的观察，他和他的追随者转移到乡村去重新组织共产主义运动。在这时，伴随着每次革命而发生的农民起义在历史上就首次成为一支有组织和有纪律的队伍，并由一个具有高度意识和表达能力的职业革命知识分子集团来领导。……在城市革命失败后的20年当中，他们使革命一直在农村保持着活力。[①]

对于一个以小农经济为主的传统农业国来说，原本"一盘散沙"的亿万农民史无前例地"成为一支有组织和有纪律的队伍，并由一个具有高度意识和表达能力的职业革命知识分子集团来领导"，这在中国历史上是空前的。但是，如果考虑到中国历史上延续数千年不曾中断的"士"的传统，以及这一传统在近现代以来被以救国、救天下为己任的"职业革命知识分子集团"继承和发展，成了推动中国社会现代性发生的重要动力，那么，这一现象也是完全能够理解的。

1925年，作为"职业革命知识分子集团"最主要代表人物的毛泽东，为这支革命化的农民队伍确定了革命任务，就是推翻压在中国人民头上的"三座大山"、建立中国人民自己的新中国。他在《中国社会各阶级的分析》一文中写道：

> 一切勾结帝国主义的军阀、官僚、买办阶级、大地主阶级以及附

[①] 塞缪尔·亨廷顿：《变化社会中的政治秩序》，王冠华等译，上海人民出版社2015年版，第250页。

属于他们的一部分反动知识界,是我们的敌人。工业无产阶级是我们革命的领导力量。一切半无产阶级、小资产阶级,是我们最接近的朋友。那动摇不定的中产阶级,其右翼可能是我们的敌人,其左翼可能是我们的朋友……①

从那时起,毛泽东终其一生都在完成将"中国版"现代性的理论公式转变成具体实践的工作。这项工作的艰难之处在于,其中的每一步都有滑向歧途、落入陷阱的可能。例如革命的主体,在理论上虽然明确了是以工人、农民为主,但如何防止这支武装起来的队伍由于大多数是失地农民而蜕变为中国历史上仅以打土豪、分田地、不纳粮为最高目标的农民起义军呢?再如革命的任务,在理论上虽然明确了是建立一个中国人民自己的国家,但如何防止这个通过武力统一建立起来的新生国家不因只会"草创"不会"守成"而重新陷入中国历史上的王朝循环呢?即使"守成"问题解决了,又如何防止这个落后的农业国家不被资本主义工业化大国再次进行经济殖民而沦为依附型国家呢?

解决这些矛盾,需要进行理论创造,这就是继承了"士志于道""明道救世"传统的现代"职业革命知识分子集团"最重要的任务,也是毛泽东的"马克思主义与中国实践相结合"的最为成功之处。通过将马克思主义作为指导思想,一套现代化的意识形态话语被创造出来:农民起义军的军事胜利被理论化为社会主义革命,底层社会对上层社会的反抗被理论化为无产阶级与资产阶级的斗争,天下起兵夺取全国政权被理论化为社会主义建设的新起点。

初看起来,这个理论工作几乎没有成功的可能性,因为两套叙事之间冲突巨大。在马克思主义理论中,社会主义只有在资本主义发展到一定阶

---

① 《毛泽东选集》第一卷,人民出版社1991年版,第9页。

段之后才能实现，不可能在连资本主义还没有起步的半殖民地半封建阶段直接实现；而且领导社会主义革命的只能是在资本主义社会中发展起来的工人阶级，不可能是根本没有进入过大工业生产体系的农民阶级。所以，要想将清末民初这一个周期的农民起义纳入现代化理论框架中，将底层社会武装暴动的胜利解释成中国社会主义革命的成功，就必须创造出一个用于"对接"的中介理论，而跨越传统和现代两者间鸿沟的"新民主主义论"恰恰适用于此。

历史证明，从"新民主主义论"的提出到1956年第一个五年计划基本完成的十几年时间，正是传统中国向现代化"人民共和国"转型最为成功的一段时间，也为今天的中国实现"人民的现代化""以人民为中心的发展"奠定了重要基础。从中国历史上看，向现代化"人民共和国"的大转型，通过成功避开农民阶级的民粹主义陷阱，将这个新生政权"拉出"了数千年王朝循环的轨道。从世界体系上看，人民民主专政下的"以经济建设为中心"，通过成功避开资产阶级的资本主义陷阱，将这个新生政权"拉出"了后发国家依附型经济的轨道。正是这两点，确保了"中国现代性浪潮"不是西方现代化浪潮的中国支流，而是中华文明与西方文明发生碰撞之后在自身演化路径上进入的一个新阶段。1927年，毛泽东在《湖南农民运动考察报告》一文中写道：

> 很短的时间内，将有几万万农民从中国中部、南部和北部各省起来，其势如暴风骤雨，迅猛异常，无论什么大的力量都将压抑不住。他们将冲决一切束缚他们的罗网，朝着解放的路上迅跑。一切帝国主义、军阀、贪官污吏、土豪劣绅，都将被他们葬入坟墓。

"几万万农民从中国中部、南部和北部各省起来"，"朝着解放的路上迅跑",如果说这就是中国人民终于开始要通过自己的力量建立自己的"人间天国",就是中国人民彼岸向往的此岸化,就是真正的"中国现代性浪潮",那么,考虑到中国作为世界上唯一的广土巨族天下国家,并拥有作为一个整体并持续2000多年的下层社会,"几万万农民"集体行动所推动的现代性浪潮,则注定了这不仅是中国自身的一个历史事件,也是世界上的一个历史事件。而且可以说,中国社会在今天和可见的将来的一切发展和变化,仍然是这一伟大的现代性浪潮猛烈推动的结果,因为中国人民"朝着解放的路上迅跑",在世界范围上看,仍是一个未竟的事业。

第九章
"超经济突破"作为一个事业

在建国事业中,需要武装夺取政权,所以"职业革命知识分子集团"需成为职业军事家。邓小平曾指出,"理解中国并不难,……毛泽东主席是军人,周恩来是军人,我同样也是军人"[①]。事实上,这个从20世纪20年代建党、建军之后几十年里一直率领着中国人民"朝着解放的路上迅跑"的革命者群体,不仅在新中国成立之前是通过战争的手段推进着中国的解放和建国事业,在1949年新中国成立之后的很长一段时间里,也是在一个广义的战争环境中艰难地推进着中国的强国事业。也就是说,对于这一代中国领导人来说,建国是一个天下事业,强国也是一个天下事业,两者之间并不存在战争时期的军事与和平时期的经济泾渭分明的区别。

第一节 作为事业的工业化

早在新中国成立之前,毛泽东等中国共产党领导人就已经抱定信念要让中国实现工业化,其目标是要让中国这个传统农业社会转变为一个现代

---

① 傅高义:《邓小平时代》,冯克利译,香港中文大学出版社2012年版,第278页。

第九章 "超经济突破"作为一个事业

工业社会，让工业在国民经济中占据主要地位。1945年毛泽东在党的七大上讲：

> 在新民主主义的政治条件获得之后，中国人民及其政府必须采取切实的步骤，在若干年内逐步地建立重工业和轻工业，使中国由农业国变为工业国。[1]

这个目标是在新中国成立之前就提出来的，对于当时尚不知道夺取全国胜利将要多长时间的共产党队伍来说，这个目标与当下的军事斗争同属一个宏大事业，不分彼此。根据王绍光教授在《国企与工业化，1949—2019（上）》一文中的解释，是否发生工业化，可以借助4个简单的指标，即国民经济结构中工业的比重增加、生产总量和人均产量的增长、劳动生产率和全要素生产率的提高、在全国范围内的工业布局等4个方面。[2]而1945年那个时期的中国共产党其实并不知道如何才能做到这几个方面，甚至连搞工业的人才都没有，但他们知道这个目标一定能够达到，因为他们将其视为一个宏大事业。

从当时的一些重大决策过程可以看出，如何在最短的时间内依靠极为有限的资源迅速推进新中国的工业化进程，并不是作为经济学理论框架中的经济学问题来考虑的，而是在事关党和国家发展的千秋伟业的大政方针中考虑的，因此也就成了最重要的天下事业。今天的人们看到了从那时起新中国进行的工业现代化和农业现代化建设，虽然这些建设可以作为新中国的"经济建设"被单独抽离出来用经济指标加以描述，但实际上在当

---

[1] 《毛泽东选集》第三卷，人民出版社1991年版，第1081页。
[2] 王绍光：《国企与工业化，1949—2019（上）》，https://www.aisixiang.com/data/ 117036.html。

时完全是在天下事业当中加以推进的。而随着事业的完成，这些"经济建设"当然也就取得了成就，这样一个过程和结果正是本书所说的"超经济突破"。

现在回看本书第一部分所描写的新中国成立70多年来在4个重要方面的"超经济突破"，就可以理解为什么在引言部分笔者将中国的"超经济突破"从主流经济学理论的经济范畴中切割出来归入发展战略的范畴。如前所述，在中国，发展战略就是事业。

新中国成立至今70多年，从毛泽东主席到今天的习近平总书记，每一代最高领导人都有关于经济问题的重要论述。他们的经济思想和关于经济问题的重要论述，在其他国家都不会被当作经济学语言看待，但是对于中国这个通过推进天下事业不断发展的天下国家来说，这些论述其实就是最正确的经济学。英国学者罗思义曾经撰文说："20世纪迄今为止最伟大的经济学家，不是凯恩斯、哈耶克或弗里德曼等西方经济学家，而是中国的邓小平。"[1]当然，他尚未真正理解中国这种特殊的、作为事业一部分的经济。但如果"最伟大的经济学家"指的是实践的结果，而不是理论的表述，那么他说的这句话毫无疑问是对的，而且适用于新中国成立以来的各代领导人。

为什么毛泽东、邓小平等大半生都从事政治和军事工作的领导人，可以领导一个长期处在战争环境的国家，在极短的时间里创造出经济奇迹？为什么中国共产党可以将一个积贫积弱的落后农业国，在极短的时间里改造成先进的工业国？当西方人给中国贴上"国家资本主义""重商主义"等标签时，他们是否明白他们对中国的误解有多深？

---

[1] 《邓小平是迄今为止世界最伟大的经济学家》，http://finance.sina.com.cn/zl/china/20140822/135320092557.shtml。

第九章 "超经济突破"作为一个事业

第二节 作为事业的商业化

20世纪20年代曾经创造过"柯立芝繁荣"的美国总统卡尔文·柯立芝曾经有一句广为流传的"名言":"美国人民的事业就是商业(After all, the chief business of the American people is business)。"这句话很适合美国,也适合大部分欧洲国家,甚至适合当代世界上大多数国家。事实上,所谓的重商主义一直就是很多国家的发家之道。在一个信奉"事业就是商业"理念的国家中,商人阶级不要说作为一个独立的创业力量,就是作为一个独立的政治势力甚至控制整个国家的特殊势力,也完全可能。

从这个角度看,中国从古至今巨大的统一市场和人口规模,与西方国家"事业就是商业"的商业立国传统,两者之间其实是鱼和熊掌不可兼得的关系。欧洲不是不希望统一,而是分裂的力量远大于统一的愿望。没有强大的中央政府,就没有大型国家,没有统一红利;而商业立国的政府,一般源于城邦文明传统,不能为大型国家的长期统一提供保障,只有通过帝国主义殖民征服政策才能建立起海外殖民地统一市场。这两个基本的历史事实不能轻易忽视。从这种对比中就可以看清中国历史上政商关系的基本脉络了。当然,不同历史时期的事业和商业有不同表现,政商关系也会出现不同的变化。但总的来说,中国自"商周之变"之后就不是一个"商业型国家"而是一个"事业型国家"了。在"事业型国家"中,商业只能是事业的一部分,不能代替事业,更不能压倒事业。而由于事业的终极目标直通"平天下"这一伟大理想,所以实际上永远是一个"进行时",永无"完成时"。只要天下还存在着不和平、不公平、不太平,这个国家的整个精英集团就会继续为和平、公平、太平的"平天下"理想而奋斗。

但是,在某种特殊情况下,商业却可以成为事业本身。例如中国历史上的北宋时期。北宋之时，北面是大辽，西面是西夏和吐蕃诸部，西南是大理国，从"大天下"的角度看，相当于一个割据分治局面。所造成的地缘政治现实是，汉唐时期属于"塞外"的地方都不在北宋疆域之内，其北方边界只到今天的天津市、河北省霸州市、山西省雁门关一带，东南抵海，西达今甘肃省。

一个没有长城的北部边界意味着什么呢？一个非常接近圆形的"小天下"疆域意味着什么呢？在当时东亚大陆的那个"国际"环境下，没有长城屏障的圆形疆域实际上意味着一种力量的均衡。从北方的辽朝和金朝、西北的西夏方面看，这些半定居半游居的社会针对北宋和后来的南宋构成了一种持续的军事压力；而从北宋和后来的南宋方面讲，平衡这些军事压力的不是与之相当的军事实力，而是由自身控制的基本经济区产生的经济实力。依靠这一当时世界第一的强大经济实力，北宋在北方每年约向辽朝输银10万两、绢20万匹，双方约为兄弟之国；在西北每年向西夏输银7万两、绢15万匹、茶3万斤左右，重开沿边榷场贸易。就这样通过持续的经济"赎买"换来持久的和平。而北宋的圆形疆域就恰恰代表了基于这一地理范围的经济体所提供的经济实力的最大极限。也就是说，这个经济实力所支撑的国力足以维持一个最大范围的中原—南方定居农耕社会"小天下"。

而这也就是为什么会出现范仲淹变法和王安石变法这种与春秋时期列国变法类似的变法，主要以固边富国为目标。宋神宗时期以"当今理财最为急务"作为改革纲领，可以说是中国历史上一种特殊政商关系的反映。当天下国家本身相对弱小，偏安一隅且处在强邻环伺的"大环境"中时，国家的事业目标就会大大降低，在一个"小天下"的范围内出现"天下无事，过于百年"的状况。如果这时国家仅以固边富国为事业目标，就会出现难得一见的事业与商业目标一致的情况。而王安石变法，其实就体现了这种一致性，理财与理兵多项适宜政策并举，在一段时间内创造出某

第九章 "超经济突破"作为一个事业

种程度上的繁荣景象。变法中的"方田均税""青苗""免役""市易""免行""均输"等政策，主要围绕理财展开，前三条针对农业，后三条针对工商业。而事实上，宋代的经济发展曾达到中国历史高峰，很多学者相信，当时中国的GDP位列世界第一。

当代中国的情况有类似之处。新中国成立之初，和平并未到来，实际上始终处在一个随时可能爆发全面战争的国际环境中，而且面临一个很不利的地缘政治环境。在开始实行改革开放政策之时，只能说初步解决了"固边"的问题。由于是在核武器时代，新中国的"理兵"和"固边"不得不通过自力更生制造出原子弹、氢弹、卫星、核潜艇等非常规武器装备来实现，甚至包括在全国范围内采取"深挖洞""广积粮"等最原始的措施。而这个长期的备战过程耗费了国家大量的资源，因此，在改革开放之初，当终于有机会从"理兵"转为"理财"、从"固边"转为"富国"时，经济发展和改善民生就成了当时的"急务"，也就成了当时最大的事业。

1980年1月16日在中共中央召开的干部会议上，邓小平正式提出"以经济建设为中心"的重大论断。1987年党的十三大提出了党在"社会主义初级阶段"的基本路线，即"一个中心、两个基本点"——以经济建设为中心，坚持四项基本原则，坚持改革开放。这就是将商业并入了事业，而"坚持四项基本原则"这个基本点，则是为了确保商业的发展不偏离事业的轨道。有了这一整套约束，就会避免中国历史上多次出现过的因私人商业失控而冲击国家事业的情况。

短短40多年，中国GDP年均增长9%左右，对外贸易年均增长14.5%，连续超过英、法、德、日等国，成为世界第二大经济体。从2010年开始，中国即成为世界第一制造业大国。在500余种主要工业产品中，中国有220多种产量位居世界第一。制造业增加值为3.59万亿美元，占全世界的近1/3。从财富增长水平看，近20年来中国的财富增长水平对应于美国自

中国经济发展的逻辑

1925年以来近80年的财富增长,如果中国在2025年达到预测的107万亿美元,那么将与美国2017年的财富水平相近,这意味着中国在2020—2025年之间将会取得相当于美国13年时间的进步。[①] 这不是单纯靠商业即可取得的成就,而是通过将"实现四个现代化""以经济建设为中心""全面建成小康社会""本世纪中叶全面建成富强民主文明和谐美丽的社会主义现代化强国"这些基本路线作为一个连续的事业,全国人民上下一致、同心协力、一代人接着一代人努力奋斗取得的成就。对于一个不依靠侵略、掠夺、剥削他国实现经济奇迹的国家来说,只有这种通过一系列"超经济突破"完成目标的事业型经济,才是真正可以实现赶超的经济。回顾本书第一部分的内容,新中国成立70多年来在工业、农业、金融、贸易等多个重大领域相继实现的"超经济突破",从经济的角度看是超常的经济发展,从国家的全面发展看就是事业。

---

① 文扬:《天下中华——广土巨族与定居文明》,中华书局2020年版,第2页。

第十章
中国经济：一种特殊类型

第一节 天下型经济体：历史与现实的一致

一个十几亿人口规模的经济体，不仅成功保持了GDP连续几十年的高增长，而且成功实现了制造业立国，消除了绝对贫困，抑制了资本无序扩张，构建了国内国际双循环，防止了自然环境的持续恶化，进行了各种基础设施的升级换代，推动了科学和技术的飞跃，保持了整个社会的长期稳定，发展了共商共建共享的国际合作模式，在几十年的时间里走完了西方发达国家几百年才走完的路……按照本书的理解框架，这都是通过中国式的"超经济突破"得以实现的。而毫无疑问，中国式"超经济突破"的连续成功是"中国人民干出来的"，如果没有全体人民、全国各族人民或者说同属并认同中华文明的所有人的共同努力，也是不可能取得的。若要进一步探究中国式"超经济突破"连续取得成功的更深层的逻辑，就必须进一步深入让中国人产生如此凝聚力的中华历史文化中，在中华文明独有的"天下国家""事业型国家""士大夫集团传统"等认知框架中建立理解，如此才有可能找到令人满意的答案。

既然中国这个国家本质上是一个"天下国家"，那么中国这个经济体也

中国经济发展的逻辑

必然在本质上是一个天下型经济体。那么，到底应该如何理解天下型经济体呢？

先回顾一个历史故事——1793年，英国的乔治·马戛尔尼爵士率领使团来到中国。这次访问中发生的一件事是：他临行前花费大量心思认真准备的一大批向中国皇帝敬献的礼物，不仅没有引起乾隆皇帝和官员的丝毫兴趣，而且与他在热河行宫里看到的琳琅满目的奇珍异宝相比，全都不值一提，这让他非常扫兴。美国历史学家魏斐德这样写道：

> 马戛尔尼爵士在皇帝的热河行宫乘船游湖，参观了四五十座亭台楼阁，每一座都……极尽奢华，挂着皇帝的狩猎行进图；陈列着巨大的碧玉花瓶和玛瑙花瓶、最好的瓷器和漆器，各种欧洲玩具和鸟鸣钟以及大量工艺精湛的地球仪、太阳仪、钟表和音乐盒。相比之下，我们的礼物真是微不足道，"黯然失色"[①]。

乾隆皇帝在回复给英吉利王的敕书中也很直白地说：

> 其实天朝德威远被，万国来王，种种贵重之物，梯航毕集，无所不有……

马戛尔尼之所以扫兴，原因就在这里。他在准备礼物时，想象中的中国不过是列国中较大的一个，列国之间的礼物交换，当然就是互通有无。但他到了北京和热河行宫后，看到的却是一个天下。而列国之一与天下之间的礼物交换，当然就不是互通有无，而是列国所有的天下都有，列国所无的天下也都有。

[①] 魏斐德：《中华帝国的衰落》，梅静译，民主与建设出版社2017年版，第102页。

第十章 中国经济：一种特殊类型

在西方经济学国际贸易理论中，默认的国家就只是列国，不包括中国这样的天下型经济体。大卫·李嘉图在他的《政治经济学及赋税原理》一书中写道：

> 由于使各国都生产与其位置、气候和其他自然或人为的便利条件相适应的商品，并以之与其他国家的商品相交换，因而使我们的享受得到增进，这对人类的幸福来说，其意义就和我们享受由于利润率的提高而得到增进是完全一样的。

这种只"生产与其位置、气候和其他自然或人为的便利条件相适应的商品"的列国型经济体，就不是天下型经济体。经济体越小，借助"便利条件"所生产的优势商品种类越少，与天下型经济体的可比性越小，越不能放在同一个理论框架中。

在马戛尔尼访华的那个时期，西方通过工业革命和科学革命创造出来的以工业品为主的优势商品还不多，世界各国的科技水平和生产力水平相差不大，所以当时的中国的确就是"种种贵重之物梯航毕集，无所不有"的天下型经济体，超出了马戛尔尼的认知范围。

回溯历史，如果不是很快就发生了"西洋小国"凭借洋枪洋炮颠覆了"天朝上国"这种事，如果西洋国家与中国之间还只是经济对经济、贸易对贸易，就像自明朝中期以来大体上维持的那种局面，那么中国的天下型经济体与其他的列国经济体之间的差距还会保持一段时间，中国的"无所不有"和各国的"梯航毕集"也会保持一段时间。因为中国作为天下型经济体已有很长的历史，不是一般的列国经济体所能追赶上的。

那么，中国的天下型经济体在历史上是如何形成的呢？这需要先从中国的基本经济区这个概念说起。

中国经济发展的逻辑

首先发现中国的基本经济区现象的，是1929年获得美国哥伦比亚大学经济学博士学位的冀朝鼎，他在《中国历史上的基本经济区》中写道：

> 在此经济区内，农业生产率和运输设施使缴纳漕粮成为可能，而且要远远胜过其他地区，因此任何一个团体，只要控制这一经济区，就掌握了征服和统一全中国的关键。因此，这种地区被定义为"基本经济区"。

这个发现很重要，就是说基本经济区的形成是统一国家得以建立的经济基础，统一国家的疆域扩大和政治重心转移，取决于基本经济区的扩大和区域转移。因为谁控制了富庶的基本经济区，谁就有了大量的漕粮，用现在的话说就是占据了生产力上的竞争优势或综合国力的优势，就有可能争霸天下，建立起统一的王朝。而一旦统一了天下，为了确保江山稳固，朝廷就会进一步开发所占据的基本经济区，提高农业生产率、兴修水利、发展漕运等，使得基本经济区的竞争优势更强，愈加成为争霸天下者必欲夺取的战略要地。

如春秋管仲相齐期间，就曾经利用齐国大型经济区的优势来支撑齐桓公的霸业。管仲首先打破了原来的封地和采邑边界，建立新的地方行政区划以"定民之居"。"制国"："五家为轨，轨为长；十轨为里，里有词；四里为连，连为之长；十连为乡，乡有良人焉。""制鄙"："三十家为邑，邑有司；十邑为卒，卒有卒帅；十卒为乡，乡有乡帅；三乡为县，县有县帅；十县为属，属有大夫。"这就是让人民和土地充分结合，整体上形成生产财富的人力机器。如管子所说，"地者政之本也，是故地可以正政也"。在土地与人民很好结合的基础上，财富自然会产生出来，"务五谷，则食足；养桑麻，育六畜，则民富"。"无夺民时，则百姓富；牺牲不略，则牛羊遂。"

第十章　中国经济：一种特殊类型

今天看来，管仲的"均地分力""制地分民"等政策正是通过经济区建设来实现富国强国的有效举措。"欲为其国者，必重用其民。欲为其民者，必重尽其民力。""均地分力，使民知时也。民乃知时日之蚤晏，日月之不足，饥寒之至于身也。是故夜寝蚤起，父子兄弟，不忘其功，为而不倦，民不惮劳苦。"

随着诸侯国最终合并成为大一统国家，中国的基本经济区也以多元一体的"丛体"形式发展了起来。根据冀朝鼎的研究，若以基本经济区作为中国经济史的划分依据，在自战国到晚清的2000多年里，可以分为五个时期：第一个时期是秦汉时期，以泾水、渭水、汾水和黄河下游流域为基本经济区。第二个时期是三国、魏晋和南北朝时期，四川与长江下游流域发展为新兴的基本经济区。第三个时期是隋唐时期，长江流域获得了基本经济区的地位，大运河的兴修将南北基本经济区连接了起来。第四个时期是五代、宋、辽、金、西夏时期，长江流域成了最大的基本经济区。第五个时期是元、明、清时期，京城（北京）附近的海河流域也发展为基本经济区。[①]

通过这个基本经济区的分期法，人们就容易看清中国历史的演变脉络了——秦汉大一统之所以持续数百年，是因为北方基本经济区的形成和扩大。魏蜀吴三国之所以能够长期三足鼎立，是因为在四川与长江下游地区分别出现了新的基本经济区。隋唐大一统的规模之所以比秦汉的更大，是因为长江基本经济区的扩大和南北基本经济区的连接。宋朝之所以能够在强邻环伺的"大环境"中主要靠经济实力在中原和南方维持统一局面300多年，是因为淮河、长江中下游和南方的基本经济区连接成了一个整体。元明清大一统的疆域之所以达到了空前规模，是因为北方、南方和四川的各大基本经济区越来越紧密地连成了一个统一的经济体。

---

① 冀朝鼎：《中国历史上的基本经济区》，岳玉庆译，浙江人民出版社2016年版，第4页。

在大一统疆域内如北宋时期的这种统一的经济体，就可以视为天下型经济体，这种经济体由于处在天下一统的政治结构内，具有天下的特性。归纳一下，天下型经济体具有如下几个特点。

第一，天下型经济体的形成是在基本经济区与天下一统政治相辅相成、相互加强的进程中形成的。每一次天下一统的建立，或者长期分治时期各自的"小天下"的大一统，都会大大扩展基本经济区的范围。经过大约五次较大的扩展期，原本相对独立的基本经济区逐渐融合成了一个与明清大一统疆域基本重合的、最大规模的天下型经济体。

第二，天下型经济体的地理范围的核心是定居农耕社会，定居农耕区域扩展到哪里，天下型经济体就覆盖到哪里。因此，它既是一个经济体，又是一个经济区；既是一个多门类的生产基地，又是一个巨大的统一市场。非定居的各种游居社会、封建割据制度下的分裂社会、小型分散的定居农耕社会都不具备这个特点。

第三，天下型经济体包括天下型定居农耕社会的全部生产力，其生产力总量是定居农耕土地面积、人口数量、生产工具和生产技术的函数，在"国家无事，非遇水旱之灾"的太平环境下，生产力的发展会在人口增加、劳动技能提高、生产集约化程度加深等条件下自动发生。

第四，作为一个单纯的经济体，天下型经济体实际上可以被任何一个本族或异族统治集团所占有和控制。由于它包括全天下的总生产力，因此，无论是定居社会内部的食利者阶层，还是外部游居社会的掠夺者集团，都以控制这个唯一的经济体或者抢夺它的产出为目的。谁控制了这个经济体，谁就具备了建立统一王朝或者帝国的竞争优势。

第五，天下型经济体不同于列国型经济体，理论上，天下型经济体可以不依赖于国际贸易而独立存在，不需要通过比较优势进入国际经济体系，本身即通过所有的生产门类和巨大的统一市场构成完整的经济循环。历史

第十章　中国经济：一种特殊类型

上形成的以中国为中心的国际贸易体系，就是天下型经济体典型的表现形式，即天下型经济体生产并出口几乎所有商品，不依赖于外国商品，其他国家必须用本国的特产或者金银等通货交换中国商品。

具有以上特点的天下型经济体，是中国这个"天下国家"独有的，它的天下性和整体性都是独特的。当人们分析中国经济时，需要意识到这些独特性。

进入工业时代之后，在无数全新的工业产品和相关服务的冲击下，中国在农业时代成型的天下型经济体开始崩溃，由于中国的工业化进程长期落后于西方发达国家，在相当长时间内中国也成为必须依靠国际贸易保持经济增长和工业化进程的列国型经济体之一。但是，随着中国改革开放后工业化进程的加快，并在越来越多的领域开始领先于大多数国家，中国作为工业化时代的天下型经济体的特性又再次显现，再次与其他列国型经济体拉开了差距。根据2022年10月发布的党的二十大报告，在近10年的时间里，中国国内生产总值从54万亿元增长到114万亿元，中国经济总量占世界经济的比重达18.5%，提高7.2个百分点，稳居世界第二位。制造业规模、外汇储备稳居世界第一。建成世界最大的高速铁路网、高速公路网，机场港口、水利、能源、信息等基础设施建设取得重大成就。基础研究和原始创新不断加强，一些关键核心技术实现突破，战略性新兴产业发展壮大，载人航天、探月探火、深海深地探测、超级计算机、卫星导航、量子信息、核电技术、新能源技术、大飞机制造、生物医药等取得重大成果，进入创新型国家行列。而随着党的二十届三中全会所确定的2029年中华人民共和国成立80周年的近期目标、2035年和2050年等远景目标的相继实现，不难预计，中国作为天下型经济体的特性还会更加凸显，当代中国与历史中国之间的延续性也会更加凸显。

从这个角度看，那些将中国经济体与"亚洲四小龙"或OECD（经济合作与发展组织）国家经济体进行对比分析的研究，以及那些将中国经济放在西方经济学比较优势理论框架中进行分析的研究，都犯了基本常识方面的错误，没有认识到天下型经济体与列国经济体是不同的。

第二节　事业型经济体：政府与市场的一致

如前所述，当中国将经济发展当作政治任务、让商业作为当前事业的一部分时，会出现"事业型商业""事业型经济"的情况。改革开放以来，"事业型经济"最集中的体现就是"一个中心、两个基本点"的顶层设计。正是由于这个设计，资本无序扩张、商人权力膨胀、贫富两极分化等在自由资本主义市场经济中必然会出现的情况在中国被成功避免了；正是由于执政党长期、毫不动摇地"坚持社会主义道路，坚持人民民主专政，坚持中国共产党的领导，坚持马列主义、毛泽东思想"，成功遏制了自由资本主义势力，使其不能像西方的"新自由主义革命"那样为所欲为、反噬社会，确保了中国经济和社会平稳、持续地中高速发展。对比一下俄罗斯、东欧和拉美国家近几十年里遭遇的困境，可知这一"成功避免"来之不易。

不仅如此，正如波兰尼所强调的，在一个经济体中，土地、劳动力与金钱属于虚拟商品，不能简单地等同于那些为市场销售而生产的真实商品，也不能任由私有者将这些对于经济发展至关重要的虚拟商品当成真实商品置于自由市场中进行不受管控的自由交易。在他看来，政府的作用之一就是管控这些虚拟商品，并成为这三个最重要市场的核心。[①] 在中国的"事业型经济"中，管控土地、劳动力和金融资本等重要的虚拟商品其实是理所

[①] 卡尔·波兰尼：《巨变：当代政治与经济的起源》，黄树民译，社会科学文献出版社2017年版，第24页。

第十章　中国经济：一种特殊类型

当然的，无论是在计划经济时期还是在中国特色社会主义市场经济时期，无论是采取行政手段还是采取法律手段，都不会任由私有者将这些重要的市场私有化、自由化。

在土地方面，1982年颁行的《中华人民共和国宪法》规定："城市的土地属于国家所有。农村和城市郊区的土地，除由法律规定属于国家所有的以外，属于集体所有；宅基地和自留地、自留山，也属于集体所有。国家为了公共利益的需要，可以依照法律规定对土地实行征用。"这相当于在城市地区一次性消灭了土地私有制。土地公有制促成了中国地方政府对土地供应一级市场的垄断，在农业用地转化为城市用地，生成了大量的资本，使得中国能够超前建设基础设施。

在劳动力方面，新中国成立后的前30年实行的计划经济体制按行政计划配置劳动力资源。改革开放之后，封闭式的劳动就业制度被打破，劳动力顺应市场需求而流动。《中华人民共和国劳动合同法》自2008年起施行，旨在完善劳动合同制度，明确劳动合同双方当事人的权利和义务，保护劳动者的合法权益，构建和发展和谐稳定的劳动关系。《中华人民共和国就业促进法》也于2008年起施行，旨在促进就业，促进经济发展与扩大就业相协调，促进社会和谐稳定。《中华人民共和国劳动争议调解仲裁法》紧随其后，旨在公正及时地解决劳动争议，保护当事人合法权益，促进劳动关系和谐稳定。

在金融资本方面，改革开放之后，随着经济体制改革的深化和股份制经济的发展，资本市场开始萌生。之后，以中国证券监督管理委员会的成立为标志，资本市场被纳入统一监管范畴，全国性资本市场开始形成并逐步发展。进入21世纪，以《中华人民共和国证券法》的实施为标志，资本市场的法律地位得到确立，并随着各项改革措施的推进而进一步得到规范和健康发展。

中国经济发展的逻辑

随着中国经济的快速发展并进入新发展阶段，实际上中国政府还要承担更多、更大、更重要的"事业型经济"方面的任务。根据党的二十届三中全会通过的《中共中央关于进一步全面深化改革、推进中国式现代化的决定》，未来几年内中国将：进一步全面深化改革的总目标。继续完善和发展中国特色社会主义制度，推进国家治理体系和治理能力现代化。到2035年，全面建成高水平社会主义市场经济体制，中国特色社会主义制度更加完善，基本实现国家治理体系和治理能力现代化，基本实现社会主义现代化，为到21世纪中叶全面建成社会主义现代化强国奠定坚实基础。聚焦构建高水平社会主义市场经济体制，充分发挥市场在资源配置中的决定性作用，更好发挥政府作用，坚持和完善社会主义基本经济制度，推进高水平科技自立自强，推进高水平对外开放，建成现代化经济体系，加快构建新发展格局，推动高质量发展。聚焦发展全过程人民民主，坚持党的领导、人民当家作主、依法治国有机统一，推动人民当家作主制度更加健全、协商民主广泛多层制度化发展、中国特色社会主义法治体系更加完善，社会主义法治国家建设达到更高水平。聚焦建设社会主义文化强国，坚持马克思主义在意识形态领域指导地位的根本制度，健全文化事业、文化产业发展体制机制，推动文化繁荣，丰富人民精神文化生活，提升国家文化软实力和中华文化影响力。聚焦提高人民生活品质，完善收入分配和就业制度，健全社会保障体系，增强基本公共服务均衡性和可及性，推动人的全面发展、全体人民共同富裕取得更为明显的实质性进展。聚焦建设美丽中国，加快经济社会发展全面绿色转型，健全生态环境治理体系，推进生态优先、节约集约、绿色低碳发展，促进人与自然和谐共生。聚焦建设更高水平平安中国，健全国家安全体系，强化一体化国家战略体系，增强维护国家安全能力，创新社会治理体制机制和手段，有效构建新安全格局。聚焦提高党的领导水平和长期执政能力，创新和改进领导方式和执政方式，深化党的建设制度改革，健全全面从严治党体系。到2029年中华人民共和国成立80周年时，完成本决定提出的改革任务。

"七个聚焦"所聚焦的每一个方面都和经济有关，但并没有哪个方面是"纯经济"的，都是在"超经济"层面上的突破，这就是"事业型经济"，政府的"看得见的手"和市场的"看不见的手"在同一个大方向上共同发挥作用。

这也就意味着，理解中国的"事业型经济"并提出指导，不仅不需要从头开始学习西方经济学的基础理论和基本内容与方法，恰恰相反，西方经济学家非常有必要放下他们头脑中的成见，认真学习和了解中国这种特殊的经济，并根据中国的经济现实修正经济学理论。如前文所说，有几位诺贝尔经济学奖获得者意识到了中国经济存在一些非常不一样的东西。如肯尼斯·阿罗，他承认对中国的认识是十分不足的，应该花一些时间去研究一些中国问题，而且"我也很想知道中国共产党人是如何在现在的环境下起作用的。我想政治会对经济生活产生某种程度的影响，在捷克，它导致了经济上的成长，而在波兰，情形则相反"[1]。

既然开始直面中国经济，正视真正的中国经济问题，那么真正重要的问题也就浮出水面了：所谓事业，并非一成不变的东西，可以将经济发展作为目标，也可以将其他事务作为目标，那么，中国的执政党——中国共产党，是如何做到让中国的事业始终保持在正确的目标和方向上的呢？在事业的目标和方向确定之后，又是如何平稳并持续地推进整个事业的呢？

1.学习能力

学习能力这一点是至关重要的。在中国这个经济体中，从各级领导人

---

[1] 高小勇主编《为什么是中国：诺贝尔经济学大师眼中的中国与中国经济》，贵州人民出版社2017年版，第18页。

到普通民众都要求具有较高的学习能力。很多学者将中国称为"学习型国家",并注意到了中国共产党与中国的"现代性"之间密不可分的关系。一方面,中国共产党这一领导者集团整体上继承了中国传统的士大夫精神——"士不可以不弘毅,任重而道远""以天下为己任",在这种永远向前看的、永无止境的永恒事业中,领导者的自我学习也是永无止境的;另一方面,"中国版的现代性"激励出一种全体人民共有的信念:"从来就没有什么救世主,也不靠神仙皇帝,要创造人类的幸福,全靠我们自己""幸福都是奋斗出来的""美好生活是双手创造出来的",在这种人人参与的生产生活实践中,每个人的自我学习也是永无止境的。即是说,"事业型国家"必定是"学习型国家","事业型经济体"必定是"学习型经济体",领导者是通过学习而成为领导者的,人民也是通过学习而进入"幸福都是奋斗出来的"这种"现代性"当中的,事业必定要通过不断的学习而推进。

这一点与实行资本主义的"商业型国家"有着根本上的区别。"商业型国家"中的行为激励是利润驱动的,在高额利润的诱惑下,人的创新精神、企业家精神被激励出来,通过整个社会的市场竞争机制,通过"创造性破坏""破坏性创新"等活动,刺激经济增长。在这个主要围绕获得利润而展开的经济循环中,学习只是市场竞争的一种手段,而不是一种人生实践。"事业型"和"商业型"两种不同的经济体,通过学习这个活动形成了鲜明的对比。

在中国,学习在党政领导干部当中是一种从上到下每个人在其职业生涯中自始至终的活动,"不学习就跟不上形势""不学习就会落后"是最常听到的口头语。习近平总书记多次指出,"好学才能上进。中国共产党人依靠学习走到今天,也必然要依靠学习走向未来。我们的干部要上进,我们的党要上进,我们的国家要上进,我们的民族要上进,就必须大兴学习之

第十章 中国经济：一种特殊类型

风，坚持学习、学习、再学习，坚持实践、实践、再实践"①。在中国，人们普遍相信，上进是社会发展的必然趋势。一个人、一个民族、一个国家都需要始终保持上进的精神、上进的趋势。而学习就是保持上进取之不尽、用之不竭的动力。

而在西方，人们看到的则是另一种景象。对于西方国家的政府官员来说，学习并不是必需的。在一些极端的例子中，政客的职业甚至可以通过运用反智主义的手段来维持。尤其是在近几十年"新自由主义革命"的猛烈冲击下，西方的私有者集团通过控制舆论，将自身吹捧为各行各业的"天才""伟大社会"的建设者和引领者，同时将政府贬斥为无能的、愚蠢的、官僚的、寄生的、即便欲有所为也鲜有所为的"死手"，使其完全不能发挥应有的领导作用。再加上无休无止的党争、根深蒂固的"否决政治"传统，哪里还会有领导人和民众"共同学习""共同进步"这种事。新冠疫情期间，美国首席传染病专家安东尼·福奇表示：他做梦也不会想到，美国这个国家"反科学和不信任权威的情绪到处泛滥"②。其实，民众中这种与21世纪的现代社会格格不入的反智主义，一直是美国精神与文化的一部分，只不过很少有机会充分暴露出来。美国作家艾萨克·阿西莫夫将美国社会中强大的反智主义传统命名为"对无知的崇拜"（the cult of ignorance），他写道：

> 反智主义的脉络一直是一条恒定的线，蜿蜒在我们的政治和文化生活中，并被这样一种错误观念所滋养——所谓民主就意味着"我的

---

① 《习近平谈治国理政》第一卷，外文出版社2018年版，第407页。
② "Dr Fauci says his daughters reed seaorityas family coninues to get death threats,"https://www.cnbc.com/2020/08/05/dr-fauci-says-his-daughters-need-security-as-family-continues-to-get-death-threats.html.

无知和你的知识一样好"。①

回顾新中国成立初期，由于历史的原因，中国相对于西方发达国家，总体上是大大落后的。对于那时的中国来说，保持上进的途径就是：学习和研究世界上各个国家的情况，同时吸取正反两方面的经验和教训。

1950年3月，中央政府从军队征调来一些高级干部担任首批驻外大使，毛泽东在召见这批新中国首批驻外外交官时对他们说：

> 你们中间有好几位是参谋长，参谋长擅长调查研究……所以，你们到国外当大使仍要发扬在部队的长处，也要开展调查研究。……总之，要重视调查研究，重视学习。任何一个国家、民族都有其自己的优点和长处，我们要通过研究，认识和学习别国的长处。资本主义国家的长处也要学。资本主义的政治不能学，但是他们在经营管理、生产建设中的好经验，值得我们学习。学是为了用，要把学到的好的东西运用到国内建设中来。②

当时中共中央决定派耿飚担任驻瑞典大使，毛泽东对他说："你是到西方国家去，要了解和学习他们经济建设方面的经验。"在向苏联"一边倒"的时期，毛泽东要求凡有苏联顾问的单位，中国干部必须"全心全意向苏联专家学习"，凡不虚心学习者要受到批评。但又强调不能提倡"技术一边倒"的口号，坚持"凡是先进的都要学"的方针。在实行对工商业的社会主义改造期间，毛泽东也一再强调要向资本家学习，学技术、学管理。改

---

① "Isac Asimov Laments the 'Cult of Ignorance' in the Vnited States（1980），" http://www.openculture.com/2016/10/isaac-asimov-laments-the-cult-of-ignorance-in-the-united-states.html.

② 《毛泽东年谱（1949—1976）》第一卷，中央文献出版社2013年版，第100—101页。

第十章 中国经济：一种特殊类型

革开放之后，中国开始全面地向西方发达国家学习，除了学习西方先进的技术、管理和发展经验，还包括社会制度中的一些好的东西。对于西方式的自由、民主和人权，中国也采取一种虚心学习的态度。

这才是一种真正的学习，中国通过认真地学习和研究，从其他国家现代化转型的案例中吸取了很多宝贵的经验。政治体制、社会制度是一个很复杂的问题，在西方国家强大的意识形态宣传影响下，要想辨别真相和谎言，并不是容易的事情。世界上由于轻信西方宣传而误入歧途或深陷困境的发展中国家不胜枚举，而多年来只有中国一直保持着清醒的头脑，坚定不移地执行着本国行之有效的制度，走着最适合自己的和平发展之路。而这正是"学习型国家"的独特优势。

很多研究中国问题的学者都注意到了学习这个要素在中国的重要作用。如郑永年教授创造了"学习型国家"的概念，贝淡宁教授则选择用"学习型文化"这个词语来描述。前者在他的《中国模式：经验与挑战》一书中说，"作为一个'学习型国家'，中国在改革其政治制度方面实际上已经相当具有创新性了"。他认为，世界应该给中国探索自身政治道路的权利，"这不仅对中国自身有好处，对其他国家也是如此，尤其是对发展中国家。在发达的西方和发展中国家都出现了民主危机的时代，中国制度经验的意义尤其重要，其经验可能会给其他国家提供有益启示"。后者在他的《贤能政治》中也讨论了这个问题，他写道：

> 中国奉行的是学习型文化，其领袖不断寻求创新和学习政治世界的其他地方。即使在经济下滑和压力增大的灰暗时期，中国仍然派遣官员到海外学习最先进的管理经验，在制定政府工作报告时欢迎外国专家建言献策。

但无论是郑永年还是贝淡宁，都没有从"事业型国家"这个角度来理解中国之所以表现为"学习型国家"的根本原因，没有辨析出中国历史上自3000多年前的"商周之变"开始的士大夫传统与"平天下"永恒事业的关系，以及这一传统直到今天仍在以不同的形式延续着这一现实。这就导致了他们并不能真正理解"学习型国家"或"学习型文化"作为当代中国一大特征的历史渊源和在当代的必然性。

郑永年教授认为中国成为一个"学习型国家"是在"后毛泽东时代"才发生的，这是将中国向西方的学习误解成了中国学习行为的全部，也是对"毛泽东时代"的误读。毛泽东曾多次说过，共产党是从战争中学习战争，从阶级斗争中学习阶级斗争。从中国共产党早期历史上看，也的确如此。但从郑永年教授2021年4月在上海交通大学做的一场公开演讲来看，他的认识有所深化。首先，他认识到了中国共产党与中国社会的"现代性"之间的关系，认为中国共产党"为中国带来了越来越大的现代性"；其次，他归纳出中国共产党的特性，即使命型的政党、开放型的政党、高度重视参与的政党、学习型的政党和不断自我革命的政党。在这样一个认识中，学习就成为中国共产党百年历史的一部分。

而贝淡宁教授在其《贤能政治》一书中为了强调中国"尚贤制"与西方的民主制两者之间的不同，将"学习型文化"理解为"尚贤制"的重要特征之一，一种西方民主国家所不具有的优势。后一点当然是对的，但"学习型文化"在中国文化中的实际地位却被作者低估了。他在书中也简单讨论了中国古代的士大夫，但并未将"士"作为一个中国历史上延续2000多年未曾中断的强大政治和文化传统看待，也未将"学习型文化"与这一强大传统联系起来，这就让他所说的中国的"贤能政治"看起来像是一个理性主义的产物，与西方的民主政治一样可以进行人为建构。这个认识妨碍了他从中华文明漫长历史的深层发现这种政治的天然发生过程。

第十章　中国经济：一种特殊类型

值得肯定的是，在贝淡宁教授和汪沛合著的《正义等级论》一书中，作者更为正确地讨论了儒家传统中士人的学习在将个人与家国天下连贯在一起的政治秩序中的核心作用。

一旦充分认识到中国社会自古以来的"士"的传统，人们就会发现，这一传统其实并未因传统中国向现代中国的转型而中断，它不仅在当代中国知识分子的集体精神取向中延续和发展着，实际上它也在当代中国的政治、经济、社会、文化、科技各个领域内的领导者身上都有所体现。政治领导人自不待言，即使是商界领袖、企业家、民间社团负责人、文化精英和科技精英等，也都具有"士志于道""士不可以不弘毅"的精神气质，也都"言治乱""论国事"，也都心怀天下。

为什么在中国的私人商业精英群体中会流行这样的说法？即"企业小了是个人的，大了就是社会的、国家的"①。为什么中国民营的互联网平台企业在接受政府的"行政指导"、向社会公开《依法合规经营承诺》时并无异议？这并不是套在"国进民退""政府过大"等肤浅理论中能够解释的，这背后所反映的正是中国社会精英群体中普遍的"士志于道"精神，由于存在一个超越性的"道理"，政府和商界就不是对立的，官员和商人就是共同事业中的"同道"。

在中国科技精英群体身上，"士志于道""以天下为己任"的精神气质更为突出。且不说当年搞"两弹一星"、核潜艇的那一代国防工业科学家，作为一个特殊群体，每个人都不惜牺牲个人生活、克服巨大困难将全部身心投入为国家建功立业的事业中，即使是今天处在开放的市场经济环境中的中国科学家，很多人也仍然怀抱着"科学报国"的赤子之心，延续着老一辈科学家为事业献身的传统。"在中国的近代史上，我们有三次向

---

① 《苏宁张近东：企业小了是个人的，大了就是社会的、国家的》，https://www.sohu.com/a/440972837_120439511。

外国老师学习的经验,每次都是受老师欺负、吃了亏后走上自力更生的道路。……现在想想,毛主席、周总理带着全国人民勒紧裤腰带炼钢铁、打油井、发展'两弹一星',建立起自主可控的工业体系真是无比英明。"①这是龙芯中科技术股份有限公司董事长、中科院计算技术研究所研究员、龙芯CPU首席科学家胡伟武在2016年为纪念龙芯诞生15周年而写的一篇文章中的一段话。那一年也是红军长征胜利80周年,因此他将同年研制成功的龙芯3A3000处理器命名为CZ80,每颗芯片的硅片上都刻有"CZ80"字样。2021年,他又给自己设定了新的事业目标,他说:"我给自己设置时间表,党的二十大之后,龙芯应该有能力适度走向开放或半开放市场,参与竞争。我们国内大循环要建起来,还要向外辐射形成国际循环。既有产业的主导权,又融入市场。"②这听起来很不像是首席科学家说的话,反倒像是官员的"官话",但这就是中国科学家的真心表达,其中的道理是:在中国,无论是技术还是商业,归根结底仍是事业。

今天的人们要想更深刻地解释为什么中国总能克服危机并再次取得成功,总能通过"超经济突破"克服经济周期,保持经济增长,就必须充分认识中国政治制度和政治文化中包含的独特性。而由于"士"的传统在当代中国的延续和发展,促使中国成为一个不同于"商业型国家"的"事业型国家",成为一个永远在进步、永远在前进的"学习型国家",这一点的重要性,是无论怎样评价都不过分的。

2.协调能力

前面讲过,对于中国这个后发国家来说,学习的一个重要内容,就是

---

① 《龙芯15周年 胡伟武披露龙芯3号开发历程》,https://www.guancha.cn/huweiwu/2016_10_25_378268.shtml。

② 《为人民做龙芯——中科院计算技术研究所研究员胡伟武》,https://www.sohu.com/a/465702885_120988576。

向先进国家学习如何加快发展。但由于众所周知的原因，这个学习过程要求学习者具有一种特别的能力，即在认真学习各种发展理论和发展经验的同时，还要识别出其中的虚假和欺骗部分，避免上当受骗。从世界范围来看，掌握了这种能力的后发国家不多，上当受骗的国家占大多数。一般来说，中央政府是掌握这种能力的关键，但是后发国家的中央政府在经济发展的整个过程中保持一种全面的、总体的协调能力是非常困难的。不仅由于先发国家为了自己的利益不希望后发国家拥有这种能力，在经济学理论和发展经验的传授中不会包含这方面内容，还由于这种能力只能靠后发国家在较长时间的本国具体实践中逐步获得，而这个实践过程通常会包括很多试错。

一般而言，根据西方经济学的经典理论，协调能力并不体现在政府方面，而是体现在市场方面，因为所谓"看不见的手"就是协调的最好工具，"自由放任"就是协调发展的最好政策；在以边际分析为特征的新古典经济学中，均衡价值论成为协调与协调发展的主流理论，协调就是均衡，就是资源配置最优，而协调的力量，则来自供求双方，在供求力量相等的情况下，协调便自然实现了。政府不需要负责协调工作，只需要做好维护"自然秩序"的"守夜人"就行了。可以说，中国从来没有相信过这套貌似"科学"的理论，这是由于中国特殊的"天下型经济体"和"事业型经济体"天然地要求政府在经济发展中发挥不可或缺的统筹和协调能力，也是由于中国的学习能力超强，早早了解了这种理论的缺陷。

弗里德曼在他的自传中记述了这样一个故事：他在访问中国期间，曾有一位来自社科院的"共产主义革命专家"对他"指点了几个小时"，向他讲述了近代以来的中国革命史，以及中国当前的改革开放。弗里德曼承认，"这是一次神奇的谈话，广征博引，完全真诚"，目的是纠正他们表现出来的对中国历史的无知。[①]这是一次绝好的机会,可以让这位自律性市场的鼓吹者摆脱掉,哪怕是暂时摆脱掉自由市场经济学的视野,意识到中国问题的厚重和复杂。但从弗里德曼在其书中描写这件事时使用的语气即可看出,一些经济学家身上的自大,替他关上了这个唯一的机会之窗。

自古以来的中国政府就不会只做"守夜人",即使我们在正式承认并一再强调市场的"基础性作用""决定性作用"的情况下,仍然会在中央和地方、城市与农村、东部沿海地区与中西部地区、经济发展与环境保护、物质文明与精神文明、公有制经济与非公有制经济等需要平衡发展的方面进行统筹协调。正如党的二十届三中全会通过的《中共中央关于进一步全面深化改革、推进中国式现代化的决定》中的表述:以习近平同志为核心的党中央团结带领全党全军全国各族人民,以伟大的历史主动、巨大的政治勇气、强烈的责任担当,冲破思想观念束缚,突破利益固化藩篱,敢于突进深水区,敢于啃硬骨头,敢于涉险滩,坚决破除各方面体制机制弊端,实现改革由局部探索、破冰突围到系统集成、全面深化的转变,各领域基础性制度框架基本建立,许多领域实现历史性变革、系统性重塑、整体性重构,总体完成党的十八届三中全会确定的改革任务,实现到党成立一百周年时各方面制度更加成熟更加定型取得明显成效的目标,为全面建成小康社会、实现党的第一个百年奋斗目标提供有力制度保障,推动我国迈上全面建设社会主义现代化国家新征程。实际上,通览《中共中央关于进一步全面深化改革、推进中国式现代化的决定》全文,贯穿60条内容的核心思想,不是别的,就是统筹协调。其中所强调的"全面深化改革""改革各方面全过程""改革系统性、整体性、协同性""总揽全局、协调各方""顶层设计、总体谋划""科学的宏观调控、有效的政府治理"……无不需要强

---

① Milton and Rose D. Friedman,*Two Lucky People:Memoirs*(London:The University of Chicago Press,Ltd.,1998),p.522.

第十章 中国经济：一种特殊类型

大的统筹协调能力。

在国家重大战略方面，《中共中央关于进一步全面深化改革、推进中国式现代化的决定》中要求，"完善国家战略规划体系和政策统筹协调机制。构建国家战略制定和实施机制，加强国家重大战略深度融合，增强国家战略宏观引导、统筹协调功能。健全国家经济社会发展规划制度体系，强化规划衔接落实机制，发挥国家发展规划战略导向作用，强化国土空间规划基础作用，增强专项规划和区域规划实施支撑作用"。

在国家总体安全方面，《中共中央关于进一步全面深化改革、推进中国式现代化的决定》中强调，"强化国家安全工作协调机制，完善国家安全法治体系、战略体系、政策体系、风险监测预警体系，完善重点领域安全保障体系和重要专项协调指挥体系。构建联动高效的国家安全防护体系，推进国家安全科技赋能"。

这种随时根据国际和国内形势的变化进行全面统筹协调的能力，绝不是随便哪个经济体都能够具备的，那些迷信"自由放任"和"市场自动均衡"、反对政府干预的经济体，以及虽然保留了政府功能但政府不善于学习、没经过试错、在统筹协调方面有心无力的经济体，都不可能具备。事实上，只有在中国这种"天下型经济体""事业型经济体"中，党和政府能够通过不断学习和试错拥有越来越强的统筹协调能力，党和政府针对中国经济进行长期不断的统筹和协调，并在试错中不断地总结经验，创造出了中国当前非常典型的混合经济体制，也就是各种不同经济成分在政治、经济、法律、观念等各个方面具有平等地位，相互竞争又相互融合，包容性发展的社会经济形态。这其中包括：在政治上，非公有制经济中的人士可以加入作为执政党的中国共产党；在经济上，无论是资源配置，还是投资经营方向的选择，所有经济成分享有平等的地位；在法律上，任何人都有在合法条件下追求自身财富增长的权利，非公有制经济在与公有制经济合法竞争中获得的利益受到法律保护，公有制经济对非公有制经济财产的侵吞受到法律约束；在观念上，个人财富和私有财产在社会上享有应得的地位，逐利行为不被贬斥和歧视。党的二十届三中全会的相关表述是：坚持和落实"两个毫不动摇"。毫不动摇巩固和发展公有制经济，毫不动摇鼓励、支持、引导非公有制经济发展，保证各种所有制经济依法平等使用生产要素、公平参与市场竞争、同等受到法律保护，促进各种所有制经济优势互补、共同发展。

由此可见，中央政府的统筹协调反复使用创造出混合经济这一最大限度兼顾各方面利益发展的经济形态，混合经济这一形态的不断变化发展又反过来对中央政府提出更高的统筹协调能力要求，两者之间形成了一种相辅相成、相互促进的良性循环。而这也正是中国当前能够顺利进入新发展阶段、贯彻新发展理念、构建新发展格局的先决条件之一。

第三节 突破型经济体：经济与社会的一致

"天下型经济体""事业型经济体"这样的理论框架，无论在解释中国经济奇迹方面多么具有解释力和预测力，也注定是不被"西方主流经济学"理论所容的。"西方主流经济学"之所以可以从古典政治经济学当中"自立门户"，其中一个原因就是与政治理论的彻底切割，以及天然的反政府、反计划、反统筹协调的立场。

站在"西方主流经济学"的立场上，中国中央政府对经济的全面统筹协调与中国混合经济形态的大发展是必须批判的，因为对政府功能与经济发展紧密结合的承认和肯定，在理论上违反了作为西方经济学"基本教义"的"经济学原理"。在很多人看来，哈耶克批判社会主义计划经济思想时用

第十章 中国经济：一种特殊类型

到的那些有力武器，在批判中国时永远都适用。如哈耶克在批评"由人特意设计并受其支配的制度"时所引用的源自亚当·斯密的一段话：

> 这个制度人……似乎以为，他可以像在棋盘上用手摆弄棋子那样容易地安排一个大社会中不同的成员。他没有考虑到，棋盘上的棋子除了人手赋予它们的运动规则之外，并无其他规则，但是在人类社会这个大棋盘上，每一个棋子都有自己的运动规则，它们完全不同于立法机构挑选出来施加于它们的规则。如果两种规则配合默契，人类社会的游戏便会顺畅进行，并且很可能带来幸福和成功。如果它们相互对立或者有所不同，游戏就会可悲地进行，人类社会必定会始终处在极大的混乱之中。①

联想到中国在计划经济时期曾经实施过的那些激进政策，哈耶克的这一引用像是个一针见血的有力打击，但实际上这些批判者还是搞错了对象。因为中国并不是另一个大号的欧美社会，这段话里所说的"人类社会"显然是被很不恰当地滥用了。

中国是世界上人口最多的国家，是"人类社会"的最大组成部分。但是对于中国来说，尤其是处在经历了一场大衰落之后重新走上复兴之路这一重要时期的中国，所制定的"计划"和所构造的"蓝图"，不仅是不可或缺的，而且是事关整个国家、民族乃至整个文明的生存与发展的。中国式现代化首先强调的是"人口规模巨大的现代化"，针对的就是这一点。

这种特有的"大计划"由于事关全局而具有空间和时间两个维度。在中国的语境中，空间维度的计划被称为"全国一盘棋"，或被称为"全面统

---

① 弗里德里希·冯·哈耶克：《经济、科学与政治——哈耶克思想精粹》，冯克利译，江苏人民出版社 2000 年版，第 228 页。

筹协调",涉及不同领域、不同产业、不同行业、不同地区、不同民族、不同人群之间的综合平衡、共同发展;在时间的维度上,则体现在连续的全国"五年规划"和从初级到高级的不同"发展阶段"中,并具有中期和远期的"远景目标"以及必须如期达到目标的政治承诺和集体意志。

这是一个包括了经济学问题却远远超出经济学理论范式的"超经济"问题领域,其中所包含的复杂问题是亚当·斯密、哈耶克、弗里德曼等人根本不曾接触过的,绝不是他们自认为"伟大"的那些学术目标所能覆盖的。归根结底,中国问题的这个"棋盘",远比西方自由市场经济所理解的那个"棋盘"大得多。在中国这个"天下型经济体"的大"棋盘"上的"全面统筹协调"是一个专门的大学问,确切地说,整个西方自由主义学术传统中根本就没有产生过这种大学问。

新中国的"五年计划"从新中国成立开始到现在已经是第14个了,"大计划"的实际效果,也是通过连续几个"五年计划"的实施,在二三十年的时间框架中看出来的。

如果在世界范围内将欠发达国家对发达国家的赶超作一个整体的估算,那么,如果基于欠发达国家人均收入在经济起飞之前是发达国家20%~25%的水平线,在发达国家保持年增长率2%的情况下,欠发达国家要想在两代人(60年)的时间内赶上发达国家,国内生产总值的年增长率就必须在60年里连续不断地保持在6%以上。[1]这实际上就要求实行追赶战略的欠发达国家在60年的时间里不仅要始终保持国际环境的和平、国内政治的稳定,还要在国内经济上以一种连续"突破"的方式跨越式前进。回顾二战后整个第三世界的历史,除了被西方利用当作地缘战略前沿的几个东亚国家和地区,在亚非拉三大洲核心地区的欠发达国家没有一个能够同时做到以上

---

[1] Robert C. Allen, *Global Economic History–A Very Short Introduction* (Oxford: Oxford University Press, 2011), p.131.

第十章 中国经济：一种特殊类型

几点。但是在70年这个时间框架上看，中国的确做到了。若将1949年之后的70年这个时间段作为一个单位，中国是亚非拉核心地区所有欠发达国家中唯一通过连续的"超经济突破"成功完成了追赶任务的国家。中国连续实现"超经济突破"的最终结果，按照米兰诺维奇的更为贴近实际的计算看得更清楚："设定1亿人口的实际收入翻一番为一个'效用'，那么，美国自1950年以来'生产'了不到4个效用，日本从1945年至今'生产'了18个效用。但是在过去的30多年里，中国总共'生产'了约38个效用。'就提升人类福利而言，中国的表现比美国几乎好出10倍'。"[①] 可以说，这是只有"事业型经济体""突破性经济体"才可能创造出来的经济奇迹。另一个更大的"突破"奇迹，是无法用一般经济计算衡量的中国"扶贫减贫"事业。2021年2月25日，中国共产党以隆重的仪式对脱贫攻坚工作进行总结表彰，习近平总书记向世界宣告："经过全党全国各族人民共同努力，在迎来中国共产党成立一百周年的重要时刻，我国脱贫攻坚战取得了全面胜利。"改革开放之初，中国是世界上贫困人口最多的国家。2012—2020年，中国开展了一场人类历史上规模空前、力度最大、惠及人口最多的脱贫攻坚战。中国实际执行的最低贫困标准从每人每年收入2625元提升至4000元，近1亿农村贫困人口实现脱贫。不仅如此，中国提出的脱贫目标任务，除了从数字上衡量贫困人口收入水平变化，还强调多维度提升贫困人口生活质量，稳定实现吃不愁、穿不愁，义务教育、基本医疗、安全住房有保障。2020年，中国现行标准下农村贫困人口全部脱贫。世界上没有哪一个国家能在这么短的时间内帮助那么多人摆脱贫困。这的确是一个彪炳史册的人间奇迹，不仅属于中国，也属于全世界。那么从全球化的角度，又应该如何评估这个堪称人间奇迹的巨大"突破"呢？

[①] 布兰科·米兰诺维奇：《全球不平等逸史》，李楠译，中信出版社2019年版，第84页。

1. 从"三级解绑"理论上看

中国数亿人口的脱贫、数亿人口生活水平的提高，是在中国式现代化这个宏大进程中顺势实现的。中国政府通过大力推动中国式现代化和经济高速发展，带动了整个扶贫事业，这是一个相互促进、相辅相成的关系。那么，这个近代以来发生的现代化进程，是如何为相当于一个大洲规模的贫困人口创造了摆脱贫困的机遇和条件的呢？

现代化进程的一个非常值得注意的宏观理论，是由瑞士日内瓦高级国际关系及发展学院的国际经济学教授理查德·鲍德温在他的《大合流：信息技术和新全球化》一书中提出的，名为"三级解绑"理论，为理解近代以来世界范围的现代化进程提供了这样一个理解框架：

> 人类交往活动受到三种成本的约束：交通运输成本、思想交流成本和人体本身流动的成本。在历史进程中，三种约束条件渐次放松。

1820年以前，由于三种成本都极高，人们基本上生活在自给自足的小共同体内，大多数人的生产和消费都被捆绑在同一地点。1820年之后，由于蒸汽机、蒸汽船以及铁路的技术创新，交通运输成本大大降低，出现了生产和消费的第一次"解绑"分离（unbundling），但思想连贯交流的成本和人本身流动的成本仍然很高，电报和固定电话的发明还是不能把思想交流的成本真正降下来。这次"解绑"直接导致了世界范围的"大分流"的发生，即工业生产集中在了率先从交通运输成本降低中获益的少数西方发达国家，使它们迅速拉开了与其他欠发达国家的差距。

20世纪90年代之后，信息与通信技术（ICT）革命带来的移动电话和互联网，大大降低了思想交流成本。信息技术的发展遵循摩尔定律，即计算

第十章 中国经济：一种特殊类型

能力呈现指数增长，芯片的性能每18个月就会翻倍提升。而吉尔德定律则表明，带宽的增长速度要比运算能力的增长快3倍，即每6个月就会翻倍。梅特卡夫定律进一步指出，一个局域网对用户的效用和用户数量的平方成正比。由于第二种约束条件（思想交流成本）被信息与通信技术所放松，全球范围的生产协调成为可能，生产和消费的第二次"松绑"带来了与"大分流"方向相反的"大合流"（the great convergence）和一次新的全球化。

但是，信息与通信技术革命虽然大大降低了思想交流成本，却还是未能放松第三种约束，即人本身流动的成本。可喜的是，第三次"松绑"已经初显端倪，即降低人本身流动的成本的技术已出现，只是目前还十分昂贵。遥控机器人（telerobotics）和远端现身（telepresence）技术将实现劳动者和劳动服务地点上的分离。鲍德温认为，"三级解绑"完全实现之后，一种大合流的全球化就可以惠及所有国家。

鲍德温教授创造出这个理论，主要是为了解释国际经济与贸易的不平衡。应用这个理论，他解释了西方发达国家与世界其他地方之间贫富差距的经济－技术原因，也解释了为什么在第二次"解绑"发生后，只有少数几个发展中国家缩小了与发达国家的差距，大多数国家还是没有实现追赶，有些国家甚至差距更大了。

从中国人的角度看，这种理论多少有点"技术决定论"的偏向，还带有曲解西方帝国主义与殖民主义历史的倾向，不能当作关于近现代世界历史的主流理论。但如果只作为一种中性的分析工具，这个"三级解绑"的理论框架还是有一定价值的，尤其在解释贫富差距的形成和分布，以及政府的扶贫事业方面。

若将这一理论应用于中国，即可将中国在全面工业化进程开始之前的大部分农业经济地区，理解为"三级解绑"实现之前的状态，即1820年之前的世界。由于交通运输成本、思想交流成本和人体本身流动的成本这三大成本每一个都极高，人们的生产和消费都被紧紧束缚在同一个狭小空间内，经济发展停滞，人们长期处在贫困状态。

中国的工业化进程开始之后，部分地区率先实现了交通运输成本大大降低的第一次"解绑"，大中城市、部分通衢辐辏之地和沿海通商口岸的居民都开始享受遥远地方生产的价廉质优商品，于是，就像世界经济格局的变化一样，中国也形成了发达地区和欠发达地区之间的"大分流"，贫富的地区分布格局很快形成。

从理论上讲，一国政府的扶贫事业从"大分流"发生之后即应及时启动，以免贫富差距在地区之间形成固化，积重难返。但在现实中，一个按计划、分阶段、统筹协调推进的扶贫事业，对绝大多数发展中国家来说都心有余而力不足，进行起来非常困难。因为这个事业的推进，所要求的前提条件非常多——没有完全独立的主权不行，没有外部和平环境不行，没有国内政治稳定不行，没有适宜的社会制度不行，没有经济和财政基础不行，没有决心和意志也不行。所以，中国的扶贫事业，从长期的历史观察来讲，是中国共产党从新中国成立之前就开始的，因为创造完全独立的国家主权、和平环境、保持政治稳定、改革土地制度等与扶贫事业直接相关的大事业，都是新中国成立之前中国共产党解放中国人民的大目标，且已经在进行的。

改革开放之后，中国经济和财政基础日益雄厚，中国共产党坚守全心全意为人民服务的宗旨，解决本国人民贫困问题的决心和意志也日益坚定。以1982年国家启动"三西"（甘肃定西、河西，宁夏西海固）扶贫开发计划为标志，中国特色的开发式扶贫拉开了序幕。1986年，中国成立了国务院扶贫开发领导小组，开始实施有组织、有计划、大规模的国家扶贫行动。1994年以后，国家先后颁布实施《国家八七扶贫攻坚计划（1994—2000年）》和两个为期十年的《中国农村扶贫开发纲要（2001—2010年）》《中国农村扶贫开发纲要（2011—2020年）》，两次提高扶贫标准，持续推进扶贫

第十章　中国经济：一种特殊类型

开发工作。

应用上述的"三级解绑"理论，由政府主导的开发式扶贫，本质上就是依靠国家的力量，通过"事业型经济"的统筹协调方式，在一国之内对因第一次"解绑"而自然形成的贫富"大分流"进行一种"逆操作"。一方面，为那些单纯依靠市场力量根本不可能实现第一次"解绑"甚至还会继续"紧绑"的地区投入政府行政资源，帮助它们实现第一次"解绑"，大力降低交通运输成本，典型的体现就是"要想富，先修路"的配套政策。另一方面，针对实现了第一次"解绑"而率先发展起来的地区，通过政府行政性安排，将其中的知识、经验、创意等思想资源转移到贫困地区，人为地帮助它们实现第二次"解绑"，大力降低思想交流成本，即"对口支援""精准扶贫""驻村扶贫工作队"等政策配套。

党的十八大以来，以习近平同志为核心的党中央作出一系列重大部署，以前所未有的决心和意志，投入前所未有的资源，动员前所未有的党员干部，带领最后近一亿最难"解绑"脱贫的偏远贫困人口脱贫，发起一场历时8年的脱贫攻坚战。中国通过建立脱贫攻坚的责任体系、政策体系、投入体系、动员体系、监督体系、考核体系，系统性地解决了"扶持谁""谁来扶""怎么扶"的问题。2020年，中国完成了现行标准下农村贫困人口全部脱贫的目标任务，9899万农村贫困人口全部脱贫，832个贫困县全部摘帽，12.8万个贫困村全部出列，实现了人类有史以来规模最大、持续时间最长、惠及人口最多的减贫进程，取得了重大历史性成就。

从"三级解绑"理论上看，在扶贫开发的最后堡垒阶段，中国政府实际上是把当代技术条件下能够做到的"解绑"，都尽可能地做到了，包括最为困难的降低人员本身流动的成本这一个"解绑"，也通过各种政策配套和新技术应用尽可能地做到了。中国扶贫事业中出现的各领域农业技术专家学者，深入扶贫工作第一线帮助农民解决各种生产问题，以及驻村扶贫工作队、基层政府部门利用互联网平台帮助农民解决各种市场销售问题,本质上就是在解决单纯依靠市场不可能解决的人员本身流动的成本过高的问题,也就是第三级的"解绑"问题。

习近平总书记在全国脱贫攻坚总结表彰大会上的讲话中指出,"实行扶贫和扶志扶智相结合,既富口袋也富脑袋"。何为"扶志扶智"?何为"富脑袋"?从"三级解绑"理论上看,就是中国政府与贫困人群同心协力,共同实现最后阶段的思想交流"解绑"。这是只有在"事业型经济""突破型经济"中才可能完成的任务。

2.从"大象曲线"理论上看

2021年2月25日,在全国脱贫攻坚总结表彰大会上,习近平总书记说:

> 改革开放以来,按照现行贫困标准计算,我国7.7亿农村贫困人口摆脱贫困;按照世界银行国际贫困标准,我国减贫人口占同期全球减贫人口70%以上。特别是在全球贫困状况依然严峻、一些国家贫富分化加剧的背景下,我国提前10年实现《联合国2030年可持续发展议程》减贫目标,赢得国际社会广泛赞誉。

这里所说的同期全球减贫人口,是指近40年来世界范围内的贫困人口总的减贫数量。

2016年,世界银行发布的政策研究报告《全球收入分配:从柏林墙倒塌到经济大衰退》,首次提出了一个被称为"大象曲线"的图表(见图10-1),以反映全球不同收入人群在1988—2008年这20年里的收入增长发生率。

第十章 中国经济：一种特殊类型

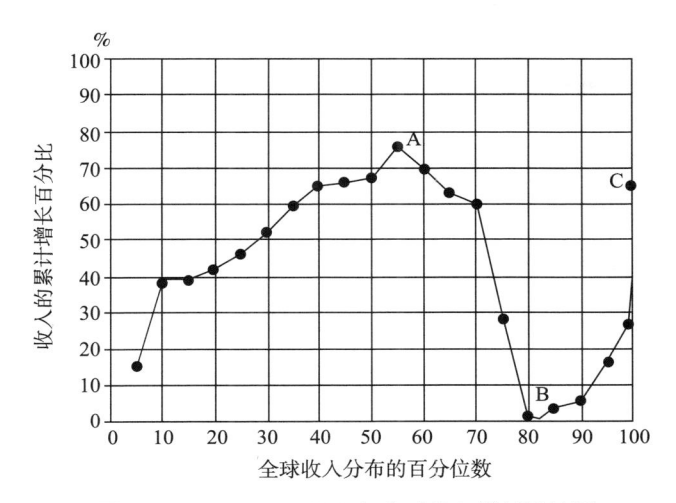

图 10-1 1988—2008 年全球收入增长设计图

图表来源：Branko Milanovi. *Global Inequalily*：*A New Approach For The Age of Globalization*（Cambridge：Harvard Universily Press, 2016），P.24。

图10-1的横轴代表全球收入分布的百分位数，纵轴代表收入的累计增长百分比。"大象曲线"因其与大象身体的侧面轮廓相似而得名，从该图中可以得出的主要结论是：第一，这20年里，从横轴左端开始，类似于大象尾部的世界上1%或15%的最贫穷人群，收入累计增长极小，几乎没有从全球化中受益。第二，图的中间部分，从第15个百分点到第70个百分点类似于大象躯干的部分，代表了全球中产阶级，得益于以中国和印度为主的发展中国家较高的增长率，收入累计增长了70%~80%。第三，在类似于大象前部向下陡降的部分（从第70个百分点到第80个百分点）代表了发达国家的中产阶级，即全球的中上阶层。受到全球化的影响，该阶层的工资在20年里几乎没有增长，甚至还有负增长。第四，从第80到第100个百分点类似于翘起的象鼻子的部分，代表全球最富有的人群，20年里收入增长了60%左右，而全球收入最高的1%人口还有更高的收入累计增加。

自2016年"大象曲线"问世以来，已经出现了许多改编版本，通过不同方法来说明全球收入不平等。有的版本对部分人群的收入增长数据进行了调整，有的版本将时间段扩大到从1980—2016年，但最终的几点主要结论——最富有的那部分人群是全球化带来的收入增长的"赢家"，最贫困的那部分人群被全球化"锁死"在了原来的收入水平上——没有改变。

考虑到从1980年以来的40年，正是世界范围内的"新自由主义革命"狂飙突进的40年，那么，"大象曲线"所反映的，就是这样一个理论定律：新自由主义所推行的自由化、市场化、私有化运动，必定加大全球收入的两极分化程度，恶化全球的不平等现状；全球最贫穷的人不仅不可能通过"新自由主义革命"摆脱贫困，反而会被固定在贫困状况当中，无法获得任何改善。

通过了解这个可以被称为贫富分化"大象曲线"的理论，人们便很容易明白"中国减贫人口占同期全球减贫人口70%以上"这句话的意义了。

一方面，在反映全球收入分布的"大象曲线"中，中国自改革开放以来在本国扶贫事业中取得的成就，就是将原本处在"大象曲线"左端1%或15%最贫穷的人群，通过持续不断且卓有成效的扶贫工作，整体地向右方进行了平移，使这部分人群大部分进入了"大象曲线"的中间部分，并使其能够分享全球中产阶级的较高增长收入；另一方面，在反映中国收入分布的"大象曲线"中，中国扶贫事业所做的事情，就是将原本处在"大象曲线"左端10%~15%最贫穷的人群，通过持续不断且卓有成效的扶贫工作，整体地进行了向上的提升，使这部分人群大部分与"大象曲线"中间部分逐渐拉平，成为更大的中国中产阶级的一部分，分享其较高的增长收入。很显然，这在客观上，就是一种针对同时期世界范围"新自由主义革命"所导致的贫富两极分化运动的反向操作。

历史证明，"新自由主义革命"在世界各地推广的所谓"华盛顿共识"，并未在任何一个国家取得真正的成功。在拉丁美洲，实施"华盛顿共识"政策的各个国家，其经济增长率全部低于先前的水平。在欧洲，

第十章　中国经济：一种特殊类型

"华盛顿共识"带来的失败紧接在20世纪90年代"休克疗法"带来的阵痛之后，导致了持续的经济衰退和社会动荡。正如波兰前副总理兼财政部部长科勒德克教授所总结的："'华盛顿共识'忽视了对于经济增长不可或缺的制度安排的重要意义……这一'共识'对东欧、苏联和亚洲社会主义国家的思维和行动方式产生了巨大的影响。尽管依此而制定的政策各不相同，但却注定了它们失败的命运。"[①]诺贝尔经济学奖获得者约瑟夫·斯蒂格利茨批评"华盛顿共识"时说过，无论新的共识是什么，都不能基于"华盛顿共识"。

事实上，"大象曲线"的右端所反映出的贫富分化程度，正是推行新自由主义"华盛顿共识"政策制造出的结果。而就在同一个时期，中国通过一场"声势浩大的脱贫攻坚人民战争"，让中国逆势而动，大踏步走出了"大象曲线"的左端，而且在本国国内，彻底改变了"大象曲线"的形状，使这条曲线越来越向中间部分收敛，充分地体现出了共同富裕的特征。

只有在经济发展与社会发展并重、让两者保持一致的统一规划中，才可能做到这一点。事实上，中国正是完全依靠自己的力量通过"事业型经济""突破型经济"的力量做到这一点。截至2019年底，全国农村公路里程已达420万千米，具备条件的乡镇和建制村100%通硬化路、通客车。"十三五"期间，农网供电可靠率达99%。截至2019年，全国行政村通光纤、通4G比例均超过98%，电子商务已实现对832个国家级贫困县的全覆盖。在"互联网+健康扶贫"项目推动下，远程医疗也已经覆盖所有贫困县。中国的扶贫事业不仅是贫困人口摆脱贫困这一个方面，而且是中国全面发展的一个组成部分。中国的全面发展，则是更大的奋斗目标的一个组

[①] 格泽戈尔兹·W.科勒德克：《从休克到治疗：后社会主义转轨的政治经济》，刘晓勇、应春子等译，上海远东出版社2000年版，第147页。

成部分。党的二十届三中全会要求：完善强农惠农富农支持制度。坚持农业农村优先发展，完善乡村振兴投入机制。壮大县域富民产业，构建多元化食物供给体系，培育乡村新产业新业态。优化农业补贴政策体系，发展多层次农业保险。完善覆盖农村人口的常态化防止返贫致贫机制，建立农村低收入人口和欠发达地区分层分类帮扶制度。健全脱贫攻坚国家投入形成资产的长效管理机制。运用"千万工程"经验，健全推动乡村全面振兴长效机制。

从中国共产党成立约100多年来的历史看，对于中国来说，要为之奋斗的远不止通过高于发达国家的GDP增长，实现国民收入水平的追赶这一个单纯的经济目标。比起第三世界大多数国家，除了经济增长以及包括工业化、城市化、基础设施升级等工程在内的现代化转型等任务之外，中国还要同时完成整个社会的现代化改造、彻底的民族解放和国家独立，直至中华文明的伟大复兴等一系列重大任务。2021年7月1日，习近平总书记在庆祝中国共产党成立100周年大会上的讲话中宣告："过去一百年，中国共产党向人民、向历史交出了一份优异的答卷。现在，中国共产党团结带领中国人民又踏上了实现第二个百年奋斗目标新的赶考之路。""中国共产党立志于中华民族千秋伟业，百年恰是风华正茂！回首过去，展望未来，有中国共产党的坚强领导，有全国各族人民的紧密团结，全面建成社会主义现代化强国的目标一定能够实现，中华民族伟大复兴的中国梦一定能够实现！"时隔一年，党的二十大报告中再次明确，到二〇三五年，我国发展的总体目标是：经济实力、科技实力、综合国力大幅跃升，人均国内生产总值迈上新的大台阶，达到中等发达国家水平；实现高水平科技自立自强，进入创新型国家前列……在基本实现现代化的基础上，我们要继续奋斗，到本世纪中叶，把我国建设成为综合国力和国际影响力领先的社会主义现代化强国。

第十章　中国经济：一种特殊类型

目标的实现就是奇迹的继续，也必然意味着一系列"超经济突破"的完成。正如本书所揭示的，中国奇迹的发生和"超经济突破"的完成，有其历史和文明上的必然性。一旦理解了背后的中国逻辑、文明逻辑，这些宏伟目标所预示的光明前景，就是完全可以预测的。

后　记

　　本书的基本框架和初稿早在2021年春即完成了。也就是说，关于中国经济自身独特性的思考及其深层逻辑的认知，于我们而言是一个由来已久的连续过程。在近5年的时间里，本书先后经历了调换出版社、变更题目和修改内容等诸多曲折，最终由国家行政学院出版社出版。

　　回顾本书的成书和修改过程，我们感触颇深。5年中的每一次修改，都会结合当时刚刚发生的一些大的事件，以及涉及中国经济发展的一些新的提法，以保持书稿的准确性。这些事件和提法都是很新鲜的，也是很重大的，如中国经济在经历了全球疫情的冲击之后迅速恢复，并未出现某些西方媒体所"预言"的衰退；中国以实业立国的长期主义优势明显，众多领域显示出厚积薄发的良好势头；在新形势下，"新发展阶段""高质量发展""新质生产力"等鼓舞人心的新提法接二连三地出现，更加具有震撼性的"中国式现代化"概念也随之问世。对于我们来说，将这些新的内容结合到原有的理论框架和叙述结构中，并无太大困难，在历史经验归纳和理论建构方面也无须过多修改。

　　这也充分说明了，我们关于中国经济的思考和认知是经得起现实世界检验的。正是因为我们所归纳出的中国经济的独特性足够独特、所梳理出的深层逻辑足够深刻，才使得本书的内容并不因形势的变化、时间的流逝而过时。回顾地看，新质生产力是制造业强国在新发展阶段的必然结果，

后 记

而全体人民共同富裕的现代化与资本为人民服务的要求也一脉相承。

5年毕竟不是很短的时间，在一个巨变的时代，唯一不变的确定性事物就是变化本身。就在本书出版前的这段时间里，世界范围内的人工智能发展又实现了一系列新的突破，一场必将冲击所有智力劳动行业的革命正在席卷全球。身处在这样一个史无前例的变局中，我们不由得意识到，AI革命正在完全不容商议地将人类历史划分为"革命前"和"革命后"两个时代。此书的出版有幸成为一个"跨时代"的作品，而未来的新书，可能是非常"AI式"的作品。当然，AI革命的时代大潮席卷之处，无人能置身事外，连书籍的读者也都会是非常"AI式"的读者。在此，我们热切期待本书的读者在新的时代与我们共同对中国经济的蓬勃发展进行"AI式"的观察，建立"AI式"的理解，给出"AI式"的预测。

本书的出版，需要感谢的人很多。在出版方面，我们衷心感谢国家行政学院出版社编辑的辛勤工作，还要感谢复旦大学中国研究院和上海春秋发展战略研究院给予的大力支持。

在内容的完善方面，要感谢复旦大学经济学系张军教授、复旦大学中国研究院史正富教授、复旦大学中国研究院陈平教授、中山大学岭南学院暨伦敦大学亚非学院卢荻教授、国务院国资委研究中心副研究员周建军先生、中银国际证券首席经济学家徐高先生和CCER数据库创始人熊鹏先生等。

文扬

高艳平

2025年2月